建设工程资料填写与组卷系列丛书

公路工程资料填写与组卷范例

本书编委会 编

中国建材工业出版社

图书在版编目(CIP)数据

公路工程资料填写与组卷范例/《公路工程资料填写与组卷范例》编委会编. —北京:中国建材工业出版社,2008.1(2018.8重印)

ISBN 978-7-80227-373-3

Ⅰ.公… Ⅱ.公… Ⅲ.道路工程—技术档案—档案管理 Ⅳ.U415.12 G275.3

中国版本图书馆CIP数据核字(2007)第188966号

内 容 提 要

本书通过公路工程资料编制实例详细介绍了公路工程资料编制与填写方法。全书层次分明、叙述清楚、内容翔实。全书共分八章,主要内容包括工程资料管理概述、公路工程综合文件的管理、公路工程施工资料、公路工程评定资料、公路工程决算和审计文件、公路工程监理资料的管理、公路工程竣工文件、竣工图和档案管理等。

本书可供公路工程资料编制人员及施工管理人员使用。

公路工程资料填写与组卷范例

本书编委会 编

出版发行:中国建材工业出版社

地 址:北京市海淀区三里河路1号

邮 编:100044

经 销:全国各地新华书店

印 刷:北京紫瑞利印刷有限公司

开 本:787mm×1092mm 1/16

印 张:23

字 数:619千字

版 次:2008年1月第1版

印 次:2018年8月第7次

定 价:59.00元

本社网址:www.jccbs.com.cn

本书如出现印装质量问题,由我社网络直销部负责调换。电话:(010)88386906

对本书内容有任何疑问及建议,请与本书责编联系。邮箱:dayi51@sina.com

《建设工程资料填写与组卷系列丛书》

主要编写人员所在单位

中国建筑科学研究院

北京市建筑科学研究院

中国建筑工程总公司

中铁建设集团总公司

中建一局集团有限公司

北京建工集团有限公司

北京市政建设集团有限公司

北京城乡建设集团有限公司

北京住总集团有限责任公司

北京城建设计研究总院

北京市政工程设计总院

北京工业设计研究院

北京市建设职工大学

北京市双圆监理咨询公司

北京市方园监理咨询公司

公路工程资料填写与组卷范例

编委会

前　言

建设工程资料是工程建设过程中形成的各种形式记录，它是与工程实体质量紧密结合在一起，它既反映工程质量的客观见证，又是对工程建设项目进行过程检查、质量评定、维修管理的依据，是城市建设档案的重要组成部分。建设工程资料包括工程基建过程中形成的资料、工程监理过程中形成的资料、工程施工过程中形成的资料以及工程的竣工图等。这些都是构成整个建设工程完整的基础信息。

近年来，随着我国工程建设行业的迅猛发展，建设工程资料管理以其鲜明的特点，正越来越发挥着不可替代的作用，例如：工程资料充分体现建筑企业自身的综合管理水平；工程资料为建设管理者决策提供真实、直接的工程信息；工程资料为城市基础设施建设以及现有工程新建、扩建、维修、管理提供翔实的依据；工程资料为明确建设工程质量责任提供准确、直接的工程信息等。

现在有许多想从事工程建设行业的人士，很想在短时间内对工程建设资料的编制与管理有全面地了解，但他们又很少有直接接触工程施工的机会，也就很难在较短的时间里掌握工程资料管理的知识和组卷的方法。而且现在有很多工程施工企业，乃至建设单位、监理单位的工程资料管理水平极不平衡，仍存在严重的偏差，例如：对种类繁多、数量巨大、来源广泛的工程资料无法科学的分类；对现行标准规范的了解程度不够，缺乏灵活运用的方式方法；缺乏必要的工程资料管理经验等。为解决这些实际问题，我们组织有关方面的专家学者编写了《建设工程资料填写与组卷系列丛书》。

本套丛书包括以下分册：

《建筑工程资料填写与组卷范例》

《建筑安全资料填写与组卷范例》

《建设监理资料填写与组卷范例》

《市政工程资料填写与组卷范例》

《公路工程资料填写与组卷范例》

《园林绿化工程资料填写与组卷范例》

《水利水电工程资料填写与组卷范例》

本套丛书参照《建筑法》、《建筑工程施工质量验收统一标准》(GB 50300—2001)、《建设工程文件归档整理规范》(GB/T 50328—2001)、《建设工程监理规程》(GB 50319—2000)、《施工企业安全生产评价标准》(JGJ/T 77—2003)、《施工现场临时用电安全技术规范》(JGJ 46—2005)、《公路工程质量检验评定标准》(JTG F80—2004)、《公路工程施工监理规范》(JTG G10—2006)等法规、标准规范进行编写，力求做到规范性、实用性、知识性和可操作性。

本套丛书与市面上同类图书比较，主要具有以下特色：

1. 资料全面，紧贴现场，理论与实际相结合，注重与新规范相结合，做到通俗易懂，力求知识性、权威性、前瞻性和实用性。

2. 工程资料管理程序的标准化，结合现行施工工艺标准、规定，推出了一系列针对重点分项工程的资料管理标准化程序，致力于减少过程管理的盲区，增进管理者的工作积极性。

3. 工程资料填写内容与要求的标准化：工程资料作为体现工程建设各个相关单位执行标准的规范程度的载体，必须保证内容与要求达到现行规范的规定，同时必须不断的完善。

4. 务实、创新、发展。对每一分项工程的有关表格进行实例的解析与填写，使读者在参阅丛书之后掌握每一分项工程资料的整体情况，正确填写工程建设用表，使建设施工活动和资料管理的程序不断优化、工作更加协调和谐、实现较高的工作效率。

5. 工程资料组卷、编目标准化。依据《建设工程文件归档整理规范》(GB/T 50328—2001)中的工程资料分类、编目、组卷的指导原则，推出一套实用性很强的标准化目录。

在本套丛书编写过程中，我们收集了一些具有较高实用价值的工程资料编制填写实例及相关资料表格，丛书因限于篇幅，没有全部予以采用。为方便读者更好地理解本丛书的内容，以及能参照本丛书的内容更好地进行工程资料编制工作，我们将陆续对收集的部分工程资料编制填写实例及相关表格进行归纳、整理及补充，并放在相关网站上(www.jccbs.com.cn)，以供广大读者免费下载，敬请读者关注。

丛书编写过程中，得到广大专家的指导和支持，在此表示衷心的感谢，同时由于编者自身知识水平有限，丛书难免有疏漏和不够准确之处，恳请读者和有关专家批评指正，以便我们不断地改正和完善。

本书编委会

目　录

第一章　工程资料管理概述

第一节　工程项目划分

一、一般规定

为了加强对基本建设工作的管理，便于编制设计文件、概预算文件和施工组织设计文件，便于工程招投标工作和施工管理，必须对基本建设工程项目进行科学的分解和合理的划分。

根据建设任务、施工管理和质量评定的需要，在施工准备阶段，施工单位应根据《公路工程质量检验评定标准》(JTG F80/1—2004、JTG F80/2—2004)(以下简称验评标准)的规定，结合工程特点，对建设项目按单位工程、分部工程和分项工程逐级进行划分，直至详细列出所有的每一个分项工程的编号、名称或内容、桩号或部位。整个工程项目中工程实体与划分的项目一一对应，单位、分部、分项的数量、位置都一目了然。施工单位、工程监理单位和建设单位应按相同的工程项目划分进行工程质量的监控和管理。

二、项目划分

1. 建设项目

建设项目也称基本建设项目，是指经批准在一个设计任务书范围内按同一总体设计进行建设的全部工程。建设项目由一个或几个单项工程组成，经济上实行统一核算，行政上实行统一管理，一般以一个企业(或联合企业)、事业单位或独立工程作为一个建设项目。公路工程基本建设以单独设计的公路路线、独立桥梁作为建设项目。

2. 单项工程

单项工程也称工程项目，是指建设项目中具有单独的设计文件，建成后可独立发挥生产能力或使用效益的工程。公路工程中独立合同段的路线、大桥、隧道等属于单项工程。

3. 单位工程

单位工程是单项工程的组成部分，是指在单项工程中具有单独设计文件和独立施工条件，而又作为一个施工对象的工程。

公路工程一般建设项目通常划分为9个单位工程，见表1-1。

表1-1　　一般建设项目单位工程划分表

序　号	单位工程名称	备　注
1	路基工程	每10km或每标段
2	路面工程	每10km或每标段
3	桥梁工程	特大桥，大、中桥
4	互通立交工程	—
5	隧道工程	—
6	环保工程	—
7	交通安全设施	每20km或每标段

续表

序号	单位工程名称	备注
8	机电工程	—
9	房屋建筑工程	—

特大斜拉桥和悬索桥为主体建设项目的工程通常划分为8个单位工程，见表1-2。

表1-2 特大斜拉桥和悬索桥为主体建设项目单位工程划分

序号	单位工程名称	备注
1	塔及辅助、过渡墩	每座
2	锚碇	—
3	上部构造制作与防护	钢结构
4	上部构造浇筑与安装	—
5	引桥	同桥梁工程
6	引道	见路基、路面工程
7	互通立交工程	同互通立交工程
8	交通安全设施	同交通安全设施

4. 分部工程

分部工程是按工程结构、材料或施工方法不同所作的分类，是单位工程的组成部分。公路工程应按结构部位、路段长度及施工特点或施工任务等将单位工程划分为若干分部工程。

5. 分项工程

在分部工程中，应按不同的施工方法、材料、工序及路段长度等划分为若干分项工程。

三、工程实例

实践中如何进行工程项目的划分举例说明如下：

××××高速公路A2合同段位于××省××市××镇境内，线路起讫里程为ZK6＋000～K12＋000，全长6.0km，见图1-1。

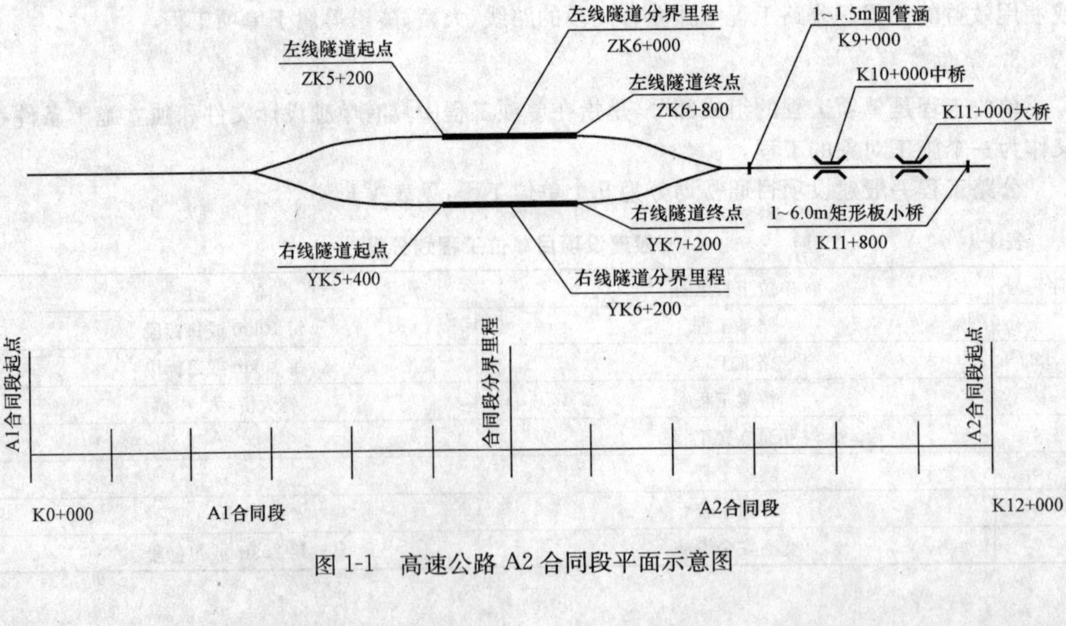

图1-1 高速公路A2合同段平面示意图

该合同段路基土石方××万 m^3，左右线隧道各一座，大中小桥及涵洞各一座，沥青混凝土路面，见表 1-3。

表 1-3 A2 合同段设计情况表

序 号	工程名称	设计参数	备 注
1	线路起讫里程	ZK6＋000～ZK9＋000	分离式(左线)
		YK6＋200～YK9＋600	分离式(右线)
		K9＋000～K12＋000	整体式
2	隧道起讫里程	ZK5＋200～ZK6＋800	左线隧道
		YK5＋400～YK7＋000	右线隧道
3	隧道分界点里程(A2 合同段起点里程)	ZK6＋000	左线隧道
		YK6＋200	右线隧道
3	K10＋000 中桥	2～20m	矩形预应力空心板梁
4	K11＋000 大桥	8～40m	后张法预应力 T 梁
5	涵洞工程	K9＋000，1～1.5m 圆管涵	—
6	K11＋800 小桥	1～6.0m 矩形板小桥	—

1. 路基工程分部分项划分

(1)为了满足分项工程评定需要，便于竣工文件的组卷与归档，不但要求路基工程中的土石方工程、排水工程、防护工程等分部工程的分项工程之间划分里程桩号相统一，而且还应与路面工程的分项工程划分桩号相一致。

(2)原则上应按整公里桩号进行分项工程划分，以 1km 为单元进行组卷。如果起止桩号不是整公里桩号，则应将整公里以外的路段长度以 500m 为界进行调整：小于 500m 时，直接将该段长度加在临近的 1km 路段上，把整个路段划分为一个分项工程；大于 500m 时，则单独作为一个分项工程进行组卷。

(3)构造物位于整公里附近时，应以构造物为界进行划分。

(4)由于山区的排水、防护工程是依据实际地形设计的，有的段落桩号要跨越两个已划分的分项工程，并且其中一个分项工程中的工程量很小，在这种情况下可以合并在一个分项工程中统一进行报验。报验时，各检查记录表按实际桩号进行填写；但在填写分项工程质量检验评定表时，工程部位仍然填写原分项工程里程桩号。

本例中分项工程桩号为 K9＋000～K10＋000、K10＋000～K11＋000，排水工程的桩号为 K9＋600～K10＋000，应按照 K9＋000～K10＋000 分项工程进行报验，但各检查记录表按填写实际桩号，只是在分项工程评定时，工程部位仍然按照 K9＋000～K10＋000 填写。

(5)若一个工序跨两个分项工程时，在进行工序检验时，应从两个分项工程的分界线分开，按照两个工序进行内业资料整理。

(6)路基工程分部分项划分(表 1-4)。

表 1-4 路基工程分部分项划分表

序号	子单位工程	分部工程	子分部工程	分项工程
1	ZK6＋800～ZK8＋000 路基工程	防护工程		挡土墙、墙背填土
		排水工程		管节预制、管道基础及管节安装
2	ZK8＋000～ZK9＋000 路基工程	防护工程		抗滑桩
		排水工程		检查(雨水)井砌筑

续表

序号	子单位工程	分部工程	子分部工程	分项工程
3	YK7＋000～YK8＋000路基工程	防护工程		抗滑桩
		排水工程		浆砌排水沟
4	YK8＋000～YK9＋000路基工程	防护工程		锚喷支护
		排水工程		盲　沟
5	K9＋000～K10＋000路基工程	防护工程		锥、护坡
		排水工程		急流槽
		涵　　洞	K9＋000，1～1.5m 圆管涵	基础及下部构造，主要构件预制、安装或浇筑，填土，总体等
6	K10＋000～K11＋000路基工程	防护工程		锥、护坡
		排水工程		跌水，浆砌排水沟
7	K11＋000～K12＋000路基工程	防护工程		锥、护坡
		排水工程		跌水，浆砌排水沟
		小　　桥	基础及下部构造，上部构造预制与安装，总体、桥面和附属工程	基坑、钢筋、模板、混凝土

2. 路面工程分部分项划分

路面工程分部分项的划分见表 1-5。

表 1-5　　路面工程分部分项划分表

序号	分 部 工 程	分 项 工 程
1	ZK6＋800～ZK8＋000 路面工程	底基层，基层，面层，垫层，联结层，路缘石，人行道，路肩，路面边缘排水系统等
2	ZK8＋000～ZK9＋000 路面工程	
3	YK7＋000～YK8＋000 路面工程	
4	YK8＋000～YK9＋000 路面工程	
5	K9＋000～K10＋000 路面工程	
6	K10＋000～K11＋000 路面工程	
7	K11＋000～K12＋000 路面工程	

3. 桥梁工程分部分项划分

桥梁工程分部分项的划分见表 1-6。

表 1-6　　桥梁工程分部分项划分表

序号	子单位工程	分部工程	子分部工程	分项工程
1	K10＋000 中桥	基础及下部构造	0 号台	钻孔灌注桩，承台，钢筋加工及安装，墩台身、墩台帽混凝土浇筑，锥坡，台背填土，挡块，支座垫石
			1 号墩	
			2 号台	
		上部构造预制与安装	1 号孔	空心板预制，钢筋加工及安装，预应力筋的加工和张拉，梁板安装
			2 号孔	
		总体、桥面系和附属工程		桥梁总体，桥面铺装，钢筋加工及安装，支座安装，伸缩缝安装，防撞护栏，桥头搭板

续表

序号	子单位工程	分部工程	子分部工程	分项工程
2	K11＋000大桥	基础及下部构造	0号台	钻孔灌注桩，承台，钢筋加工及安装，墩台身、墩台帽混凝土浇筑，锥坡，台背填土，挡块，支座垫石
			1号墩	
			2号墩	
			……	
			8号台	
		上部构造预制与安装	1号孔	T型梁预制，钢筋加工及安装，预应力筋的加工和张拉，梁板安装
			2号孔	
			……	
			8号孔	
		总体、桥面系和附属工程		桥梁总体，桥面铺装，钢筋加工及安装，支座安装，伸缩缝安装，防撞护栏，桥头搭板

4. 隧道工程分部分项划分

隧道工程分部分项的划分见表1-7。隧道通常作为一个单位工程，但本例中隧道由A1、A2两合同段施工，所以各合同段应分别作为一个单位工程，然后再进行分部分项划分。

表1-7　　隧道工程分部分项划分表

序号	子单位工程	分部工程	分项工程
1	左线隧道	总　体	隧道总体等
		明　洞	明洞浇筑，明洞防水层，明洞回填等
		洞口工程	洞口开挖，洞口边仰坡防护，洞门和翼墙浇筑，截水沟，洞口排水沟等
		洞身开挖	洞身开挖(分段)等
		洞身衬砌	喷射混凝土支护，锚杆支护，钢筋网支护，仰拱，混凝土衬砌，钢支撑，衬砌钢筋
		防排水	防水层，止水带，排水沟等
		隧道路面	基层，面层等
		装　饰	装饰工程
		辅助施工措施	超前锚杆，超前钢管等
2	右线隧道	总　体	明洞浇筑，明洞防水层，明洞回填等
		明　洞	洞口开挖，洞口边仰坡防护，洞门和翼墙浇筑，截水沟，洞口排水沟等
		洞口工程	洞身开挖(分段)等
		洞身开挖	喷射混凝土支护，锚杆支护，钢筋网支护，仰拱，混凝土衬砌，钢支撑，衬砌钢筋
		洞身衬砌	防水层，止水带，排水沟等
		防排水	基层，面层等
		隧道路面	装饰工程
		装　饰	超前锚杆，超前钢管等
		辅助施工措施	明洞浇筑，明洞防水层，明洞回填等

第二节　公路工程基本建设程序

公路工程基本建设程序是指基本建设项目从规划立项到竣工验收的整个建设过程中，各阶段建设活动的先后顺序和相互关系的法则。它是工程项目科学决策和顺利进行的重要保证。科学的基本建设程序能指导基本建设工作有计划、有步骤地进行，它是基本建设管理的核心内容。从事公路工程建设活动，必须严格执行基本建设程序，坚持先勘察、后设计、再施工的原则。

《公路建设监督管理办法》规定，除国家另有规定外，公路建设应当按照下列程序进行（图1-2）：

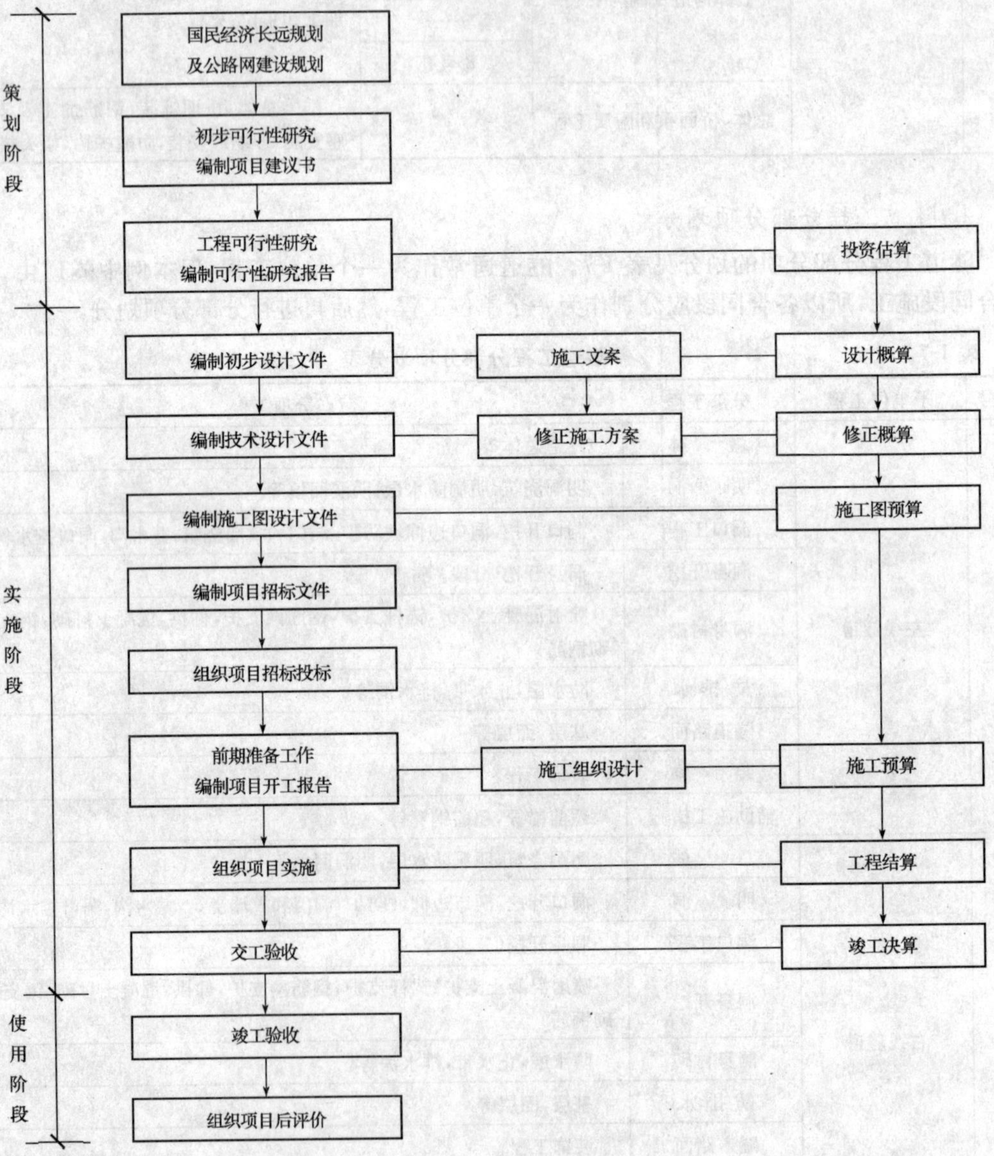

图1-2　公路工程基本建设程序

(1)根据规划进行初步可行性研究,编制项目建议书。

(2)根据批准的项目建议书,进行工程可行性研究,编制可行性研究报告。

(3)根据批准的可行性研究报告,编制初步设计文件。

(4)根据批准的初步设计文件,编制施工图设计文件。

(5)根据批准的施工图设计文件,编制项目招标文件。

(6)根据批准的项目招标文件、资格预审结果和公路建设计划,组织项目招标投标。

(7)根据国家有关规定进行征地拆迁等施工前准备工作,编制项目开工报告。

(8)根据批准的项目开工报告,组织项目实施。

(9)项目完工后,编制竣工图表和工程决算,办理项目验收。

(10)竣工验收合格后,组织项目后评价。

第三节　公路工程常用表格

公路工程检查验收表格通常由《施工监理用表》、《质量检验报告单》、《检查记录表》、《评定用表》及试验用表等5部分组成。

一、施工监理用表

公路工程施工监理用表是依据《公路工程施工监理规范》(JTG G10—2006)的要求选择制定的。这里仅列举常用的3个监理用表。

(1)《中间交工证书》。

1)《中间交工证书》是交工验收报验、报审的一道管理程序,也是控制分项工程质量的关键,并且对交工验收的报验、报审有较强的时限要求。

2)一个分项工程完工后,施工单位经自检合格,填报《中间交工证书》,提出交工报告。

3)监理单位接到交工报告后,对按工程量清单完成的分项工程,按《验评标准》的要求进行系统的检查验收。

4)监理工程师检查验收合格后,应及时将报告返回施工单位,不得影响正常的工程施工。施工单位只有接到《中间交工证书》的批件后,才能进行下道工序的施工。

(2)《检验申请批复单》。

监理工程师应对承包人完成每一分项工程后填报的检验申请批复单进行检验,签认合格后,承包人方能进行下道工序施工,并可作为支付依据,填写《中间计量表》。

(3)《施工放样报验单》。

1)施工单位在每工序施工前应进行施工放样,填写施工放样报验单。施工放样报验单应详细填写桩号和位置、工程部位和放样内容。路基工程施工在备注栏应注明距路床顶面的距离。

2)测量监理工程师接到施工放样报验单后,应对放样内容进行查验,并在查验结果栏填写查验结论。

3)查验结果必须明确实际放样误差是否在允许范围内。如果各项实测误差均在允许范围内或符合设计要求,应签认“放样合格,同意进行施工”。若查验结果不合格,应重新进行放样。

二、质量检验报告单

公路工程施工质量检验报告单是依据《公路工程施工监理规范》(JTG G10—2006)的要求选择制定的,是工程质量控制管理程序的需要。各种质量检验报告单的检查项目、规定值或允许偏差及检查方法与频率是依据相关规范的要求确定的,相关规范见表1-8。

表 1-8　　公路工程现场质量检验所依据的相关规范

序　号	规范名称	编　号
1	《公路水泥混凝土路面施工技术规范》	JTG F30—2003
2	《预应力混凝土路面工程技术规范》	GB 50422—2007
3	《公路沥青路面施工技术规范》	JTG F40—2004
4	《公路路基施工技术规范》	JTG F10—2006
5	《公路路面基层施工技术规范》	JTJ 034—2000
6	《公路桥涵施工技术规范》	JTJ 041—2000
7	《公路隧道施工技术规范》	JTJ 042—1994
8	《公路工程技术标准》	JTG B01—2003
9	《公路工程质量检验评定标准》	JTG F80/1—2004

(1)路基工程质量检验报告单，见表 1-9。

表 1-9　　路基工程质量检验报告单

序　号	表格编号	表格名称
一		**路基土石方工程**
1	检验表 1	土方路基质量检验报告单
2	检验表 2	石方路基质量检验报告单
3	检验表 3	袋装砂井、塑料排水板质量检验报告单
4	检验表 4	碎石桩(砂桩)质量检验报告单
二		**构造物及防护工程**
5	检验表 5	砌体挡土墙质量检验报告单
6	检验表 6	干砌挡土墙质量检验报告单
7	检验表 7	悬臂式和扶壁式挡土墙质量检验报告单
8	检验表 8	加筋土挡土墙面板预制质量检验报告单
9	检验表 9	加筋土挡土墙面板安装质量检验报告单
10	检验表 10	锚杆、锚碇板和加筋土挡土墙质量检验报告单
11	检验表 11	锥、护坡质量检验报告单
12	检验表 12	浆砌砌体质量检验报告单
13	检验表 13	干砌片石质量检验报告单
14	检验表 14	导流工程质量检验报告单
15	检验表 15	石笼防护质量检验报告单
三		**排水工程**
16	检验表 16	管节预制质量检验报告单
17	检验表 17	管道基础及管节安装质量检验报告单
18	检验表 18	检查(雨水)井砌筑质量检验报告单
19	检验表 19	浆砌排水沟质量检验报告单
20	检验表 20	盲沟质量检验报告单
21	检验表 21	排水泵站(沉井)质量检验报告单

续表

序　号	表格编号	表格名称
四		涵洞工程
22	检验表 22	涵洞总体质量检验报告单
23	检验表 23	涵台质量检验报告单
24	检验表 24	管座及涵管安装质量检验报告单
25	检验表 25	盖板制作质量检验报告单
26	检验表 26	箱涵浇筑质量检验报告单
27	检验表 27	拱涵浇(砌)筑质量检验报告单
28	检验表 28	倒虹吸竖井砌筑质量检验报告单
29	检验表 29	一字墙和八字墙质量检验报告单
30	检验表 30	顶入法施工的桥涵质量检验报告单

(2)路面工程质量检验报告单,见表 1-10。

表 1-10　　路面工程质量检验报告单

序　号	表格编号	表格名称
31	检验表 31	水泥混凝土面层
32	检验表 32	沥青混凝土面层和沥青碎(砾)石面层质量检验报告单
33	检验表 33	沥青贯入式面层(或上拌下贯式面层)质量检验报告单
34	检验表 34	沥青表面处治面层质量检验报告单
35	检验表 35	水泥土基层和底基层质量检验报告单
36	检验表 36	水泥稳定粒料基层和底基层质量检验报告单
37	检验表 37	石灰土基层和底基层质量检验报告单
38	检验表 38	石灰稳定粒料基层和底基层质量检验报告单
39	检验表 39	石灰粉煤灰土基层和底基层质量检验报告单
40	检验表 40	石灰粉煤灰稳定粒料质量检验报告单
41	检验表 41	级配碎(砾)石质量检验报告单
42	检验表 42	填隙碎石(矿渣)质量检验报告单
43	检验表 43	路缘石铺设质量检验报告单
44	检验表 44	路肩质量检验报告单

(3)桥梁工程质量检验报告单,见表 1-11。

表 1-11　　桥梁工程质量检验报告单

序　号	表格编号	表格名称
一		桥梁总体
45	检验表 45	桥梁总体质量检验报告单
二		钢筋和预应力筋
46	检验表 46	钢筋安装质量检验报告单

续表

序　号	表格编号	表格名称
47	检验表 47	钢筋网质量检验报告单
48	检验表 48	预制桩钢筋安装质量检验报告单
49	检验表 49	钢丝、钢绞线先张法质量检验报告单
50	检验表 50	粗钢筋先张法质量检验报告单
51	检验表 51	后张法质量检验报告单
三		砌　体
52	检验表 52	基础砌体质量检验报告单
53	检验表 53	墩、台身砌体质量检验报告单
54	检验表 54	拱圈砌体质量检验报告单
55	检验表 55	侧墙砌体质量检验报告单
四		基　础
56	检验表 56	扩大基础质量检验报告单
57	检验表 57	钻孔灌注桩质量检验报告单
58	检验表 58	挖孔桩质量检验报告单
59	检验表 59	预制桩质量检验报告单
60	检验表 60	沉桩质量检验报告单
61	检验表 61	沉井质量检验报告单
五		墩、台身和盖梁
62	检验表 62	承台质量检验报告单
63	检验表 63	墩、台身质量检验报告单
64	检验表 64	柱或双壁墩身质量检验报告单
65	检验表 65	墩、台身安装质量检验报告单
66	检验表 66	墩、台帽或盖梁质量检验报告单
67	检验表 67	拱桥组合桥台质量检验报告单
六		梁　桥
68	检验表 68	预制梁(板)质量检验报告单
69	检验表 69	梁(板)安装质量检验报告单
70	检验表 70	就地浇筑梁(板)质量检验报告单
71	检验表 71	顶推施工梁质量检验报告单
72	检验表 72	悬臂浇筑梁质量检验报告单
73	检验表 73	悬臂拼装梁质量检验报告单
74	检验表 74	转体施工梁质量检验报告单
七		拱桥、斜拉桥
75	检验表 75	就地浇筑拱圈质量检验报告单
76	检验表 76	预制拱圈节段质量检验报告单
77	检验表 77	桁架拱杆件预制质量检验报告单

续表

序　号	表格编号	表格名称
78	检验表 78	主拱圈安装质量检验报告单
79	检验表 79	腹拱安装质量检验报告单
80	检验表 80	劲性骨架安装质量检验报告单
81	检验表 81	劲性骨架拱混凝土浇筑质量检验报告单
82	检验表 82	钢管拱肋制作质量检验报告单
83	检验表 83	钢管拱肋安装质量检验报告单
84	检验表 84	钢管拱肋混凝土浇筑质量检验报告单
85	检验表 85	吊杆的制作与安装质量检验报告单
86	检验表 86	斜拉桥梁的悬臂浇筑质量检验报告单
87	检验表 87	斜拉桥梁的悬臂拼装质量检验报告单
八		**桥面系和附属工程**
88	检验表 88	桥面防水层质量检验报告单
89	检验表 89	桥面铺装质量检验报告单
90	检验表 90	钢桥面板的沥青混凝土铺装质量检验报告单
91	检验表 91	混凝土小型构件质量检验报告单
92	检验表 92	人行道铺设质量检验报告单
93	检验表 93	栏杆安装质量检验报告单
94	检验表 94	混凝土防撞护栏浇筑质量检验报告单

(4)隧道工程质量检验报告单,见表1-12。

表 1-12　　隧道工程质量检验报告单

序　号	表格编号	表格名称
95	检验表 95	隧道总体质量检验报告单
96	检验表 96	洞身开挖质量检验报告单
97	检验表 97	(钢纤维)喷射混凝土支护质量检验报告单
98	检验表 98	锚杆支护质量检验报告单
99	检验表 99	钢筋网支护质量检验报告单
100	检验表 100	混凝土衬砌质量检验报告单
101	检验表 101	钢支撑支护质量检验报告单
102	检验表 102	衬砌钢筋质量检验报告单

(5)交通安全设施质量检验报告单,见表1-13。

表 1-13　　交通安全设施质量检验报告单

序　号	表格编号	表格名称
103	检验表 103	交通标志质量检验报告单
104	检验表 104	路面标线质量检验报告单
105	检验表 105	波形梁钢护栏质量检验报告单

续表

序　号	表格编号	表格名称
106	检验表 106	混凝土护栏质量检验报告单
107	检验表 107	缆索护栏质量检验报告单
108	检验表 108	防眩设施质量检验报告单
109	检验表 109	隔离栅和防落网质量检验报告单

三、检验记录表

检验记录表的检查项目是按照质量检验报告单(工序检查验收)或验评标准(交工验收)中的各项检查内容确定的。

《公路工程施工监理规范》中要求,工序质量控制检查必须达到合格,才能进行下道工序施工;验评标准中要求,检查项目除按数理统计方法评定的项目以外,均应按单点(组)测定值是否符合标准要求进行评定,并按合格率计分。所以在检查记录表中,依据监理规范和验评标准的要求,确定规定值与允许偏差、设计值、实测值、偏差值、检测点数、合格点数、合格率等项内容,以便计算合格率,判定工序施工质量是否合格,并按合格率计算交工验收的分项工程评分。

四、评定用表

评定用表是按数理统计方法评定的项目用表,确定评定用表内容的依据:一是验评标准附录中各项评定所要求的项目内容;二是有检验位置的项目,如压实度、厚度等,按照随机选点的要求,增加距中心线的位置;三是施工规范中所要求的项目内容。

五、试验用表

试验用表的内容是依据公路工程各施工技术规范对所用材料试验项目的要求和相应试验规程的要求确定的。

第二章　公路工程综合文件的管理

第一节　公路工程可行性研究文件

一、项目建议书及批准文件

发展国民经济的长远规划和公路网建设规划是项目建议书的依据。它是由主管部门按经济发展对公路交通的要求，并在广泛收集和综合各方面意见的基础上提出的。

项目建议书是建设某一项目的建设性文件，是对拟建项目的轮廓设想。项目建议书的主要作用是为推荐拟建项目提出说明，论述建设的必要性，以便供有关部门选择确定是否有必要进行可行性研究工作。项目建议书是进行各项前期准备工作和进行可行性研究的依据。

项目建议书的主要内容：

(1)建设项目提出的必要性和依据。

(2)拟建规模、技术标准、建设地点的初步设想。

(3)建设内容、主要工程量。

(4)资源情况、建设条件及建设方案。

(5)建设投资估算及资金筹措设想。

(6)建设安排及实施方案。

(7)经济评价指标。

利用外资项目要说明利用外资的可能性以及偿还贷款能力的大体测算。

二、工程可行性研究报告及批准文件

1. 可行性研究的概念

可行性研究是在建设前期对工程项目按规定要求和内容进行的一种考察和鉴定。既对项目建议书中拟议的公路建设项目进行全面的综合的技术经济调查和系统的分析论证，从而作出要建设还是放弃这个项目的判断。因此，可行性研究是基本建设前期工作的重要组成部分，是建设项目立项、决策的主要依据。大中型工程、高等级公路及重点工程建设项目均应进行可行性研究。

2. 可行性研究的任务

在对拟建工程地区社会、经济发展和公路网状况进行充分地调查研究、评价、预测和必要的勘察工作的基础上，对项目建设的必要性、经济合理性、技术可行性、实施可能性，提出综合性研究性论证报告。

3. 可行性研究报告

可行性研究报告是确定建设项目，编制设计文件的基本依据。编制可行性研究报告，应严格执行国家的各项政策、规定和交通部颁布的技术、标准、规范等。可行性研究报告的文件，应符合《公路建设项目可行性研究报告编制办法》的规定。

公路建设项目可行性研究报告的主要内容包括：

(1)建设项目依据、历史背景。

(2)建设地区综合运输网的交通现状和建设项目在交通运输网中的地位及作用。

(3)原有公路的技术状况及适应程度。

(4)论述建设项目所在地区的经济特征,研究建设项目与经济发展的内在联系,预测交通量、运输量的发展水平。

(5)建设项目的地理位置、地形、地质、地震、气候、水文等自然特征。

(6)筑路材料来源及运输条件。

(7)对不同建设方案的路线起讫点和主要控制点、建设规模、标准提出推荐意见。

(8)建设项目对环境影响的预测

(9)测算主要工程数量、征地拆迁数量、估算投资,提出资金筹措方式。

(10)提出勘测、设计、施工计划安排。

(11)确定运输成本及有关经济参数,进行经济评价、敏感性分析。

(12)收费公路、桥梁、隧道尚需做财务分析,评价推荐方案、提出存在问题和有关建议。

第二节　公路工程设计文件

一、工程地质勘察报告

工程地质勘察报告主要包括:

(1)工程概况。

(2)勘察依据。

(3)区域自然气候、地形、地貌及水文条件。

(4)地质概况。

(5)工程沿线地质条件和地质综合评价。

(6)各结构物工程地质勘察资料等。

二、初步设计文件及审批文件

初步设计是根据已批准的可行性研究报告和初测资料编制的。它是根据批准的可行性研究报告和勘察设计合同的要求,拟定修建原则,选定设计方案,计算主要工程数量,提出施工方案的意见,编制设计概算,提供文字说明及图表资料。

选定方案时,应对路线的走向、控制点和方案进行现场核查,征求地方政府和建设单位的意见,基本落实路线布置方案。一般应进行纸上定线,赴实地核对,落实并放出必要的控制线位桩。对难以取舍、投资影响较大或地形特殊的复杂困难地段的路线、特大桥、长大隧道、立体交叉枢纽的位置等,一般应选择两个以上的方案进行同深度、同精度的测设工作和方案比选,优选提出推荐方案。

审查批准后的初步设计文件是安排重大科研试验项目,联系征用土地,编制施工图及控制建设项目投资的依据。

三、技术设计

公路工程基本建设项目一般采用两阶段设计,即初步设计和施工图设计。技术复杂而又缺乏经验的建设项目,或建设项目中的特大桥、互通立体交叉、隧道、高速公路和一级公路的交通工程及沿线设施中的机电设备工程等,必要时采用三阶段设计,即初步设计、技术设计和施工图设计。

技术设计应根据批准的初步设计及审批意见、勘测设计合同的要求，对重大、复杂的技术问题通过科学试验，进一步勘测调查，专题研究，解决初步设计中未解决的问题，落实技术方案，计算工程数量，提出修正的施工方案，编制修正设计概算，批准后为编制施工图设计的依据。

四、施工图设计文件及审批文件

施工图设计应根据批准的初步设计或技术设计，进一步对所审定的修建原则、设计方案、技术措施，加以具体和深化，通过现场定线勘测，确定路线及结构物的具体位置和设计尺寸，最终确定各项工程的数量，提出文字说明和适应施工需要的图表资料及施工组织计划，并编制施工图预算。

施工图设计文件一般由以下文件组成：

(1)总说明。

(2)总体设计。

(3)路线。

(4)路基、路面及排水。

(5)桥梁、涵洞。

(6)隧道。

(7)路线交叉。

(8)互通工程及沿线设施。

(9)环境保护。

(10)渡口码头及其他工程。

(11)筑路材料。

(12)施工组织计划。

(13)施工图预算。

(14)附件。

其中总体设计只用于高速公路和一级公路。附件内容为补充地质勘探、水文地质调查及计算等基础资料。

第三节　公路工程管理文件

一、招标文件

1. 勘察设计招标文件

(1)投标邀请书。

(2)投标须知。

(3)经批准的可行性研究报告及有关文件的复制件。

(4)合同条款。

(5)勘察设计合同格式。

2. 监理招标文件

(1)投标邀请书。

(2)投标须知。

(3)施工监理服务通用条件和专用条件。

(4)《公路工程施工监理规范》(JTG G10—2006)。

(5)投标书与投标担保格式。

(6)主要工程数量表。

(7)投标书附表格式。

(8)监理服务协议格式。

(9)履约担保格式。

3. 施工招标文件

(1)投标邀请书。

(2)投标须知。

(3)合同条款(通用条款和专用条款)。

(4)技术规范。

(5)投标书与投标担保格式。

(6)工程量清单。

(7)投标书附表格式。

(8)合同格式。

(9)履约担保格式。

(10)图纸(施工招标文件整理归档时,图纸不在其内)。

二、投标文件

1. 勘察设计投标书

目前,我国尚未规定工程勘察设计投标书的统一格式,一般由招标单位制定,作为招标文件的组成部分,由投标单位按要求编制和投送。其基本内容为:

(1)标书正文。填写工程设计总标价、总工期、主要工程数量和设计质量标准以及要求招标单位提供的配合条件等。

(2)附件。

1)投标担保书。

2)报价单。

3)测量、设计方法、顺序和总工期进度安排。

4)测量、设计过程中保证质量的主要措施。

5)投标单位认为必要的其他文字说明。

2. 监理投标书

监理投标书由“监理大纲”和“费用建议书”两部分组成。

(1)监理大纲。监理单位根据业主拟定的委托范围和职责,提出“监理大纲”(监理方案),详细说明监理单位一旦被委托要派出的监理人员的数量、资质、拟在本项目中的任职情况;为履行合同义务而采用的组织与管理模式;合同管理、工程质量、进度、费用控制的方法和措施;有详细的一个或多个技术方案,详细的目标成本概算等。

(2)费用建议书。费用建议书是监理单位以完成监理任务为依据,提出的服务费用要求。监理费的构成包括监理单位在工程项目建设活动中所需要的全部成本,再加上利润和税金。

3. 施工承包投标书

施工承包投标书的格式和内容,交通部在《公路工程国内招标文件范本》中作了统一规定,招标单位在招标时将其作为招标文件的组成部分。投标单位只要按要求编制即可。其基本内容为：

(1)投标书及投标书附录。

(2)投标担保(投标银行保函)。

(3)授权书。

(4)已标价的工程量清单。

(5)投标书附表。

(6)资格预审的更新资料或资格后审资料(如果资格后审)。

(7)选择方案及其报价。

(8)初步工程进度计划和主要分项工程施工方案(随同投标文件)。

三、合同书、协议书

1. 勘察设计合同

建设项目勘察设计合同，是指项目业主与勘察设计中标单位为明确双方权利、义务的协议。

(1)合同的法律依据。签订勘察设计合同的法律依据是《中华人民共和国合同法》和国务院颁发的《建设工程勘察设计合同条例》。

(2)勘察设计合同的主体双方应具有法人资格，勘察设计单位应持有与工程规模相适应的勘察设计证书。签订勘察设计合同时，要有批准的可行性研究报告。

2. 委托监理服务协议

签订委托监理服务协议，应符合交通部《公路工程施工监理办法》的规定，监理单位应持有与工程规模相适应的资质。

3. 施工承包合同

施工承包合同是业主与承包单位为完成工程项目施工任务，明确双方权利、义务的协议。

(1)合同的法律依据。签订施工合同的法律依据是《中华人民共和国合同法》及国务院《建筑安装工程承包合同条件》。

(2)合同格式按照交通部颁布的《公路工程国内招标文件范本》。

(3)签订施工承包合同，主体双方必须有法人资格，承包单位应持有与工程规模相适应的资质，征地、拆迁问题已经解决，资金已经落实。

第三章　公路工程施工资料

第一节　公路工程施工资料概述

一、施工资料的特点

公路工程项目多、工程量大、施工工期长，从施工准备开始至竣工验收，凡是与工程有关的活动都需要按规范、规程、标准的规定同步记录下来，形成施工资料。其中有各种试验资料，有开工前的准备资料，还有路基、路面、桥梁等工程项目工序质量控制的施工资料和路基、路面、桥梁等工程项目交工验收的施工资料等，总之内容很多，涉及方方面面。公路工程施工资料主要具有以下特点：

1. 原始性，真实性

施工资料是在施工过程中形成的，它是施工过程中的原始记录，应随工程进展同步进行整理，使施工资料的具体形成过程与外业施工过程同步进行，保证达到原始、真实、准确、有效的效果。绝对不可对原始资料的一些数据随意进行剔除或更改，更不能在工程完工后再填写"回忆录"。所以施工资料应与外业同步，完成的资料应规范、标准，并在工程竣(交)工验收前将施工资料按要求组卷、装订成册。

2. 技术性，专业性

规范、规程、标准、设计文件等是施工资料编制的依据。施工资料的形成应符合国家及地方相应的法律、法规、规范、规程，同时还应符合工程合同与设计文件等规定。在进行施工编制时，每一张表、每一个数据都要按相应的规范、规程、标准中的具体要求认真的检查和填写，保证施工资料的编制质量。

3. 完整性，时效性

从施工资料编制的重要意义可以看出，施工资料不齐全、不完整，就不能指导施工和更不能反映所完工程的质量状况，工程也无法进行验收。所以施工资料必须齐全、完整。

形成施工资料的时限很重要，只有保证时限，才能达到时效。施工资料必须做到随工程进展同步形成。如原材料在进场过程中，必须及时进行原材试验，及时进行试验资料的整理，以确定所进材料是否合格，避免不合格材料进场。标准试验的时间限制更重要，如水泥混凝土的配合比设计，必须限制在混凝土浇筑28天前完成，以保证试验一旦不成功，施工单位和监理工程师还有时间重新进行试验，用取得的准确数据指导施工。否则，因试验未完成而无法指导施工和控制施工质量，既耽误了工期，又造成经济上的损失。同样监理对施工资料的审批也必须在规定的最短时间内完成，如工序的检查验收试验，监理工程师必须及时进行签认，以免耽误下道工序的施工。另外，工程的竣工验收也必须在施工资料的整理、汇总完成后，经过有关单位验收合格才可进行。所以施工资料的形成、报验、审批一定要有时限要求。

二、施工资料的报验程序

施工资料的报验程序，应根据《公路工程施工监理规范》(JTG G10—2006)中的质量控制程序要求同步进行。其报验程序如下：

1. 开工报告

各合同段在工程开工前及相应的单位工程、分部工程或分项工程开工前，高级驻地监理工程师均应要求承包人提交工程开工报告并进行审批。工程开工报告应提出工程实施计划和施工方案；依据技术规范的要求，列明工程的质量控制指标及检验频率和方法；说明材料、设备、劳力及现场管理人员等资源的准备情况及阶段性配置计划；提供放样测量、标准试验、施工图等必要的基础资料。

2. 工序自检报告

监理工程师应要求承包人的自检人员应按照专业监理工程师批准的工艺流程和提出的工序检查程序，在每道工序完工后首先进行自检，自检合格后，申报专业监理工程师进行检查认可。

3. 工序检查认可

每道工序完成后，专业监理工程师应紧接着承包人的自检或在承包人的自检的同时检查验收并签认，对不合格的工序应要求承包人进行缺陷修补或返工。前道工序未经检查认可，后道工序不得进行施工。

4. 中间交工报告

当单位工程、分部工程或分项工程完成后，承包人的自检人员应再进行一次系统的自检，汇总各道工序的检查记录以及测量和抽样试验的结果，提出交工报告。

5. 中间交工证书

专业监理工程师应按照工程量清单对已完工的单项工程进行一次系统的检查验收，必要时应进行测量或抽样试验。检查合格后，提请高级驻地监理工程师签发《中间交工证书》。未经中间交工检验或交工检验不合格的工程，不得进行下道工序的施工。

6. 中间计量

签发了《中间交工证书》的工程可以进行计量，由高级驻地监理工程师签发《中间计量表》。但竣工资料不全应暂缓计量支付。

第二节　公路工程管理与技术资料

一、工程管理文件

1. 工程概况表

工程概况见表 3-1。

表 3-1 工程概况表

承包单位:××集团有限公司××公路工程 A2 标段项目经理部 合同号:A2

监理单位:××工程咨询有限公司××公路工程 A2 标段监理部 编　号:

<table>
<tr><td colspan="2">工程名称</td><td colspan="3">××××高速公路 A2 合同段</td></tr>
<tr><td colspan="2">建设地点</td><td>××省××市××镇</td><td>工程造价</td><td>××××(万元)</td></tr>
<tr><td colspan="2">开工日期</td><td>××年×月×日</td><td>计划竣工日期</td><td>××年×月×日</td></tr>
<tr><td colspan="2">施工许可证号</td><td>××××</td><td>监管注册号</td><td>××××</td></tr>
<tr><td colspan="2">建设单位</td><td>××高速公路发展有限公司</td><td>勘察单位</td><td>××勘察设计研究院</td></tr>
<tr><td colspan="2">设计单位</td><td>××勘察设计研究院</td><td>监理单位</td><td>××工程咨询有限公司</td></tr>
<tr><td colspan="2">监督单位</td><td>××省公路质量监督站</td><td>工程分类</td><td>世行贷款项目</td></tr>
<tr><td rowspan="3">施工单位</td><td>名　称</td><td>××集团有限公司</td><td>单位负责人</td><td>×××</td></tr>
<tr><td>工程项目经　理</td><td>×××</td><td>项目技术负责人</td><td>×××</td></tr>
<tr><td>现场管理负责人</td><td>×××</td><td></td><td></td></tr>
<tr><td colspan="2">工程内容</td><td colspan="3">线路起讫里程:ZK6+000～K12+000
线路全长 6km
路基、路面、桥梁、涵洞、隧道</td></tr>
<tr><td colspan="2">结构类型</td><td colspan="3">沥青混凝土路面</td></tr>
<tr><td colspan="2">主要工程量</td><td colspan="3">路基土石方:××××万 m^3
沥青混凝土路面:××××m^2
大桥:1 座,8～40m
中桥:1 座,2～20m
隧道:左右线各 1 座
涵洞:2 座</td></tr>
<tr><td colspan="2">主要施工工艺</td><td colspan="3">大桥:后张法预应力 T 梁
中桥:巨型预应力空心板梁
隧道:矿山法</td></tr>
<tr><td colspan="2">其　他</td><td colspan="3"></td></tr>
</table>

《工程概况表》填表说明：

(1)《工程概况表》(表 3-1)是对工程基本情况的描述，应包括单位工程的工程内容、结构类型、主要工程量、主要施工工艺等。

(2)《工程概况表》由施工单位填写，施工单位、档案馆各保存一份。

(3)工程名称应填写全称，与建设工程规划许可证、施工许可证及施工图纸中的工程名称一致。

(4)结构类型应结合工程设计要求，做到重点突出。

2. 项目大事记

项目大事记见表 3-2。

表 3-2 **项目大事记**

承包单位：××集团有限公司××公路工程 A2 标段项目经理部 合同号：A2

监理单位：××工程咨询有限公司××公路工程 A2 标段监理部 编 号：

序 号	年	月	日	内 容
1	××	×	×	工程开工
2	××	×	×	路堑开挖全部完成

技术负责人	×××	整理人	×××

《项目大事记》填表说明：

(1)主要内容包括：

1)开、竣工日期。

2)停、复工日期。

3)中间验收及关键部位的验收日期。

4)质量、安全事故。

5)获得的荣誉；重要会议。

6)分承包工程招投标、合同签署。

7)上级及专业部门检查、指示等情况的简述。

(2)《项目大事记》(表 3-2)由施工单位填写，建设单位、施工单位、档案馆各保存一份。

二、工程技术资料

(一)公路工程施工组织设计

1. 施工组织设计的分类

施工组织设计按其建设阶段可分为:设计阶段编制的施工组织计划,实施准备阶段投标前编制的施工组织设计和中标后实施阶段编制的施工组织设计三种。

目前,根据我国《交通部公路工程基本建设项目设计文件编制办法》和《交通部发布2003年版公路工程国内招标文件范本的通知》这两个规章来看,公路工程项目仅对设计阶段和实施准备阶段投标前的施工组织设计的内容进行了规范,在设计阶段重点在施工方案(初步设计)和施工组织计划(施工图设计),目的是为编制概预算、控制投资提供依据。对投标前的施工组织设计内容提出了施工组织设计建议书,规范了标前施工组织设计的内容,目的是为规范招标投标管理,使评标规范化和标准化。

2. 公路工程施工组织设计编制示例

一、编制依据

××××高速公路工程A2合同段ZK6+000~K 12+000施工组织设计的编制依据主要有以下几个方面:

(一)《××××高速公路工程A2合同段ZK6+000~K 12+000施工项目招标文件》及《补遗书》

(二)《公路工程国内招标文件范本》2003年版

(三)《××××高速公路工程A2合同段ZK6+000~K 12+000施工图》

(四)现场踏勘调查资料

(五)《公路工程预算定额》

(六)交通部《公路路基施工技术规范》(JTG F10—2005)

(七)交通部《公路桥涵施工技术规范》(JTJ041—2000)

(八)交通部《公路路面基层施工技术规范》(JTJ034—2000)

(九)交通部《公路工程质量检验评定标准》(土建工程)(JTG F80/1—2004)

(十)交通部《公路工程质量检验评定标准》(机电工程)(JTG F80/2—2004)

(十一)交通部《公路工程施工安全技术规程》(JTJ076—1995)

(十二)交通部《公路土工试验规程》(JTG E40—2007)

(十三)交通部《公路工程水泥及水泥混凝土试验规程》(JTG E30—2005)

(十四)交通部《公路工程集料试验规程》(JTG E42—2005)

(十五)交通部《公路工程岩石试验规程》(JTG E41—2005)

(十六)国家有关行业颁布的规范及标准

(十七)地方法规及规定

(十八)本投标人的设备状况、技术力量及多年积累的施工经验

二、工程概况

(一)项目位置

××××高速公路西北接×××公路,东南接×××高速公路,并与省道×××、×××线及区域内的×××线等县、乡道相连。本工程属于××××高速公路工程A2合同段,起点桩号为ZK6+000,终点桩号为K 12+000,路线全长6.0km。

(二)地形、地貌、地质及气候情况

(1)本标段沿线地形变化较大,公路沿线一般海拔在162~373m,为平原—丘陵—山地

地带区。

(2)本项目位于剥蚀、溶蚀残丘区、低山坡积区、山前洪积区及山前冲积平原区，除低洼地覆盖层较厚外，大部分地区第四系覆盖层较薄。

(3)本标段地震基本烈度小于6度；人工构造物可不考虑设防。

(4)本标段所经地区属亚热带季节性湿润性气候，气候温和，四季分明，一年之中，春湿多雨，夏秋多旱，严冬期短，暑热期长。雨水多集中于3～6月，相对湿度较大，年平均降水量为1529mm，年平均气温17.6℃，1～2月份气温最冷，7～8月份最热，时有阵雨，9～12月趋于干燥寒冷。低中山地区雾期较长，雾期较多，丘陵地区雾日较少。

(三)施工条件

施工区域无敏感居民生活区，无明显干扰工程障碍物，施工现场附近有施工电源，施工用水可采用塘水和地下水，检验合格则可使用。沿途地方道路较密集，并且已经贯通，交通便利。

(四)技术指标

(1)公路等级：×级。

(2)设计行车速度：80km/h。

(3)设计荷载：汽车－20级、挂车－100。

(4)路基宽度：12m。

(五)主要工程量

本标段主要工程量有：挖土方××万m^3、利用土填方××万m^3、排水工程M7.5浆砌片石××万m^3、铺草皮××万m^2、护坡M7.5浆砌片石××万m^3、钢筋混凝土圆管涵××m、钢筋混凝土盖板涵××m。

三、工程目标管理计划

(1)工期目标：保证按照业主的要求在一年内完成所有工程。

(2)质量目标：无重大工程质量责任事故，工程施工质量等级达到优良，工程合格率达100%，分项工程优良率达95%以上，并保证外观质量，达到精品工程要求。

(3)安全目标：无人员伤亡事故，机械设备没有重大损伤。

(4)成本目标：本项目为投标工程，成本目标为保本微利。

(5)环保目标：施工中对沿线河道、村庄等不造成危害及无环境污染。

四、施工组织机构

本工程项目按照精干、高效、结构合理的原则设立项目经理部，项目经理部实行项目经理负责制，配以总工办、工程部、合同部、质检部、财务部、机械部、材料部、安全部、试验室、测量组、行政办等职能部门对承包的工程项目实施全面管理，按照项目法的各项具体要求组织整个项目的实施。

项目经理部及各部室主要人员配备如下：

(1)项目经理部：一级项目经理1名。

(2)总工办：高级工程师1名。

(3)工程部：工程师1名、助理工程师2名、技术员3名。

(4)合同部：工程师1名。

(5)质检部：工程师1名、助理工程师1名。

(6)财务部：会计师1名、助理会计师1名。

(7)材料部：材料员2名。

(8)机械部：工程师1名、调度员2名、修理工2名。

(9)安全部:安全员3名。

(10)试验室:工程师1名、试验员2名。

(11)测量组:工程师1名、测量员2名。

(12)行政办:主任1名、打字员1名、公务1名。

五、施工平面布置

充分考虑了工程实际情况及工程所在地的交通、供水、供电等客观条件,项目经理部及其下辖的总工办、工程部、合同部、质安部、财务部、材料部、机械部、试验室、测量组及行政办择址设立在桩号×××;项目经理部所下辖的各专业施工队(班组)根据施工需要驻扎在各自承担施工任务的路段(工作面)附近。

六、人员的安排、机械设备的调遣及施工材料的组织

(一)人员的安排

根据工程实际情况及业主的工期要求,在全公司范围内选择管理经验丰富、专业技术水平高、思想觉悟高、责任心强、能吃苦耐劳的施工管理、技术人员到本项目工程施工中去。其中一级项目经理1名、高级工程师1名、工程师6名、助理工程师3名、技术员3名、安全员4名、会计师1名、助理会计师1名、行政管理人员4名、技术工人6名,保证在与业主签订合同协议书后的两天内到达施工现场。施工过程中所需要的民工,由项目经理部就地组织,根据工程进度的总体安排及需要灵活地组织进退场。生产人员、劳动力使用计划见下表。

生产人员、劳动力使用计划表

工程队名称	人　数	进场时间	退场时间	备　注
土石方施工队1	20	2006.7.1	2007.1.27	本部调入
土石方施工队2	20	2006.7.1	2007.1.27	本部调入
通道工程施工队	30	2006.7.31	2006.9.28	本部调入
圆管涵施工队2	20	2006.7.1	2006.7.30	本部调入
盖板涵施工队7	30	2006.7.1	2006.12.27	本部调入
排水防护施工队	30	2006.8.1	2007.3.13	本部调入

(二)机械设备的调遣

根据工程实际情况及业主的工期要求,加大机械化施工的程度,投入能够全面满足本项目工程施工需要的机械设备到本项目工程施工中去。其中推土机2台、挖掘机2台、平地机2台、装载机2台、20t振动压路机2台、8t光轮压路机1台、6000L洒水车2台、10t自卸汽车7台、200kW发电机1台、75kW发电机1台、250L混凝土搅拌机2台、抽水机2台等设备,以上机械设备均从公司仓库抽调,首期施工所需机械设备保证在与业主签订合同协议书后的三天内到达施工现场。机械设备组织及调遣计划表如下表所示。

(三)施工材料的组织

加大施工材料组织的力度,由材料部组织专业水平高、责任心强、能吃苦耐劳的施工材料采购小组,按照施工进度的总体安排,采购、组织施工原材料的进场。其中大批量的河砂需从××、××等处调运;水泥、钢材可从××、××等处调运,均应由指定质量信誉好的厂家提供;其他施工中所用材料就近采购组织进场。工程所用石料均在沿线指定料场开采,指挥部会做好组织协调工作。各种施工原材料进场前必须交验出厂合格证、生产批号及有关试验报告,进场后严格做好各项检验工作,严格把好质量关,做好仓储保管工作,避免材料变质或被损坏造成浪费。

机械设备组织及调遣计划表

工程队名称	人　数	进场时间	退场时间	备　注
推土机	2	2006.7.1	2007.1.27	调入2台，租赁1台
挖掘机	2	2006.7.1	2007.1.27	调入2台
平地机	2	2006.7.1	2007.1.27	租赁2台
光轮压路机	2	2006.7.1	2007.1.27	租赁2台
自卸车	7	2006.7.1	2007.1.27	调入7台，租赁4台
洒水车	1	2006.7.1	2006.10.30	租赁2台
水泥混凝土搅拌机	2	2006.7.1	2007.1.26	调入2台
交流电焊机	2	2006.7.1	2007.1.26	调入2台
卷扬机	1	2006.7.1	2007.1.26	调入1台
装载机	2	2006.7.1	2007.1.27	调入2台
起重机	2	2006.7.1	2006.12.27	调入2台

七、主要工程项目施工组织及计划安排

本工程具有工期短、里程不长，所以我公司决定合理地安排生产，协调好各施工队（班组）的关系，提高生产效率，辩证地处理好工程质量与工程进度的矛盾统一，保证按业主的要求在285天内完成施工任务。具体计划安排如下：

（一）技术准备工作

第一批施工技术人员进驻现场后立即开始技术准备工作，技术准备工作的内容包括：

(1)内业技术准备工作：认真阅读、审核施工图纸，学习施工技术规范，编写审核报告；进行临时工程设计；编写实施性施工组织设计及质量计划；编写各种施工工艺标准、保证措施及关键工序作业指导书；结合工程施工特点，编写技术管理方法和实施细则；备齐必要的参考资料；对施工人员进行必要的技术培训工作。

(2)外业技术准备工作：现场详细调查与地质水文踏勘；与设计单位办理测量控制桩的交接手续，并进行复测与护桩；各种施工原材料来源的调查与合格性测试分析并编写试验报告；各种仪器设备的测试计量和检验，并办理计量合格证书；组织进行路基横断面复测；搜集施工作业中所涉及的各种外部技术资料。

计划技术准备工作自2006年6月1日至2006年6月15日全部完成。

（二）施工场地准备工作

第一批施工人员及机械设备进驻现场后，立即开始施工场地的准备工作，施工场地准备工作的内容包括：清理施工现场及修建施工便道；临时用电、电讯设备的架设；承包人的驻地建设；拌合场、材料仓库等临时生产设施的建设。

计划施工场地准备工作自2006年6月1日至2006年6月30日全部完成。

（三）路基土石方施工计划

本标段路基土石方工程数量不大，主要工程量有：挖土方××万m^3、利用土填方××万m^3。

计划安排两个机械化专业施工队进行施工，第一土方施工队配备挖掘机1台、推土机1台、装载机1台、平地机1台、18t以上振动压路机1台、自卸汽车1台、洒水车1台等机械设备；第二土方施工队配备挖掘机1台、推土机1台、装载机1台、平地机1台、18t以上振动压路机1台、自卸汽车6台、洒水车1台等机械设备。

路基土石方施工前，首先进行路基土石方试验段施工，在试验段内测定路基土石方的松铺系数、达到压实度要求所需的压实方法及压实遍数、机械设备的最佳组合、每台班最大完成工作量及最合理工作量等技术性指标，以指导路基土石方施工。要求各路基土石方施工队在进行施工时，开辟多个工作面，在各工作面间组织流水施工，以提高劳动生产率，以确保路基土石方工程施工进度；另外路基土石方施工队在施工过程中必须与排水、防护工程施工紧密配合，为排水、防护工程施工提供方便。涵洞按照涵洞的完成情况穿插进行。

计划路基土方施工 2006 年 7 月 1 日开始，至 2007 年 1 月 26 日完成。

(四)涵洞工程施工计划

涵洞工程量主要有：钢筋混凝土圆管涵××m(2 道)、钢筋混凝土盖板涵×××m(7 道)、通道工程××m(2 道)。计划组织两个专业施工队负责涵洞工程施工，每个施工队配备工人 35 名、混凝土搅拌机 1 台、手扶拖拉机 1 台、抽水机 2 台、板式振动器 1 台、棒式振动器 3 支等人员及机械设备。盖板涵盖板安排在小型构件预制场中集中预制。

计划涵洞施工 2006 年 7 月 1 日开始，至 2006 年 12 月 27 日完成。

(五)排水、防护工程施工计划

排水工程主要工程量有：排水工程 M7.5 浆砌片石××××m^3；防护工程主要工程量有：铺草皮×××××m^2、护坡 M7.5 浆砌片石××××m^3。计划组织四个专业施工队负责全标段路基排水、防护工程施工，每个施工队配备工人 40 名、混凝土搅拌机 1 台、手扶拖拉机 1 台、棒式振动器 2 支等人员及机械设备。排水、防护工程挖基土方由路基土方施工队负责，急流槽混凝土盖板全部安排在小型构件预制场中集中预制。排水、防护工程施工紧随路基土石方施工，也即路基土石方施工完成一段，紧随着排水、防护工程施工，以保护施工好的路基不受雨水的破坏。计划排水、防护工程施工 2006 年 8 月 1 日开始，2007 年 3 月 13 日全部完成。

八、主要工程项目的施工方案及施工工艺

(一)路基土方

1. 资料复查

(1)路基开工前，组织现场有关技术人员全面熟悉施工图纸，并进行现场核对和施工调查。

(2)复查施工图纸中提供的相关资料；根据现场收集到的情况核实工程数量，按工期要求、施工难易程度和人员、设备、材料准备情况，编制实施性的施工组织设计，报驻地监理工程师批准并及时提交开工报告。

(3)修建生活和生产性临时设施，解决好通讯、电力和水的供应，修建供工程使用的临时便道，确保施工设备、材料、生活用品的供应，在施工路段设立必要的安全标志。

(4)对沿线建设范围内的光缆等通讯设施进行调查，并设置醒目标志加以妥善保护。在施工过程中将遭受影响的光缆，通过书面形式报告给有关部门处理，未经同意之前，不得进行场地清理、拆除和掘除等工作。

2. 施工测量

各分项工程开工前的施工测量工作，其内容包括导线、中线、水准点复测、横断面检查与补测、增设水准点等。施工测量必须注意以下几点：

(1)仪器使用前必须检验、校正。

(2)根据设计资料认真做好导线复测工作。

(3)为了提高施工测量的方便程度和提高精度，对导线点进行加密，保证在道路施工的全进程中，相邻导线点间互相通视。

(4)导线点的复测成果与设计单位测量成果比较，测量精度满足设计和规范要求后方能进行平差计算。

(5)复测导线时,必须和相邻施工段的导线闭合。

(6)对有碍施工的导线点,施工前应加以固定,固定方法采用交点法,所设护桩牢固可靠,桩位便于架设测量仪器,并设在施工范围以外。

(7)路基开工前全面恢复中线并固定路线主要控制桩,如交点、转点、圆曲线和缓和曲线的起讫点等。

(8)恢复中线时应注意与结构物中心线闭合,发现问题应及时查明原因,并报现场监理工程师。

(9)仔细校核设计单位设置的水准点,并与国家水准点闭合,超出允许误差范围时,查明原因后及时报告有关部门。

(10)将受施工影响的水准点移出施工影响范围之外,并进行闭合。

(11)路基施工前,根据恢复的中线中桩、设计图表、施工工艺和有关规定打出路基用地界桩和路堤坡脚、路堑堑顶、边沟、取土坑、护坡道、弃土堆等的具体位置。在距路中心一定安全距离处设立控制桩,其间隔不宜大于50m。桩上标明桩号、路中心填高和挖深高度。

(12)机械施工时,在边桩处设立明显的填挖标志,在不大于20m的段落内,距中心桩一定距离处埋设能控制标高的控制桩,进行施工控制,如发现控制桩被碰倒或丢失应及时补上。

(13)边沟和排水沟放样时,先做成样板架检查,或每隔10～20m在沟内边缘钉木桩并注明里程及挖深。

(14)施工过程中,要保护所有标志,特别是一些原始控制点。

3. 土工试验

根据施工图纸提供的资料,对取自挖方段路堤填料进行复查和取样试验;挖方作填料的土进行下列试验项目。其试验方法按《公路土工试验规程》办理:

(1)液限、塑限、塑性指数、天然稠度或液限指数。

(2)颗粒大小分析试验。

(3)含水量试验。

(4)密度试验。

(5)相对密度试验。

(6)土的击实试验。

(7)土的强度试验(CBR值)。

(8)有机质含量试验及易溶盐含量试验。

4. 场地清理

(1)根据施工需要提出临时用地计划,并对公路用地进行测量,绘制用地平面图及用地划界表,送交有关单位协助办理拆迁及临时占用土地手续。

(2)路基用地范围内既有房屋、道路、河沟、通讯、电力设施、上下水道及其他建筑物,协助有关部门事先拆迁或改造;对于路基附近的危险建筑予以适当加固。

(3)路基用地范围内的树木、灌木丛等均须在施工前砍伐和清理,砍伐后的树木移置于路基用地之外,并进行妥善处理。将路基范围内的树根全部挖除并将坑穴分层回填夯实。

(4)对填方段和借方土场原地面进行表面清理,清理深度根据种植土厚度决定,清理出来的种植土集中堆放。填方地段在清理完地表面后,整平压实到规定要求,再进行填方作业。

5. 施工工艺

(1)路基挖方。开挖前需做好截水沟和排水沟,通畅排水,并根据土质情况做好防渗工作,以利施工;对于路基用地范围内的建筑物、砌体及其他障碍物,在对其交通和排水作出妥善的安排后拆除；挖方作业必须保持边坡的稳定，不得对邻近的各种结构物产生损坏或干扰；在开挖过程中分层进行开挖，在挖方材料经检验合格后尽量予以采用，并在开挖过程中保持路基排水畅通。

土方开挖采用挖掘机开挖、配合自卸汽车运输，对地质较复杂处开挖以人工为主。在开挖过程中，严格按放样的坡度、标高施工，以避免超挖或少挖，产生浪费或造成返工；注意边坡的稳定性，自上而下进行开挖，不得乱挖、超挖，严禁掏洞取土。施工中如遇土质变化需修改施工方案时，及时报批。路堑挖土边坡的施工要求同填土边坡类似。对砂类土边坡，施工时先用机械挖出斜坡，留出20～30cm的余量，然后打桩、定线，人工整修坡面。对砾类土边坡，施工中根据土壤、地质水文等条件确定坡度，一般湿度大、边坡高时，用较缓坡度。

(2)路基填方。在路堤填筑前，选择一填方路段作为试验段，在试验段内测定土的松铺系数、达到不同压实度要求所需的压实遍数、机械设备的最佳组合、每台班最大完成工作量及每台班最合理完成工作量等技术参数以指导生产。

路基填方施工前，先对原地表进行清理及挖除，当路堤填土高度小于80cm时，对原地表清理与挖除后，将表层翻松30cm，然后平整压实(压实度≥93%)后填筑；当路堤填土高度大于80cm时，对原地表清理与挖除后，将路堤基底整平处理并在填筑前进行碾压(压实度≥85%)后填筑。路基填筑采用水平分层填筑法施工，即按照横断面全宽分成水平层次逐层向上填筑，如原地面不平，由最低处分层填筑。路基填筑分几个作业段施工时，两段交接处，不在同一时间填筑，则先填地段，按1∶1坡度留台阶，若两个地段同时填筑，则应分层相互交叠衔接，其搭接长度，不得小于2.0m，当地面自然横坡或纵坡陡于1∶5时，应将原地面挖成台阶，台阶宽度不小于1m，台阶顶作为2%～4%的内倾斜坡。

路基填方作业分为4个小区，即填作区、平整区、震压区、检测区，在各小区间组织流水施工。土方运输采用挖掘机配合自卸汽车进行，由专人指挥卸料距离，运到现场的土及时测定含水量，含水量高时要晾晒，含水量低时用洒水车洒水，使含水量适中。用平地机按照在试验段内所测定的松铺系数摊平，严格控制每层松铺厚度不超过30cm，路床顶面最后一层的最小压实厚度不得小于8cm，在摊平过程中，注意保持每一土层的填筑保持一定的路拱，以确保施工期内路基的排水畅通，每层填土应超过相应标高下路基宽度，每侧至少宽出50cm，以保证路基边缘的压实度满足要求。平整完成后用18t以上振动压路机，根据在试验段内所测定的在相应压实度要求下所需的压实遍数进行碾压，碾压时第一遍不振动，然后先慢后快，由弱振至强振，碾压时直线段由两边向中间、小半径曲线段由内侧向外侧按纵向进退式进行，碾压时轮迹重叠0.4～0.5m，确保无漏压、无死角、碾压均匀，最后按规定的频率检测压实度，符合要求后，报驻地监理工程师验收记录，经驻地监理工程师签认同意后方进行上一层次的施工。

(二)涵洞工程

涵洞工程量主要有：钢筋混凝土圆管涵××m(2道)、钢筋混凝土盖板涵×××m(7道)、通道工程××m(2道)。

计划涵洞施工2006年7月10日开始，至2007年1月5日完成。

1. 钢筋混凝土盖板涵

(1)基坑开挖。所有涵洞明挖基础的基坑采用人工配合挖掘机开挖，开挖时基坑始终保持良好的排水，使基坑在整个施工期内不致受水的侵害，必要时坑壁用木结构档板给予支护。基坑开挖完成后，基底面上留有适当高度的土层(一般为5cm)，以后用小型夯实机具夯实到设计标高，用触探仪检查基底土层的承载力是否符合要求，如不符合要求，则根据实际情况加以处理后方能进行涵洞基础施工。基坑开挖后，若地质、水文与原设计发生变化时，应根据实际情况提供地基处理方案和加固措施，经监理工程师批准同意后进行地基处理。

(2)涵台浇筑。所有管节均从业主指定厂家采购，所有涵洞的基础、涵台施工全部采用全新组合钢模板，异形部分自行设计。模板安装前，检查每块模板的平整度、表面是否无锈蚀，颜色是否一致，并清扫干净。模板自身稳定用钢管组合井字排架和斜向撑杆支撑，并用剪力撑加固。模板的安装必须牢固、位置正确、接口平整且缝隙严密，接缝宽度控制在2mm以内。模板在安装好后涂脱模剂，以利脱模时不损伤模板。

所有涵洞基础、涵台混凝土全部采用现浇的方法施工。混凝土的拌合采用强制式搅拌机进行，在拌合过程，严格按照设计配合比掺配，并严格控制水灰比。现场混凝土拌合上料用磅称计量，混凝土的运输采用手扶拖拉机或手推车进行。混凝土浇筑前，先清刷全部模板经监理工程师检查合格后开始浇筑混凝土，浇筑混凝土时要水平分层摊铺，每层厚度不超过30cm，混凝土边浇筑边振捣，振捣时注意不碰及模板，且振捣上一层时，振动棒插入下一层不少于10cm。在混凝土施工过程中，按规范要求的频率取样制作试件，以检测其强度。混凝土浇筑完成后，立即洒水覆盖麻袋对混凝土进行养生，养生时间最少维持14天。

(3)盖板预制安装。所有盖板涵的盖板在小型构件预制场中集中预制，预制板必须在混凝土达到设计强度的70%，才能脱底模、移运和堆放，堆放时应在块件端部用两点搁支，不得把上下面倒置。涵洞盖板安装由挖掘机进行，安装前盖板与涵台接触部分先用M7.5水泥砂浆垫平，在砂浆初凝后加铺油毛毡才能就位盖板，吊装时挂线进行盖板就位，当就位不准确时，不得用撬棍撬移，必须吊起重新就位。盖板安装完成后，板块间缝隙用高等级水泥砂浆填塞密实。

(4)台背回填。涵洞的台背回填是保证工程质量的重点及难点之一。W1标段所有涵洞的台背回填均选用透水性好、易于压实的砂性土进行，回填在盖板安装完成且砂浆强度达到设计强度的75%后，同时在涵洞两侧基本相同的标高上进行，以防涵洞两侧承受土体推力的不平衡，回填材料分层摊铺，每层松铺厚度不超过20cm，压实以小型压路机为主、小型夯实机具为辅按纵、横两个方向进行，压实度要求在95%以上，注意在压实过程中压实机具不碰及涵洞，涵顶混凝土以上50cm填料必须由人工夯实。

(5)盖板涵实测项目详见下表。

盖板涵实测项目

项次	检查项目		规定值或允许偏差	检查方法和频率
1	混凝土和砂浆强度(MPa)		在合格标准内	按《公路工程质量检验评定标准》(土建工程)(JTG F80/1—2004)附录D和F检查
2	轴线偏位(MPa)	明涵	20	用经纬仪检查，纵横向各点
		暗涵	50	
3	结构尺寸(mm)		±20	用尺量3～5处
4	涵底流水面高程(mm)		±20	用水准仪检查洞口2处，拉线检查中间2处
5	长度(mm)		+100，−50	用尺量
6	孔径(mm)		±20	用尺量3处
7	顶面高程(mm)	明涵	±20	用水准仪检查3处

2. 盖板通道

施工准备：①定位放样：用全站仪配以经纬仪确定其位置和洞的进出口标高及洞底标高。②准备好水泥，钢筋，砂石，模板和支撑架等一应材料。

基坑开挖:基坑开挖采用挖掘机挖土配合人工修护,挖掘机开挖时要及时注意测量,进行高程控制,以免超挖掘机基地持力层。最后由人工修护整平。现场以轻型动力触探实验计算确定水或力是否满足要求,当基底承载力达不到要求时,采取换填法处理。

钢筋绑扎:钢筋运输至现场绑扎和焊接,钢筋绑扎和焊接必须符合设计要求。

模板安装:基底验收后即可安装模板,外侧用组合钢模组装,内侧外露面采用大块防水胶合板,用好机油做脱模剂。将涂好脱模剂的模板用人工安装,同时利用经纬仪控制模板定位,两块模板用卡扣连接,保证模板平稳,接缝严密,不漏浆。模板安装时,用支架支撑牢固。上面用对拉杆将模板拉紧,保证上口宽度,支架立柱安装在坚实的地基基础上,防止下沉。

混凝土浇筑:钢筋,模板验收合格后,可进行混凝土浇筑。

混凝土养生:混凝土浇筑完成,待表面收浆后开始养生,养生采用布袋覆盖并洒水,当温度低于5℃时应覆盖保温保湿材料,一般保持7天以上的养生期。在混凝土初期不得承受荷载。

盖板预制与安装:盖板在预先设定的预制场预制,预制好以后,要用油漆标明桩号和浇筑时间。盖板起吊时混凝土必须达到设计强度的70%以上方可起吊。当混凝土强度达到80%的设计强度时,才可安装预制盖板。盖板不能跨越沉降缝的安装。安装完毕,盖板与台背间空隙用M5.0水泥砂浆填实密实,吊环用砂浆将其封固。

3. 钢筋混凝土圆管涵

(1)施工准备:圆管涵由施工单位到指定厂家购买,其质量必须符合设计要求,检查合格后方可用于施工,运输、装卸过程中应采取防撞措施,避免管节破坏或产生裂纹。根据图纸的要求组织人员进行放样作业,并且修建必要的排水设施,以利于施工。

(2)挖基:按图纸需求开挖基础,并尽量控制挖方量。开挖时,核对地质情况,检查基底土质的均匀性、地基稳定性和承载力,检查基地表面位置、大小尺寸、基地标高,并保持原有灌溉水源的流通。

(3)砂砾垫层和支座:基坑开挖后,马上进行砂砾垫层铺设,按规定大小一层层进行,每铺设一层都需要进行夯实,达到要求后再进行下一层铺设,直到垫层需要的高度,并且用重型击实法试验测得压实度在96%以上,否则不得进行下去。混凝土基座浇筑时,基底尺寸应符合要求,并设置沉降缝。

(4)安装:运用起重机吊装圆管涵至基座上,管节安装从上而下,使接口面向上游,第一线节管涵应紧贴垫层或基座上,使管涵受力均匀,所有管节按正确的轴线和坡度铺设,管涵按规定建成具有一定的预留(当填土高度时,预留拱度),以允许填方时的沉降。

(5)接缝:管涵接缝宽不应大于10cm,并用沥青麻絮填塞接缝的内、外侧,再用四层浸透沥青的麻布包缠并用粗铅丝绑扎接缝部位,然后浇筑混凝土箍圈并注意养生。

(6)进出水口:进出水口的沟床整理顺直,使水流畅,并设跌水井和急流槽等排水设施,进出水口采用混凝土或圬工结构。

(7)回填:回填时,按台背回填的要求和规定,从洞身两侧不小于2倍孔径范围内,用透水性材料同时按水平分层、对称填筑,每层松铺厚度不超过150mm,保证从填方基底或涵洞顶部至路床顶面的压实度不低于95%。涵洞顶上填土厚度必须大于0.5～1.0m时,才能允许机械通过。

(三)防护工程

(1)施工前做现场调查,校核施工图。编制施工工艺流程和质量保证措施,报监理工程师批准后才施工。

(2)浆砌片石护坡石料就地取材,材料必须在其规格和质量认可后方能采用。路堤边坡上的浆砌片石边坡，在路堤边坡经夯实满足要求后才安排下一道工序，避免因路堤沉降而引起护坡的破坏。

(3)施工时砌体基础设置在天然地基或经压实达到设计承载力的地基上，当砌体基础在岩石上时，清除表面风化层至新鲜岩面，并嵌入岩层；当砌体基础开挖至设计标高，出现软弱土层，其承载力不够时，采用扩大基础或其他措施，基础底部必须夯实密实，使其地基承载力符合图纸要求。砌筑时注意砌体沉降缝的设置及所有填料符合图纸要求和规范规定。砌体受滑动稳定控制时，采用倾斜基底或凸榫基底等防滑措施。当基底清除、平整、排水等处理完毕后，可直接坐浆砌筑砌体基础的第一层砌块，砌体分层错缝砌筑，镶面石一丁一顺排列，砌缝横平竖直，砌体石料使用前并行水清洗、湿润，砌体的砂浆的取样检验和强度评定必须符合规范要求砌体砂浆须饱满。

(4)浆砌片石护坡施工前先将坡面夯实平整，对浆砌片石外露面选用较大面平整的石块，并修凿整平。填方边坡上的浆砌片石护坡，在路堤沉实或夯实后施工，以免因路堤沉降而引起护坡的破坏。

(5)挡土墙修筑前先清除边坡松动的岩石或松散的土层，清出新鲜面，边坡上的凹陷部分挖成台阶后，以墙体相同的圬工砌补。墙背与坡面密贴结合，砌体咬口紧密、错缝、砂浆饱满，控制没有通缝、叠砌、贴砌和浮塞，保证砌体勾缝牢固美观。

(6)挡土墙基础设在可靠的地基上；沿墙长度 15m 设置一道 2cm 长的沉降缝；挡土墙自下而上逐层、分段砌筑，直到墙顶，其泄水孔、砂砾反滤层与墙体同步进行；泄水孔上下左右交错设置，间隔 3m，采用 5cmPVC 泄水管制作，并按 4%坡度设置，施工时注意泄水管出水口低于入水口。

(7)铺砌层的砂石垫层材料，粒径要控制在 5cm 以内，含泥量在 5%以内，含砂量为 4%以内；垫层与铺砌层配合铺砌，随铺随砌；砌体外露的坡顶、边口用较平整的石块加以修整，砌筑时若有渗透水则及时排除，以保证基础和砌体在初凝前不遭水害，砌体分层座浆砌筑，砌体完毕后进行勾缝。同时施工时保持线形顺适，砌体平整。

(8)砌体完工后应彻底清理场地、疏通排水，达到监理工程师和业主的要求。

(9)植草皮护坡的施工要首先清理场地，修整坡面，并人工夯实后进行。

(四)排水工程

(1)施工前先校核全线路基排水系统的完备性，并根据实际情况在施工现场设置一些必要的临时性排水设施，以保证工程质量和施工的顺利进行。

(2)边沟及其他排水设施的位置、断面尺寸及有关应满足设计图纸的有关规定，所有排水设施应满足以下要求：

1)路堑和路堤交接处的边沟应徐缓引向路堤两侧的天然沟渠，使之不冲刷路堤、路基坡脚附近不积水。

2)路基边沟开挖从下游出口向上游开挖。

3)沟基稳固，沟开整齐，沟坡、沟底平顺，沟内无浮土杂物。

(3)施工时将开挖后的沟渠底整平夯实，铺设砂砾垫层，砌筑底层浆砌片石，再砌两侧墙身片石。圬工砌筑的质量要求如下：

1)砂浆配合比准确，随拌随用。砌缝内砂浆均匀饱满，勾缝密实。

2)浆砌片石的质量和规格符合设计要求。

3)沟底与沟身缩缝对齐。砌体抹面平整、压光、直顺，无裂缝、空鼓现象。

(4)浆砌排水沟实测项目见下表。

浆砌排水沟实测项目

项　次	检查项目	规定值或允许偏差	检查方法和频率	规定分
1	砂浆强度(MPa)	在合格标准内	按《公路工程质量检验评定标准》(土建工程)JTG F80/1—2004 附录 F 检查	30
2	轴线偏位(mm)	50	经纬仪：每 200m 测 5 点	10
3	沟底高程(mm)	±50	水准仪：每 200m 测 5 点	15
4	墙面直顺度(mm)或坡度	30 或不陡于设计	20m 拉线、坡度尺：每 200m 查 2 点	10
5	断面尺寸(mm)	±30	尺量：每 200m 查 2 点	15
6	铺砌厚度(mm)	不小于设计	尺量：每 200m 查 2 点	10

九、工期保证措施

组织强有力的项目经理部，按照业主的要求，保证在 285 天内完成工程施工任务。因此决定在资金上、人员安排上、机械设备的配备上最大限度的满足本工程施工的需要，决不因资金周转、机械设备等情况影响工程的施工进度。施工工期保证措施具体如下：

(1)按招标文件规定签订合同，调集具有丰富施工经验的专业施工队伍进驻施工现场，尽快建点，在 15 天内作好开工准备，达到开工程度。

(2)尽快作好施工准备工作，认真复核图纸，编制实施性施工组织设计，落实施工方案，优化施工过程。

(3)以劳动定额为依据，分项、分部工程项目采用责任成本承包，把工程进度与职工的经济利益挂钩，确保整个工程的工期。

(4)强化施工管理，严明劳动纪律，对劳动力实行动态管理，优化组合，使作业专业化、正规化。

(5)根据施工组织设计作好材料计划，重要材料要提前进货，并运至工地储备，确保材料供应，不因为材料的供应而影响正常施工生产。

(6)实行工期目标管理责任制，精心编制科学的、详细的、紧密的实施性施工组织方案，并随时校对施工组织实施情况，发现问题及时处理，不断优化施工方案和生产要素配置，编制更详尽的施工组织方案、施工网络计划，落实每一工序的作业时间，以确保工期目标计划的实现。

(7)安排好季节性施工，根据当地气象、水文资料，有预见性地调整各项工程的施工顺序。

(8)加强与当地政府和群众的联系，积极主动地配合监理工程师调查处理好施工中的各种矛盾，搞好治安综合治理和精神文明建设。

(9)组建精干高效的项目经理部，并抽调具有丰富施工经验的施工队和机械化施工队伍等加入本公路的建设。

(10)加强机械化施工程度，保证投入施工的机械设备的配套齐全且数量充足，加强施工机械设备的维修保养工作，保证所投入机械设备的完好率在 95%以上。

(11)运用科学的方法,实行立体交叉、平行、流水作业,确定最佳的施工方案并予以实施,及时调整各项工程的计划进度及劳动力、机械、材料使用计划,确保工程按时完工。

(12)推广应用新技术、采用新设备、使用新材料,以提高生产效率。

(13)施工中坚持突出重点、主攻难点、抓住质量、确保安全、促进进度的原则方法;坚持领导干部到施工现场跟班作业制度,发现问题及时处理,协调各工序间的矛盾,保质、保量、按工期完成任务。

(14)施工队伍进场后,及早准备,抓住时机,尽快掀起施工高潮,并积极开展劳动竞赛,利用各种形式动员、激励全体员工以最佳的效率进行工作,为建设好本公路尽职尽责,履行好合同规定的一切义务。

(15)严密关注关键线路上各工程项目的进展情况,对各项目施工过程中出现各类问题及时处理,避免停工、窝工现象的发生,以确保关键线路上各工程项目按计划完工。

(16)充分利用现代高科技技术,充分发挥计算机管理的性能,进行网络计划进度动态控制、资源优化及费用管理合同管理等。

十、工程质量保证措施

质量目标是:全标段工程质量普遍化、出精品、无次品;各类原材料符合设计要求,合格率100%;各类检测资料齐全,砂浆、混凝土试件强度合格率100%;按交通部颁发的验收标准确保分项、分部及单位工程一次验收合格率100%,优良率95%以上,争创本标段工程质量等级优良。

工程质量就是工程的生命,又是施工企业的形象表现。"百年大计,质量第一"是我单位一贯遵循的准则,为了保证该项目工程以优良的质量完成,决定采取以下措施:

(一)保证体系的建立

1. 质量保证体系管理机构的设立

建立以项目经理为组长、总工程师为副组长、各部室负责人为组员、各施工层次质检人员参与的质量保证体系管理机构。通过对分项工程实行全员、全方位、全过程的指导监督,使影响工程质量的因素在施工前有预见、施工中有对策、操作中有控制。

2. 质量保证体系管理机构人员配备

质量保证决策层:组长1名(项目经理、工程师)、副组长1名(总工、高级工程师)、组员4名(工程师)。

质量保证操作层:专职质检工程师1名、试验工程师1名、测量工程师1名以及各专业施工队专职质检员3名。

3. 质量保证体系检测设备的配备

为确保质量目标,拟配备如下检测仪器:全站仪1台;经纬仪2台;水准仪6台;压力机1台;击实仪1套;灌砂法容重测定仪1台;土壤CPR检测仪1台;环刀40个;土工碎石标准筛3套;触探仪1台;混凝土、砂浆试模40套;水稳试模20套;弯沉车1台;弯沉仪2台;平整度尺2把;坍落度测定仪1套;30m钢尺4把;5m钢尺6把;灌砂筒2套;路面钻芯取样机1台等。

(二)提高质量意识,健全落实各项制度

(1)在社会主义市场经济条件下,在企业领导、干部中树立"质量是效益,质量是信誉,质量是企业生命线"的观念,质量不是可抓可不抓的小事,而是必须抓紧抓好的大事,是企业管理人员的头等大事。

(2)在企业全体职工中树立"质量关系千万家,搞好质量人人抓"的观念,并教育职工,使其认识到质量工作好坏与每个人利益息息相关,把搞好质量工作变成职工的自觉性行动。

(3)严格按《公路桥涵施工技术规范》、《公路路基施工技术规范》等相关技术规范和复核后无误的图纸施工。

(4)执行行之有效的《技术管理条例》和《分级技术负责制》,在总工程师负责下,使各基层单位技术工作规范化。

(5)推行全面质量管理,实行项目分解及目标管理。加强对“QC”小组的领导,对重大技术问题组织“QC”小组进行攻关,并强化施工与科研相结合,积极推广新技术、新工艺、新材料,为创本项目全优而奋斗。

(6)坚持测量双检制,隐蔽工程签证、质量挂牌、质量讲评、质量双检、质量事故分析、通报处理等各项行之有效的质量管理制度,实行质量终身制。

(7)严格施工前的技术交底制,对作业人员定期进行质量教育和考核,教育作业队人员应严格按设计及规范要求施工,确保工程质量。

(8)项目经理部建立严密的质量检查组织机构,充分发挥质检机构和专、兼职质量人员的作用。在我方自检、互检、专检的前提下,提供各种便利条件、积极主动、热情地配合监理工程师工作,接受监理工程师的监督和帮助,保质、保量地完成合同施工任务。

(9)坚持作业人员持证上岗制,工地作业人员挂牌制。

(三)保证工程质量的管理措施

(1)按照行业有关标准,编制的质量管理手册,做好各项工程的质量工作。

(2)规范化管理,是保证质量的有效手段:要坚持十二项质量管理制度,即设计文件审核制;开工报告审批制;测量双检复核制;技术交底制;隐蔽工程检查签证制;工程试验制;材料进场质检制;定期质量检查制;变更设计报批制;工程质量评定制;质量事故报告制;验工计价质量审核制。

(3)施工前组织技术人员、管理人员严格审核图纸,发现问题及时与工程师取得联系,待确认后进行施工。

(4)加强质量经常性的检查,建立质量检查程序:

四大检查制度:开工前检查、施工中检查、隐蔽工程检查、定期质量检查。

质量“三检制”:自检、互检、专检。

质量“三工序”制:检查上道工序质量、保证本道工序质量、创造或提供为下道工序的质量条件。

(5)质量检查的程序采用自检、互检和专检相结合的原则进行。针对工程中不同工序的性质,质量检查按一般工序、重点工序、关键工序进行检查。施工人员必须严格按指令程序进行操作、并记录、申请待检。专职检查人员应主动请监理工程师到场检查,将最终检查结果填写在规定的表格中,请到场人员签认。

(6)实行工程质量挂牌管理,增强施工人员责任感。将工程规模、开工日期、质量目标、岗位负责人一一明示,以利于增强透明度和责任感。

(7)制定创优规划,明确创优目标。

(8)充分健全激励机制,严格奖罚制度。定期开展质量创优劳动竞赛及时进行总结评比,重奖质量优良者。

(9)建立健全质量保证体系。成立创优领导小组,在施工中,为质量保证体系能有效运转,实行全面、全过程质量控制,成立以项目经理为组长,总工程师为副组长,各级负责人参加的创优领导小组,具体领导创优工作,使创优工作有计划、有目标、有组织、有步骤的展开。

(四)严把材料采购、进场、使用、检验关

(1)进入工程主体的材料严格按设计要求的厂家订货,若设计不作要求,尽量在大厂或较好信誉的厂家订货。所有材料(工厂制作的材料)必须有出厂合格证,无合格证的材料不得进入工程使用。

(2)水泥必须从监理工程师认可的厂家获得,在一项工程中每一类的水泥取自同一厂家。每批进场的水泥要向监理工程师提供供货抄件,说明厂名、水泥品种、标号、数量和出厂日期,并要提供出厂合格证及试验报告。每批水泥进场后,要对水泥作抽样检查试验,如试验不合格,不管厂家证明如何都不得使用。水泥受潮或出厂日期超过三个月必须重新作水泥试验,并按检验结果使用。

(3)细骨料应按规定作筛分试验,符合要求再使用,并且不得含团块、软质或片状颗粒。粗骨料必须作筛分和强度试验,符合要求后才能使用。

(4)拌合用水也必须进行有害质化学分析,水质化验符合要求才能拌合混凝土。

(5)运到工地的每批钢筋都必须抽样试验。试验按国家标准或监理工程师同意的等效国家标准试验规程进行,包括强度、伸长率和弯曲试验等。试验必须符合要求,若不符合要求按规定重作,仍不符合规定,不得使用或降级使用。

(6)进场后长时间不用而锈蚀严重的钢筋也需作试验,试验合格后经监理工程师认可方能再次使用。

(五)保证工程质量的技术措施

(1)按合同规定,所有的向监理工程师提交的报告:开工报告、施工方案、施工组织计划、工程进度计划、工程实施过程中的月度施工计划、分部工程施工计划、需要由承包人提供补充设计和施工详图等工程文件和报告,均应编制质量计划、质量措施、质量管理、质量标准、质保体系等。

(2)采用质量动态管理办法,进行质量控制。随时将工程质量检验结果、材料试验项目、取样地点、试验方法、试验人员姓名、试验结果、评定合格与否输入计算机,利用计算机建立工程质量数据库,绘制工程质量指针管理图、施工质量直方图、正态分布曲线报监理工程师审查。

(3)各类工程:土石方工程、排水防护工程、涵洞工程、桥梁工程及路面工程,均应按招标文件中“技术规范”以及国家标准规范和交通部颁标准及规范进行施工。

(4)所有实施性施工方案、施工方法、施工工艺都必须经监理工程师认可后,方可正式施工。

(5)路基工程施工。

1)路基填筑,严格按照《公路路基施工技术规范》、设计图纸组织施工。

2)做好试验工作,严格按抽验频率进行填筑质量检查,确保压实度合格。

3)雨季施工保证路基顶面始终处于良好的排水状态,防止路基受水冲刷和浸泡。

4)实行专人负责涵台后填土,质检工程师严格把关,死看死守,在容易出现问题的部位舍得投入,确保质量。对涵洞背后的填筑,优先选用透水性良好的填料,填筑时对称进行分层压实,涵顶填土厚度大于0.5m后方可通行车辆。

5)为防止路基不均匀不下沉,采用“小段薄层上土、机群作业、当日成型”的经验,实行水平分层填筑,每层挂线控制厚度。

6)在注重主体工程质量的同时,防排水工程、环保绿化工程也列为精心组织施工的重要方面。

(6)排水及涵洞工程施工。

1)严格按照《公路桥涵施工技术规范》及设计图纸要求组织施工。

2)所有施工方案和详细的施工工艺都必须经监理工程师认可后方可正式施工。

3)涵洞结构混凝土采用全新组合钢模板。

4)砂浆、混凝土必须事先作出多组配合比,然后选择符合要求的配比,报监理工程师批准后方可使用，并不得随意更改。

5)砂浆、混凝土拌合必须搅拌充分均匀，各种投料必须准确，以确保施工配合与设计配合比相符。

6)灌注混凝土应在无雨天施工，若施工中遇到大雨要马上覆盖已灌注的混凝土，以保证混凝土灌注质量。

7)混凝土振捣在钢筋密集的地方要振捣充分，保证混凝土密实。

8)混凝土强度未达到规范规定的强度不得承重和移运。

9)严把成品质量验收关。

10)检查凭证的签证。

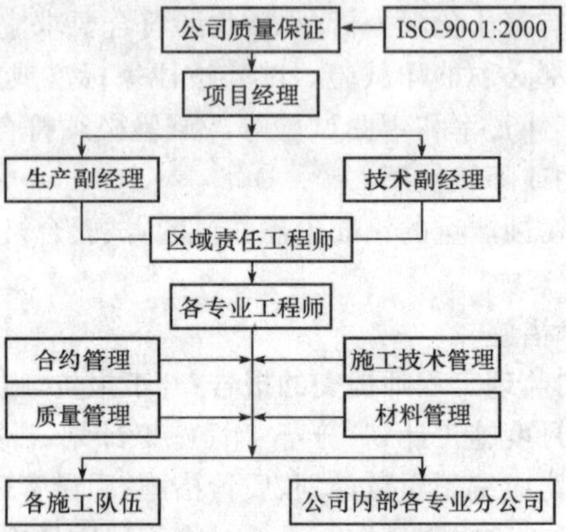

质量检查体系框图

十一、安全保证措施

安全工作是施工生产的永恒主题，安全为生产，生产必须安全。在整个施工过程中始终贯彻“安全第一，预防为主”的方针，切实做好施工中的安全防护工作。这种观点将贯穿施工的全过程。根据《公路工程安全技术规程》和劳动保护与卫生管理等有关法律法规要求，并结合本项目具体情况和以往安全工作方面的经验，制定切实有效的管理体系和保证措施，在项目施工过程中实施安全工作的标准和要求。

(一)安全保证体系及框图

(二)安全保证组织机构与人员配置

在本项目施工中，成立以项目经理为组长，总工、安全部长为副组长(持安全员资格证)的安全生产领导小组，并按施工人员的1.5%配备安全员，安全领导小组以施工安全、人身安全、财产安全为首要职责，层层签订安全责任书，严格遵守有关安全生产和劳动保护方面的法律法规和技术标准，建立健全安全生产管理制度，定期检查召开安全会议，出现问题及时解决，制定好安全规则，搞好安全生产管理制度，搞好安全教育，广泛开展安全标准工地建设，建立易发事故控制点，消除事故隐患，把不安全的因素消灭在萌芽状态。

(三)安全生产的安全检查程序和安全保障措施

1. 安全生产的安全检查程序

(1)广泛开展“三级”安全教育，对采用新设备、新技术、新工艺及调换工程的人员，必须进行岗前培训，持证上岗。

(2)加强施工管理人员，尤其是班(组)长的教育培训，确定“安全第一，预防为主”的指导思想，通过有效地开展“安全生产周”、“安全月”、“百日无事故”等活动，推动施工现场安全教育经常化、群众化和制度化。

(3)对操作人员，尤其是特种作业人员，必须进行严格的培训，由有关部门组织其安全技术理论考试与实际操作考核，发给特种作业操作证书后方可上岗。

(4)强化施工现场的安全教育，涵洞及防护施工现场必须设立醒目的安全标志牌，施工人员驻地必须设立安全揭示牌，库房要设置安全警示牌。

(5)项目部除每日由专业人员进行例行的“事故易发点控制法”检查外，要坚持项目部每月、施工段每旬的安全综合检查制度，经常组织群众开展“五查”活动，促进施工现场安全生产和文明施工。

(6)工程开工前，由项目部安检人员会同有关部门，对将开展项目进行全面的安全检查，填写事故易发点检查表，经项目主管和监理工程确认合格后方可开工。检查验收的主要内容包括：施工组织设计是否有可靠的安全防护措施；施工机械设备是否配备安全防护装置；安全防护设施是否符合要求；施工人员是否经过安全教育和培训；施工方案是否进行安全技术交底；施工安全责任制是否建立；施工中可能发生的危险情况是否有预防措施等。

(7)要狠抓干部作风建设，实行项目部领导“包保施工队”、施工队领导“包保班组”、班(组)长“包保工地”的办法；党政工团齐抓共管，严格实行安全生产综合治理，确保安全生产。

(8)严格执行安全检查程序，创建安全标准工地，确保安全目标的实现。

2. 安全保障措施

(1)在施工中车辆运输、机械操作、用电、用水等建立作业规章制度。

(2)深化安全教育，强化安全意识。施工人员上岗前必须进行安全教育和技术培训，根据国家颁布的各种规程，结合自己的实践，编印《安全防护规程袖珍手册》，人手一册，使本项目有关安全作业内容和知识牢牢印记在施工人员的脑海中，按规程办事，确保安全。

(3)认真实施标准化作业，搞好文明施工。施工中严格执行操作规程和劳动纪律，杜绝违章指挥与违章操作，保证施工现场安全防护设施的投入，使安全生产建立在科学管理、先进的技术、可靠的防护设施上，做到文明施工、有条不紊。

(4)实施好各种保险措施。我们在施工时进行工程防护保险、设备保险、第三方保险和工伤事故保险，对于本工程的机械设备和施工人员投保。

(5)施工安全、目标实施细则。在安全生产中始终遵循的基本方针是“安全第一，预防为主”。在本项目中承包人根据业主的有关规定和要求，制定出切实有效的安全防护措施，实现安全承诺；安全目标是：杜绝因工死亡和重大伤亡事故，机械完好率达95%上，无机械设备大事故，无火灾事故，杜绝重大工程质量事故及重大交通事故，控制各类事故的发生。

(6)保证当地村民车辆、行人安全通行。本工程施工时保持车辆、人员通行，施工中安排专人指挥行驶车辆，设置安全标牌、标志，既要保证车辆、行人安全通行，又不能影响正常施工。

十二、雨期施工措施

由于雨水充沛，怎样搞好雨期施工计划安排是确保工程质量及工程进度的关键。具体措施如下：

(1)在雨期来临时，根据实际情况及时调整劳动力的配置、机械设备配备及生产计划安排。

(2)对雨期施工地段进行详细的现场调查研究，编制实施性的雨期施工组织计划以指导生产，雨期一般可安排砂类土质的填筑和路堑开挖；挖方高度小、运输距离短的土质路堑开挖；各种路基排水、防护和加固工程。重黏土、膨胀土地段不宜在雨期施工。

(3)路基雨期填方施工，横坡度适当增大，以利横向排水，控制运土量，做到随运随平随压，若遇到下雨天来不及按施工程序及时碾压，可先大致粗平一遍，用压路机快速的压一遍，防止被雨水灌透，天气晴时，再翻开晒到含水量接近最佳含水量时，再平整碾压成型。

(4)已成型的填方路堤，及时搞好纵、横排水，并尽快施工防护工程，尽可能减少雨水对路基边坡的冲刷，取土坑挖好排水沟，使土坑不进水积水，填方随用随取，推松的土已被雨水浸泡应晾干后再取用。

(5)填方地段，挖好排水沟，以防水土流失，毁坏农田。

(6)雨期禁止在土方路基上行车，车辆要走施工便道，避免把路基造成泥泞，长时间难以恢复施工。

(7)明挖基础构造物施工要集中力量，必须计划严密并准备工作充分，挖基坑要快，验收合格后及时浇筑基础混凝土，以防止基坑被水浸泡而影响施工，当天浇筑好的部分，下雨时要覆盖，砂浆随用随拌以免下雨造成浪费。

(8)混凝土施工尽可能安排在晴天进行，施工时准备好遮雨篷等防雨器具。

(9)水泥仓库建在地势较高的地方，工地露天堆放的水泥必须用帆布加以遮盖保护。

(10)与当地气象部门订立提供资料协议，随时掌握天气变化，恰当安排生产。

十三、文明施工管理措施

(1)本标段创文明工地目标:创省(部)级文明工地。

(2)由项目经理组织，分别在场容场貌、料具管理、环境控制、综合治理等方面确定责任人，采取“标准明确，责任到人”的管理目标责任制，将文明施工落到实处。

(3)场容场貌。

1)按规划布置临时施工设施，建立平面信息、信号管理系统，对各项生产、生活设施、道路、管线、电力线路、各类物资放置场地及临时仓库实行平面动态管理，定期检查考评，有奖有罚。

2)对作业环境设置必要的安全警示标志，对各道工序实行挂牌标示的方法。

3)场地按规划要保证运输道路畅通，排水有组织。

(4)物资及设备。

1)物资按类别采取库房和大棚两种方式储放，做到料架整齐划一，分区合理，产品标识正确，检验状态无遗漏。

2)定点加工机具应设防雨棚，做到机具维护到位，性能可靠，表面清洁。

(5)尊重当地的民风民俗。

十四、环境保护措施

(1)积极主动与当地环保部门联系，取得当地环保部门的支持，加强环保思想意识，把环保工作当成我们一项重要的、经常性的工作来抓。

(2)建立卫生清洁责任制，划分卫生责任区域，由各负责人具体负责。

(3)施工污水采用软管排入既有排水系统或流入规划的渗水坑、沉淀池内，杜绝无组织排水。

(4)施工机械设备、材料按规定的场地摆放整齐，告诫机械操作人员及司机不把各种建筑材料随意丢在路上及其他地方，不污染周围环境。

(5)机械设备及车辆转场时，不碾压公路用地以外的农作物、树木及各类建筑物。

(6)施工中，应防范水土流失，弃土场堆放完后应用原石码坡或植草皮防护。施工场地及便道应经常用洒水车洒水，防止尘土飞扬，污染环境，损坏群众利益。

(7)施工完成后，清理施工场地，尽量恢复原来地貌。

(二)变更设计一览表

1. 工程洽商记录

工程洽商记录见表3-3。

表 3-3

工程洽商记录

承包单位：××集团有限公司××公路工程 A2 标段项目经理部　　合同号：A2

监理单位：××工程咨询有限公司××公路工程 A2 标段监理部　　编　号：

工程名称	涵洞工程	日　期	××年×月×日
洽商内容： **根据现场调查，原设计 K8＋880，1～1.5m 涵洞需改移至 K9＋000 位置，涵洞结构类型、流水方向不变。**			

建设单位	监理单位	勘察单位	设计单位	施工单位
×××	×××	×××	×××	×××

2. 工程设计变更、洽商一览表

工程设计变更、洽商一览表见表3-4。

表3-4　　工程设计变更、洽商一览表

承包单位：××集团有限公司××公路工程A2标段项目经理部　　合同号：A2

监理单位：××工程咨询有限公司××公路工程A2标段监理部　　编　号：

序　号	变更、洽商单号	页　数	主要变更、洽商内容
1	001	2	调整涵洞位置
2	002	2	路基基底换填处理

技术负责人：××× ××年×月×日	填表人：××× ××年×月×日

《工程洽商记录》、《工程设计变更、洽商一览表》填表说明：

(1)工程中如有洽商，应及时办理《工程洽商记录》(表 3-3)，内容必须明确具体，注明原图号，必要时应附图。

(2)《工程洽商记录》由洽商提出单位填写，并注明原图纸号。档案馆、建设单位、监理单位、施工单位保存。

(3)《工程设计变更、洽商一览表》(表 3-4)由施工单位填写，建设单位、监理单位、施工单位保存。

(4)洽商记录按专业、签定日期先后顺序编号，工程完工后由总承包单位按照所办理的变更及洽商进行汇总，填写《工程设计变更、洽商一览表》。

(5)分承包工程的设计变更洽商记录，应通过工程总承包单位办理。

(6)设计变更和技术洽商，应有设计单位、施工单位和监理(建设)单位等有关各方代表签认；设计单位如委托监理(建设)单位办理签认，应办理委托手续。变更洽商原件应存档，相同工程如需要同一个洽商时，可用复印件或抄件存档并注明原件存放处。

三、变更图纸

工程开工前，施工单位应在全面熟悉设计文件和设计交底的基础上，进行现场核对和施工调查，发现问题应及时按照有关程序提出修改意见，报请变更设计。变更图纸是设计文件的有机组成部分，归档时应和对应的设计文件一道进行组卷。

第三节　路基工程施工资料

一、路基土石方工程

1. 一般规定

(1)地表处理。工程开工前应按设计要求完成公路用地放样，路基用地范围内的既有房屋、道路、河沟、通信、电力设施、上下水道、坟墓及其他建筑物，均应协助有关部门事先拆迁或改造，对于路基附近的危险建筑应予以适当加固，对文物古迹应妥善保护。路基用地范围内的树木、灌木丛等均应在施工前砍伐或移植清理，砍伐的树木应移植于路基用地之外并妥善处理。

路基施工前，应详细检查核对纵横断面，发现问题时应进行复测，若设计单位未提供横断面图，应全部补测。

对填方和借方地段的原始地面应进行表面清理，清理深度应根据种植土厚度决定，清出的种植土应集中堆放。填方地段地表清理完毕后，应整平压实到规定要求，方可进行填方作业。基层强度、稳定性不足时，应进行处理，以保证路基稳定，减少工后沉降。

(2)不良地基处理方案。近年来软土地基处治技术发展很快，目前不良地质处理方法通常采用挖除换填、抛石挤淤、砂垫层、反压护道、碎石桩、粉喷桩、袋装砂井、塑料排水板以及铺设土工织物和设置土工合成材料处置层等处理方法。

1)抛石挤淤。当软土地层平坦时，抛石挤淤应沿线路中线向前抛填，再渐次向两侧扩展。片石抛出软土面后应用较小石块填塞垫平，并用重型机械碾压紧密，然后在其上设反滤层再行填土。

2)砂垫层。通过砂垫层或浅层处治，可以达到增加地表强度，防止地基局部剪切变形的目的。砂垫层摊铺后适当洒水，分层压实，压实厚度宜为15～20cm。砂垫层宽度应宽出路基边脚0.5～1.0m，两侧端以片石护砌或采用其他方式防护以免砂料流失。

3)反压护道。反压护道宜与路堤同时填筑。分开填筑时，必须在路堤达临界高度前将反压护道填筑好。

4)袋装砂井。为控制砂井的设计入土深度，在钢套管上应划出标尺，以确保井底标高符合设计要求。砂袋灌砂率按下式计算：

$$R=\frac{m_{sd}}{0.78d^2L\rho_d}\times 100\%$$

式中　m_{sd}——实际灌入砂的质量(kg)；

　　d——井直径(m)；

L——井深度(m)；

ρ_d——中粗砂的干密度(kg/cm³)。

5)塑料排水板。塑料排水板是由芯体和滤套组成的复合体，或是由单一材料制成的多孔管道板带。

6)砂桩。砂的含水量对桩体密实度影响很大，所以采用单管冲击法、一次打桩成桩法或复打成桩法时，应使用饱和砂；采用双管冲击法、重复压拔法施工时，使用含水量7%～9%的砂，饱和土中采用天然湿砂。

实际灌砂量未达到设计用量要求时，应在原位将桩管打入，补充灌砂后复打1次，或在旁边补桩1根。

7)碎石桩。碎石桩施工应根据制桩试验结果，严格控制水压，电流和振冲器在固定深度位置的留振时间。填料要分批加入，不宜一次加料过量，原则上要“少吃多餐”，保证试桩标定的装料量。每一深度的桩体在未达到规定的密实电流时应继续加料继续振实，严防“断桩”和“颈缩桩”现象发生。

(3)分层压实。路基分层压实指上路床顶面以外的路基填筑各层，即路堤、下路床、上路床底层等三部分。路基填筑施工必须根据设计断面要求，按照路基设计横断面全宽，采用水平分层填筑的方法逐层向上填筑，层层压实。

如原地面不平，应由最低处分层填起。每填一层经过压实符合规定要求后再填上一层。若填方分几个作业段施工，两段交接处不在同一时间填筑，则先填地段应按1∶1坡度分层留台阶；若两个地段同时填筑，则分层相互交叠衔接，其搭接长度不得小于2.0m。

路基填筑过程中为避免线路偏位、宽度不足、松铺厚度过大等现象发生，路基分层压实检测必须随工程进展按每填筑层、每工作班或每作业段为工序逐层进行报验。

1)填筑厚度。采用机械压实时，高速公路及一级公路土方路堤填筑，每层最大松铺厚度不应超过30cm，石方路堤不宜大于50cm。

2)填筑宽度。路基填土宽度，每侧应宽于填层设计宽度，压实宽度不得小于设计宽度，最后削坡。

3)压实度检测位置。采用灌砂法检查压实度时，取土样的底面位置为每一压实层底部。采用环刀法试验时，环刀中部处于压实层厚的1/2深度。采用核子密度仪试验时，应根据其类型，按说明书要求处理。

(4)路基检测验收。上路床顶面是路基填筑的最后一层。路基成型后，对上路床顶面除按常规进行中线偏位、纵断高程、宽度、压实度检测外，还应对弯沉、平整度、横坡度、边坡等检查项目进行检验，作为分项工程质量检验评定的数据。

1)填筑厚度。土方路基填筑，上路床顶面的最小压实厚度不应小于8cm。

2)填料要求。填石路基，高速公路及一级公路路床顶面以下50cm范围内，应填筑符合路床要求的土，并分层压实。填料最大半径不得大于10cm。

2. 路基土石方工程施工资料内容

路基土石方工程施工资料的内容见表3-5。

表 3-5　　路基土石方工程施工资料

序号	类别	资料编号	资料名称
1	地表处理	监表 11	《中间交工证书》
		监表 05	《检验申请报验单》
		监表 01	《施工放样报验单》
		检验记录表 1	《压实度试验记录表》(灌砂法)
		检验记录表 3	《纵断高程检验记录表》
		检验记录表 4	《中线偏位检验记录表》
		检验记录表 5	《路基宽度检验记录表》
2	软土地基处理	监表 11	《中间交工证书》
		监表 05	《检验申请报验单》
		监表 01	《施工放样报验单》
		检验记录表 8	《砂垫层检验记录表》
		检验记录表 9	《粉喷桩检验记录表》
		检验表 3	《垂直排水井处理软基质量检验报告单》
		检验表 4	《碎石桩(砂桩)处理软基质量检验报告单》
3	分层压实	监表 05	《检验申请报验单》
		监表 01	《施工放样报验单》
		检验表 1	《土方路基质量检验报告单》
		检验表 2	《石方路基质量检验报告单》
		检验记录表 1	《压实度试验记录表》(灌砂法)
		检验记录表 3	《纵断高程检验记录表》
		检验记录表 4	《中线偏位检验记录表》
		检验记录表 5	《路基宽度检验记录表》
4	路基检测、验收	监表 11	《中间交工证书》
		监表 05	《检验申请报验单》
		监表 01	《施工放样报验单》
		检验表 1	《土方路基质量检验报告单》
		检验表 2	《石方路基质量检验报告单》
		检验记录表 1	《压实度试验记录表》(灌砂法)
		检验记录表 2	《回弹弯沉值测定检验记录表》
		检验记录表 3	《纵断高程检验记录表》
		检验记录表 4	《中线偏位检验记录表》
		检验记录表 5	《路基宽度检验记录表》
		检验记录表 6	《路基平整度检验记录表》
		检验记录表 7	《路基横坡检验记录表》

3. 路基土石方工程施工资料常用表格填写范例

(1)施工监理用表见表 3-6～表 3-8。

表 3-6(监表 11)　　　　　　**中间交工证书**

承包单位：××集团有限公司××公路工程 A2 标段项目经理部　　　　合同号：A2

监理单位：××工程咨询有限公司××公路工程 A2 标段监理部　　　　编　号：

下列工程已完，申请交验，以便进行下一步路面底基层作业 工程内容： **K3+000～K4+000 段 1000m 路基填筑施工已完成，申请中间交工，以便进行下道工序施工。**					
桩　号	K3+000～K4+000	日　期	××年×月×日	承包人签字	×××
监理工程师收件日期：××年×月×日　　签字：×××					
结论： **经检查，符合设计及规范要求，同意进行下道工序施工。** 监理工程师：×××　　日期：××年×月×日					
承包人收件日期：××年×月×日 签字：×××					

注：本表填写说明参见表 6-5。

表 3-7(监表 05)　　　　　　　　检验申请批复单

承包单位：××集团有限公司××公路工程 A2 标段项目经理部　　　　合同号：A2

监理单位：××工程咨询有限公司××公路工程 A2 标段监理部　　　　编　号：

<table>
<tr><td>工程项目</td><td>××公路工程 A2 标段</td></tr>
<tr><td>工程地点及桩号</td><td>K3＋000～K3＋200</td></tr>
<tr><td>具体部位</td><td>上路床顶面</td></tr>
<tr><td>检验内容</td><td>中线偏位、纵断高程、路基宽度、平整度、压实度、横坡度、回弹弯沉</td></tr>
<tr><td colspan="2">要求到现场检验时间：××年 4 月 20 日上午 8：00</td></tr>
<tr><td colspan="2">承包人递交日期、时间和签字：××年 4 月 19 日上午 8：00</td></tr>
<tr><td colspan="2">监理员收件日期、时间和签字：××年 4 月 19 日上午 8：00</td></tr>
<tr><td colspan="2">监理员评论和签字：

符合设计及规范要求。</td></tr>
<tr><td>监理工程师意见：

本项目可以继续进行。</td><td>质量证明附件：
(1)《施工放样报验单》
(2)《土方路基现场质量检验报告单》
(3)《中线偏位检验记录表》
(4)《路基逐层填筑纵断高程检验记录表》
(5)《路基宽度检验记录表》
(6)《平整度检验记录表》
(7)《横坡检验记录表》
(8)《压实度试验记录》(灌砂法)
(9)《回弹弯沉测定记录》</td></tr>
<tr><td>监理工程师签字：×××

同意进行下道工序施工。

日期：××年 4 月 20 日</td><td>承包人收到日期、时间签字：×××

××年 4 月 14 日</td></tr>
</table>

注：本表填写说明参见表 6-4。

表 3-8(监表 01)　　　　施工放样报验单

承包单位:××集团有限公司××公路工程 A2 标段项目经理部　　　　合同号:A2

监理单位:××工程咨询有限公司××公路工程 A2 标段监理部　　　　编　号:

致(监理工程师):

根据合同要求,业已完成 K3＋000～K3＋200 段,上路堤第三层线路中线,施工放样工作清单如下,请予查验。

承包人:×××　　　　日期:××年×月×日

桩号或位置	工程或部位名称	放样内容	备　注
K3＋000～K3＋200	上路床顶面	线路中线	路基土石方工程

附件:测量及放样资料

(1)放样依据。

(2)放样成果。

监理员意见:符合设计及规范要求。

监理工程师结论:

符合设计及规范要求。

监理工程师:×××　　　　日期:××年×月×日

注:本表填写说明参见表 6-3。

(2)质量检验报告单见表 3-9～表 3-12。

表 3-9(检验表 1)　　　　**土方路基质量检验报告单**

承包单位：××集团有限公司××公路工程 A2 标段项目经理部　　　　合同号：A2

监理单位：××工程咨询有限公司××公路工程 A2 标段监理部　　　　编　号：

<table>
<tr><td colspan="4">工程名称</td><td colspan="3">土方路基</td><td>施工时间</td><td>××年×月×日</td></tr>
<tr><td colspan="4">桩号及部位</td><td colspan="3">K2＋000～K3＋000
上路床顶面</td><td>检验时间</td><td>××年×月×日</td></tr>
<tr><td rowspan="3">项次</td><td colspan="3" rowspan="3">检查项目</td><td colspan="3">规定值或允许偏差</td><td rowspan="3">检验结果</td><td rowspan="3">检验频率和方法</td></tr>
<tr><td rowspan="2">高速公路
一级公路</td><td colspan="2">其他公路</td></tr>
<tr><td>二级
公路</td><td>三、四
级公路</td></tr>
<tr><td rowspan="4">1</td><td rowspan="4">压实
度(%)</td><td>零填及
挖方(m)</td><td>0～0.30</td><td>—</td><td>—</td><td>94</td><td>符合《验评
标准》要求</td><td rowspan="4">每 200m 每压实层测 4 处</td></tr>
<tr><td rowspan="3">填方(m)</td><td>0～0.80</td><td>≥96</td><td>≥95</td><td>—</td><td>符合《验评
标准》要求</td></tr>
<tr><td>0.80～1.50</td><td>≥96</td><td>≥95</td><td>≥94</td><td>符合《验评
标准》要求</td></tr>
<tr><td>>1.50</td><td>≥94</td><td>≥94</td><td>≥93</td><td>符合《验评
标准》要求</td></tr>
<tr><td>2</td><td colspan="3">弯沉(0.01mm)</td><td colspan="3">不大于设计要求值</td><td>符合
设计要求</td><td></td></tr>
<tr><td>3</td><td colspan="3">纵断高程(mm)</td><td>＋10，－15</td><td colspan="2">＋10，－20</td><td>符合《验评
标准》要求</td><td>水准仪：每 200m 测 4 断面</td></tr>
<tr><td>4</td><td colspan="3">中线偏位(mm)</td><td>50</td><td colspan="2">100</td><td>符合《验评
标准》要求</td><td>经纬仪：每 200m 测 4 点，弯道加 HY、YH 两点</td></tr>
<tr><td>5</td><td colspan="3">宽　度(mm)</td><td colspan="3">符合设计要求</td><td>符合
设计要求</td><td>米尺：每 200m 测 4 处</td></tr>
<tr><td>6</td><td colspan="3">平整度(mm)</td><td>15</td><td colspan="2">20</td><td>符合《验评
标准》要求</td><td>3m 直尺：每 200m 测 2 处×10 尺</td></tr>
<tr><td>7</td><td colspan="3">横　坡(%)</td><td>±0.3</td><td colspan="2">±0.5</td><td>符合《验评
标准》要求</td><td>水准仪：每 200m 测 4 断面</td></tr>
<tr><td>8</td><td colspan="3">边　坡</td><td colspan="3">符合设计要求</td><td>符合
设计要求</td><td>尺量：每 200m 测 4 处</td></tr>
<tr><td colspan="5">自检说明：

符合设计规范及《验评标准》的要求。

施工员：×××

××年×月×日</td><td colspan="4">监理评语：

符合设计规范及《验评标准》的要求。

监理员：×××

××年×月×日</td></tr>
</table>

施工负责人：×××　　　　质量检查员：×××　　　　监理工程师：×××

表 3-10(检验表 2)　　石方路基质量检验报告单

承包单位:××集团有限公司××公路工程 A2 标段项目经理部　　合同号:A2

监理单位:××工程咨询有限公司××公路工程 A2 标段监理部　　编　号:

<table>
<tr><td colspan="3">工程名称</td><td colspan="2">石方路基</td><td>施工时间</td><td>××年×月×日</td></tr>
<tr><td colspan="3">桩号及部位</td><td colspan="2">K2＋000～K3＋000
上路堤第三层</td><td>检验时间</td><td>××年×月×日</td></tr>
<tr><td rowspan="2">项次</td><td rowspan="2" colspan="2">检查项目</td><td colspan="2">规定值或允许偏差</td><td rowspan="2">检验结果</td><td rowspan="2">检验频率和方法</td></tr>
<tr><td>高速公路
一级公路</td><td>其他公路</td></tr>
<tr><td>1</td><td colspan="2">压　　实</td><td colspan="2">层厚和碾压遍数符合要求</td><td>符合设计要求</td><td>查施工记录</td></tr>
<tr><td>2</td><td colspan="2">纵断高程(mm)</td><td>＋10,－20</td><td>＋10,－30</td><td>符合《验评标准》</td><td>水准仪:每 200m 测 4 断面</td></tr>
<tr><td>3</td><td colspan="2">中线偏位(mm)</td><td>50</td><td>100</td><td>符合《验评标准》</td><td>经纬仪:每 200m 测 4 点,弯道加 HY、YH 两点</td></tr>
<tr><td>4</td><td colspan="2">宽　　度(mm)</td><td colspan="2">符合设计要求</td><td>符合设计要求</td><td>米尺:每 200m 测 4 处</td></tr>
<tr><td>5</td><td colspan="2">平整度(mm)</td><td>20</td><td>30</td><td>符合《验评标准》</td><td>3m 直尺:每 200m 测 2 处×10 尺</td></tr>
<tr><td>6</td><td colspan="2">横　　坡(%)</td><td>±0.3</td><td>±0.5</td><td>符合《验评标准》</td><td>水准仪:每 200m 测 4 断面</td></tr>
<tr><td rowspan="2">7</td><td rowspan="2">边　坡</td><td>坡　度</td><td colspan="2">符合设计要求</td><td>符合设计要求</td><td rowspan="2">尺量:每 200m 测 4 处</td></tr>
<tr><td>平顺度</td><td colspan="2">符合设计要求</td><td>符合设计要求</td></tr>
<tr><td></td><td></td><td></td><td></td><td></td><td></td><td></td></tr>
<tr><td></td><td></td><td></td><td></td><td></td><td></td><td></td></tr>
<tr><td></td><td></td><td></td><td></td><td></td><td></td><td></td></tr>
<tr><td></td><td></td><td></td><td></td><td></td><td></td><td></td></tr>
<tr><td colspan="4">自检说明:

符合设计规范及《验评标准》的要求。

施工员:×××

××年×月×日</td><td colspan="3">监理评语:

符合设计规范及《验评标准》的要求。

监理员:×××

××年×月×日</td></tr>
</table>

施工负责人:×××　　质量检查员:×××　　监理工程师:×××

表 3-11(检验表 3)　　垂直排水井(即袋装砂井、塑料排水板)

处理软基质量检验报告单

承包单位:××集团有限公司××公路工程 A2 标段项目经理部　　合同号:A2

监理单位:××工程咨询有限公司××公路工程 A2 标段监理部　　编　号:

工程名称	路基土石方工程	施工时间	××年×月×日
桩号及部位	软土地基处置 (K3+400～K3+600)	检验时间	××年×月×日

项　次	检查项目	规定值或允许偏差	检验结果	检验频率和方法
1	数量(根)	不小于设计	符合设计要求	查施工记录
2△	井(板)长度	不小于设计	符合设计要求	查施工记录
3	井(板)间距(mm)	±150	符合《验评标准》	抽查 2%
4	砂井直径(cm)	+10,−0	符合《验评标准》	挖验 2%
5	竖直度(%)	1.5	符合《验评标准》	查施工记录
6	灌砂量(%)	−5	符合《验评标准》	查施工记录

注:"△"为涉及结构安全和使用功能的重要实测为关键项目。

自检说明:	监理评语:
符合设计规范及《验评标准》的要求。	符合设计规范及《验评标准》的要求。
施工员:×××	监理员:×××
××年×月×日	××年×月×日

施工负责人:×××　　质量检查员:×××　　监理工程师:×××

表 3-12(检验表 4)　　碎石桩(砂桩)处理软土地基质量检验报告单

承包单位:××集团有限公司××公路工程 A2 标段项目经理部　　合同号:A2

监理单位:××工程咨询有限公司××公路工程 A2 标段监理部　　编　号:

工程名称	路基土石方工程	施工时间	××年×月×日
桩号及部位	软土地基处置 (K3+600~K3+800)	检验时间	××年×月×日

项　次	检查项目	规定值或允许偏差	检验结果	检验频率和方法
1	桩　数(根)	不小于设计	符合设计要求	查施工记录
2	直　径(cm)	不小于设计	符合设计要求	抽查 2%
3△	桩　长(cm)	不小于设计	符合设计要求	查施工记录
4	桩　距(cm)	±150	符合《验评标准》	抽查 2%
5	竖直度(%)	1.5	符合《验评标准》	查施工记录
6	灌石(砂)量	不小于设计	符合设计要求	查施工记录
7	平均标贯击数	不小于设计	符合设计要求	查施工记录

自检说明:	监理评语:
符合设计规范及《验评标准》的要求。	符合设计规范及《验评标准》的要求。
施工员:×××	监理员:×××
××年×月×日	××年×月×日

施工负责人:×××　　质量检查员:×××　　监理工程师:×××

《质量检验报告单》填写说明：

(1)《土方路基质量检验报告单》(表 3-9)使用于土方路基填筑各层。相应地,《石方路基质量检验报告单》(表 3-10)使用于石方路基填筑各层,《垂直排水井(即袋装砂井、塑料排水板)处理软基质量检验报告单》(表 3-11)使用于垂直排水井处理软基填筑各层,《碎石桩(砂桩)处理软土地基质量检验报告单》(表 3-12)使用于碎石桩(砂桩)处理软土地基填筑各层。

(2)工程名称:填写报验的分项工程名称,如土方路基、石方路基、软土地基、土工合成材料处治层等。

(3)桩号及部位:填写此次报验的具体桩号及部位,如 K3＋000～K4＋000,上路堤第三层。

(4)检验结果:根据检验记录的计算结果如实填写。当检验记录合格率为 100％或质量评定为合格时,在检验结果栏填写符合《验评标准》、符合设计要求或直接填写“合格”。不再填写其他数据,因为检验记录里面已经记录的很全面了。

(5)检验频率和方法:根据《验评标准》的要求填写。

(3)检验记录表见表 3-13～3-21。

表 3-13(检验记录表 1)　　　　**压实度试验记录表(灌砂法)**

承包单位:××集团有限公司××公路工程 A2 标段项目经理部　　　　合同号:A2

监理单位:××工程咨询有限公司××公路工程 A2 标段监理部　　　　编　号:

工程名称		土方路基			试验单位			××集团有限公司			
土样类别		中粒土			试验完成日期			××年×月×日			
最佳含水量(%)		8.3%			试验人签字			×××			
最大干密度(g/cm³)		2.08			审核人签字			×××			
桩　号		K2+000		K2+020		K2+040		K2+060		K2+080	
取样位置(m)		左 2.0		右 2.0		左 4.0		右 4.0		中线位置	
1	灌砂前:筒+砂重(g)	7600		7600		7600		7600		7600	
2	灌砂后:筒+砂重(g)	2298		2348		2345		2328		2316	
3	锥体砂重(g)	1480		1480		1480		1480		1480	
4	试坑砂重=1-2-3(g)	3822		3772		3775		3792		3804	
5	砂密度(g/cm³)	1.43		1.43		1.43		1.43		1.43	
6	试坑体积 V=4/5(cm³)	2673		2638		2640		2652		2660	
7	试坑土重(g)	5806		5643		5544		5803		5700	
8	湿密度=7/6(g/cm³)	2.172		2.139		2.10		2.188		2.143	
盒　号		1	2	3	4	5	6	7	8	9	10
9	盒+湿土重(g)	1143	1130	1141	1154	1142	1136	1188	1140	1141	1136
10	盒+干土重(g)	1063	1051	1068	1086	1062	1053	1108	1062	1067	1066
11	水重(g)	80.2	79.0	72.9	68.3	80.0	83.4	80.3	77.6	74.0	70.2
12	盒质量(g)	132.4	130.5	432.6	139.3	132.4	130.5	132.6	133.1	131	131.9
13	干土重(g)	930.4	920.5	935.5	946.4	929.6	922.1	975.1	929.3	936.0	933.9
14	含水量(%)	8.6	8.6	7.8	7.2	8.6	9.0	8.2	8.4	7.9	7.5
15	平均含水量(%)	8.6	7.5	8.8	8.3	7.7					
16	干密度(g/cm³)	2.00	1.99	1.93	2.02	1.99					
压实度(%)		96.2		95.7		95.8		97.1		95.7	
路基部位(第几层)		上路堤第三层									
压实度标准(%)		95									
结　论		合　格									

表 3-14(检验记录表 2)　　　　回弹弯沉值测定检验记录表

承包单位：××集团有限公司××公路工程 A2 标段项目经理部　　　　合同号：A2

监理单位：××工程咨询有限公司××公路工程 A2 标段监理部　　　　编　号：

线路名称	××公路工程 A2 合同段	试验车型号	BZZ—100	后轴重(kN)	100
当量圆直径(cm)	21.4	轮胎气压(MPa)	0.72	弯沉仪型号	×××
路面结构	水泥混凝土路面	层次	土方路基路床顶面	温度	25℃
测定日期	××年×月×日	天气	晴		

桩　号	左			左中			右中			右		
	初读数	末读数	弯沉值	初读数	末读数	弯沉值	初读数	末读数	弯沉值	初读数	末读数	弯沉值
K2＋000	12	53	130	10	53	126						
K2＋020							6	54	120	4	62	132
K2＋040	15	55	140	13	55	136						
K2＋060							11	64	150	13	65	156
K2＋080	8	61	138	11	56	134						
K2＋100							15	49	128	19	46	130
K2＋120	5	67	144	8	61	138						
K2＋140							12	53	130	10	54	128
K2＋160	15	69	168	21	55	152						

自检说明：	监理评语：
符合设计规范及《验评标准》的要求。	符合设计规范及《验评标准》的要求。
施工员：×××	监理员：×××
××年×月×日	××年×月×日

施工负责人：×××　　　　质量检查员：×××　　　　监理工程师：×××

表 3-15(检验记录表 3)　　纵断高程检验记录表

承包单位:××集团有限公司××公路工程 A2 标段项目经理部　　合同号:A2

监理单位:××工程咨询有限公司××公路工程 A2 标段监理部　　编　号:

工程名称	土方路基			施工时间		××年×月×日			
桩号及部位	K2+000~K3+000 上路床顶面			检验时间		××年×月×日			
桩号或位置	左　幅			路　中			右　幅		
	设计(m)	实测(m)	偏差(mm)	设计(m)	实测(m)	偏差(mm)	设计(m)	实测(m)	偏差(mm)
K3+000				20.000	20.008	+8			
K3+020 左 10m	19.820	19.825	+5	20.020					
K3+040				20.040	20.050	+10			
K3+060 右 10m				20.060			19.860	19.850	−10
K3+080				20.080	20.070	−10			
K3+100 左 5m	20.000	20.006	+6	20.100					
K3+120				20.120	20.128	+8			
K3+140 右 5m				20.140			20.040	20.050	+10
K3+160				20.160	20.150	−10			
K3+180 左 2m	20.140	20.150	+10	20.180					
K3+200 右 4m				20.200			20.120	20.106	−14
允许偏差(mm)		+10,−15			检测点数			11	
合格点数		11			合格率			100%	

施工负责人:×××　　质量检查员:×××　　监理工程师:×××

表 3-16(检验记录表 4)　　中线偏位检验记录表

承包单位:××集团有限公司××公路工程 A2 标段项目经理部　　合同号:A2

监理单位:××工程咨询有限公司××公路工程 A2 标段监理部　　编　号:

工程名称	土方路基	施工时间	××年×月×日
桩号及部位	K2＋000～K3＋000 上路床顶面	检验时间	××年×月×日
桩号或位置	偏差(mm)	桩号或位置	偏差(mm)
K3＋000	30	K3＋020	33
K3＋040	40	K3＋060	44
K3＋080	35	K3＋100	45
K3＋120	45	K3＋140	36
K3＋160	30	K3＋180	28
K3＋200	42		
允许偏差(mm)	50	检测点数	11
合格点数	11	合格率	100%

施工负责人:×××　　质量检查员:×××　　监理工程师:×××

表 3-17(检验记录表 5)　　　　路基宽度检验记录表

承包单位:××集团有限公司××公路工程 A2 标段项目经理部　　　　合同号:A2

监理单位:××工程咨询有限公司××公路工程 A2 标段监理部　　　　编　号:

工程名称	土方路基				施工时间	××年×月×日			
桩号及部位	K2+000~K3+000 上路床顶面				检验时间	××年×月×日			
桩号或位置	设计(m)		实测(m)		桩号或位置	设计(m)		实测(m)	
	左	右	左	右		左	右	左	右
K3+000	15	15.2	15	15.2	K3+020	15.1	15.3	15.1	15.3
K3+040	15.2	15.4	15.2	15.4	K3+060	15.3	15.5	15.3	15.5
K3+080	15.4	15.6	15.4	15.6	K3+100	15.5	15.7	15.5	15.7
K3+120	15.6	15.8	15.6	15.8	K3+140	15.7	15.9	15.7	15.9
K3+160	15.8	16	15.8	16	K3+180	15.9	16.1	15.9	16.1
K3+200	16	16.2	16	16.2					
设计宽度(m)	20				检测点数	11			
合格点数	11				合格率	100%			

施工负责人:×××　　　　质量检查员:×××　　　　监理工程师:×××

表 3-18(检验记录表 6) **路基平整度检验记录表**

承包单位:××集团有限公司××公路工程 A2 标段项目经理部 合同号:A2

监理单位:××工程咨询有限公司××公路工程 A2 标段监理部 编 号:

工程名称	土方路基										施工日期					××年×月×日				
检验部位	K2+000~K3+000 上路床顶面										检验日期					××年×月×日				
桩 号	左 幅 实 测(mm)										右 幅 实 测(mm)									
	1	2	3	4	5	6	7	8	9	10	1	2	3	4	5	6	7	8	9	10
K3+000	7	8	9	10	11	12	13	14	15	14	13	12	11	10	9	8	7	8	9	10
K3+020	10	11	12	13	14	15	14	13	12	11	10	9	8	7	8	9	10	9	8	7
K3+040	9	10	11	12	13	14	15	14	13	12	11	10	9	8	7	8	9	10	9	8
K3+060	8	9	10	11	12	13	14	15	14	13	12	11	10	9	8	7	8	9	10	9
允许偏差(mm)	15										检测点数					80				
合格点数	80										合格率					100%				

施工负责人:××× 质量检查员:××× 监理工程师:×××

表 3-19(检验记录表 7) **路基横坡检验记录表**

承包单位:××集团有限公司××公路工程 A2 标段项目经理部 合同号:A2

监理单位:××工程咨询有限公司××公路工程 A2 标段监理部 编 号:

工程名称	土方路基							施工日期		××年×月×日				
检测部位	K2+000~K3+000 上路床顶面							检验日期		××年×月×日				
桩 号	左 幅							右 幅						
	实测值(m)				横坡度(%)			实测值(m)				横坡度(%)		
	内侧高程	外侧高程	高差	宽度	设计	实测	偏差	内侧高程	外侧高程	高差	宽度	设计	实测	偏差
K3+000					2	2.3	+0.3					2	2.2	+0.2
K3+020					2	1.8	−0.2					2	2.0	0.0
K3+040					2	2.0	0.0					2	1.8	−0.2
K3+060					2	2.1	+0.1					2	1.7	−0.3
K3+080					2	1.7	−0.3					2	2.2	+0.2
允许偏差(mm)			±0.3					检测点数				10		
合格点数			10					合格率				100%		

施工负责人:××× 质量检查员:××× 监理工程师:×××

表 3-20(检验记录表 8)　　砂垫层检验记录表

承包单位：××集团有限公司××公路工程 A2 标段项目经理部　　合同号：A2

监理单位：××工程咨询有限公司××公路工程 A2 标段监理部　　编　号：

工程名称		路基土石方工程			施工时间		××年×月×日	
桩号及部位		软土地基处置 (K3+200～K3+400)			检验时间		××年×月×日	
桩　号	砂垫层厚度(cm)		砂垫层宽度(cm)		反滤层厚度(cm)		反滤层宽度(cm)	
	设　计	实　测	设　计	实　测	设　计	实　测	设　计	实　测
K3+220	40	42	16	16.5	20	22	20	21
K3+280	40	40	16	16.2	20	20	20	20.5
K3+340	40	42	16	16.5	20	22	20	20
K3+380	40	41	16	16.4	20	21	20	21

自检说明：	监理评语：
符合设计要求。	符合设计要求。
施工员：×××	监理员：×××
××年×月×日	××年×月×日

施工负责人：×××　　质量检查员：×××　　监理工程师：×××

表 3-21(检验记录表 9) **粉喷桩检验记录表**

承包单位:××集团有限公司××公路工程 A2 标段项目经理部 合同号:A2

监理单位:××工程咨询有限公司××公路工程 A2 标段监理部 编 号:

工程名称	软土地基				施工日期		××年×月×日		检验日期		××年×月×日	
桩号及编号	桩距(mm)		桩径(mm)		桩长(m)		竖直度(%)		单桩喷粉量(kg)		强度(MPa)	
	允许偏差	实 测	设 计	实 测	设 计	实 测	允许偏差	实 测	设 计	实 测	设 计	实 测
001	1000	1020	600	620	8	8.1	1.5	1.2	100	105	10	12
002	1000	1040	600	610	8	8.2	1.5	1.4	100	110	10	11
003	1000	1020	600	620	8	8.1	1.5	1.2	100	105	10	12
004	1000	1060	600	605	8	8.2	1.5	1.3	100	108	10	12
……	……	……	……	……	……	……	……	……	……	……	……	……

自检说明:	监理评语:
符合设计规范及《验评标准》的要求。	符合设计规范及《验评标准》的要求。
施工员:×××	监理员:×××
××年×月×日	××年×月×日

施工负责人:××× 质量检查员:××× 监理工程师:×××

《检验记录表》(表 3-13～表 3-21)填写说明：

(1)《检验记录表》是根据《质量检验报告单》或《验评标准》中的各项检查内容确定的。比如《土方路基现场质量检验报告单》有压实度、弯沉、纵断高程、中线偏位、路基宽度、平整度、横坡、边坡等 8 个检查项目。土方路基则根据该检验项目要求相应的制定了 8 个检验记录表。

(2)检查记录表中的规定值与允许偏差、设计值等项目应根据《验评标准》和设计文件的具体要求填写。

(3)检验记录表中的检测点数应严格按照《验评标准》所要求的频率进行。

(4)检验记录表中设有检测点数、合格点数、合格率等项内容，主要是为了工序质量判定方便，根据合格率不但可以直接判定工程是否合格，而且还可以进行分项工程评分。

二、构造物及防护工程

1. 一般规定

(1)构造物主要包括砌体或混凝土挡土墙、大型挡土墙、加筋土挡土墙等三部分。防护工程主要包括护坡和锚喷支护等两部分。

(2)根据《验评标准》要求,砌体挡土墙,当平均墙高小于6m或墙身面积小于1200m² 时,每处可作为一个分项工程进行组卷。否则,应作为分部工程进行组卷。

(3)悬臂式和扶壁式挡土墙、加筋土挡土墙应作为分部工程进行组卷。

(4)大型砌体或混凝土挡土墙可分为基础和墙身两个分项工程。基础使用桥梁工程"浆砌片石基础"和"混凝土基础"表格,墙身使用一般挡土墙表格。

(5)大型加筋土挡土墙可划分为基础、面板预制、面板安装和加筋土挡土墙总体四个分项工程。其中基础、面板预制使用桥梁工程混凝土现浇部分相关表格。

(6)护坡、锚喷支护,以每处作为一个分项工程。

2. 构造物及防护工程施工资料内容

构造物及防护工程施工资料的内容见表3-22。

表3-22　基坑开挖、处理试验、检测资料的内容

序号	类别	资料编号	资料名称
1	基坑开挖、处理试验、检测	监表05	《检验申请批复单》
		监表01	《施工放样报验单》
		检验记录表10	《基坑检验记录表》
		检验记录表11	《地基钎探记录表》
2	成品检测	监表11	《中间交工证书》
		监表05	《检验申请批复单》
		监表01	《施工放样报验单》
		检验表05	《砌体挡土墙质量检验报告单》
		检验表06	《干砌挡土墙质量检验报告单》
		检验表07	《悬臂式和扶壁式挡土墙质量检验报告单》
		检验表08	《加筋土挡土墙面板预制质量检验报告单》
		检验表09	《加筋土挡土墙面板安装质量检验报告单》
		检验表10	《加筋土挡土墙总体质量检验报告单》
		检验表11	《锥、护坡质量检验报告单》
		检验表12	《浆砌砌体质量检验报告单》
		检验表13	《干砌片石质量检验报告单》
		检验表14	《导流工程质量检验报告单》
		检验表15	《石笼防护质量检验报告单》

3. 构造物及防护工程《检验申请批复单》与《中间交工证书》

(1)《检验申请批复单》(监表05,参见表3-7)填写说明:

1)工程项目:填写分部(子分部)工程名称,如加筋土挡土墙。

2)工程地点及桩号:以每处为单元,填写该处的起止桩号。如K2+000~K3+000路基左侧加筋土挡土墙。

3)具体部位:填写具体分项工程名称,如大型挡土墙,应填写基础、墙身、墙背填土、构件预

制、构件安装、筋带、锚杆、拉杆、总体等。

4)要求到现场检验时间：填写为保证正常施工要求，最迟检验时间，如2005年10月14日上午8：00。

5)递交日期、时间、签字：承包人一般应提前24小时，以书面形式通知监理工程师，递交人签字。

6)监理员收到日期、时间、签字：填写监理员实际收到时间，接收人员签字。

7)监理员评论和签字：监理员根据设计图纸和施工规范要求进行现场检查后，如实填写。

8)监理工程师签字：监理工程师根据监理员审查情况，决定是否进行下道工序施工。

9)质量证明文件：根据申请检验项目具体情况填写。

(2)《中间交工证书》(监表11，参见表3-6)填写说明：

1)工程内容：填写分部分项工程名称，如大型挡土墙，应填写基础、墙身、墙背填土、构件预制、构件安装、筋带、锚杆、拉杆、总体等。工程内容的附件应汇总各道工序的检查记录。

2)桩号：以每处为单元，填写此次交工验收的起止桩号。

4. 构造物及防护工程施工资料表格填写范例

(1)质量检验报告单见表3-23～表3-33。

表3-23(检验表05)　　砌体挡土墙质量检验报告单

承包单位：××集团有限公司××公路工程A2标段项目经理部　　合同号：A2

监理单位：××工程咨询有限公司××公路工程A2标段监理部　　编　号：

工程名称		防护工程	施工时间	××年×月×日
桩号及部位		K8+200～K8+400 左侧加筋土挡土墙基础	检验时间	××年×月×日

项次	检查项目		规定值或允许偏差	检验结果	检验频率和方法
1△	砂浆强度(MPa)		在合格标准内	合格	
2	平面位置(mm)		50	合格	经纬仪：每20m检查墙顶外边线3点
3	顶面高程(mm)		±20	合格	水准仪：每20m检查1点
4	竖直度或坡度(%)		0.5	合格	吊垂线：每20m检查2点
5△	断面尺寸(mm)		不小于设计	合格	尺量：每20m量2个断面
6	底面高程(mm)		±50	合格	水准仪：每20m检查1点
7	平面平整度(mm)	块　石	20	合格	2m直尺：每20m检查3处，每处检查竖直和墙长两个方向
		片　石	30	合格	
		混凝土块、料石	10	合格	

自检说明：	监理评语：
符合设计规范及《验评标准》的要求。	符合设计规范及《验评标准》的要求。
施工员：×××	监理员：×××
××年×月×日	××年×月×日

施工负责人：×××　　质量检查员：×××　　监理工程师：×××

表 3-24(检验表 06)　　　　干砌挡土墙质量检验报告单

承包单位:××集团有限公司××公路工程 A2 标段项目经理部　　　　合同号:A2

监理单位:××工程咨询有限公司××公路工程 A2 标段监理部　　　　编　号:

工程名称	防护工程	施工时间	××年×月×日
桩号及部位	K8+400~K8+600 左侧干砌挡土墙	检验时间	××年×月×日

项 次	检查项目	规定值或允许偏差	检验结果	检验频率和方法
1	平面位置(mm)	50	合格	经纬仪:每 20m 检查 3 点
2	顶面高程(mm)	±30	合格	水准仪:每 20m 检查 3 点
3	竖直度或坡度	0.5	合格	尺量:每 20m 吊垂线检查 3 点
4△	断面尺寸(mm)	不小于设计	合格	尺量:每 20m 检查 2 处
5	底面高程(mm)	±50	合格	水准仪:每 20m 检查 1 点
6	表面平整度(mm)	50	合格	2m 直尺:每 20m 检查 3 处,每处检查竖直和墙长两个方向

自检说明:	监理评语:
符合设计规范及《验评标准》的要求。	符合设计规范及《验评标准》的要求。
施工员:×××	监理员:×××
××年×月×日	××年×月×日

施工负责人:×××　　　　质量检查员:×××　　　　监理工程师:×××

表 3-25(检验表 07)　　悬臂式和扶壁式挡土墙质量检验报告单

承包单位:××集团有限公司××公路工程 A2 标段项目经理部　　合同号:A2

监理单位:××工程咨询有限公司××公路工程 A2 标段监理部　　编　号:

工程名称		防护工程	施工时间	××年×月×日
桩号及部位		K8+200～K8+400 右侧扶壁式挡土墙	检验时间	××年×月×日
项　次	检查项目	规定值或允许偏差	检验结果	检验频率和方法
1△	混凝土强度(MPa)	在合格标准内	合格	
2	平面位置(mm)	30	合格	经纬仪:每 20m 检查 3 点
3	顶面高程(mm)	±20	合格	水准仪:每 20m 检查 1 点
4	竖直度或坡度(%)	0.3	合格	吊垂线:每 20m 检查 2 点
5△	断面尺寸(mm)	不小于设计	合格	尺量:每 20m 量 2 个断面,抽查扶壁 2 个
6	底面高程(mm)	±30	合格	水准仪:每 20m 检查 1 点
7	表面平整度(mm)	5	合格	2m 直尺:每 20m 检查 2 处,每处检查竖直和墙长两个方向
自检说明: 符合设计规范及《验评标准》的要求。 施工员:××× ××年×月×日			监理评语: 符合设计规范及《验评标准》的要求。 监理员:××× ××年×月×日	

施工负责人:×××　　质量检查员:×××　　监理工程师:×××

表 3-26(检验表 08)　　加筋土挡土墙面板预制质量检验报告单

承包单位:××集团有限公司××公路工程 A2 标段项目经理部　　合同号:A2

监理单位:××工程咨询有限公司××公路工程 A2 标段监理部　　编　号:

工程名称		防护工程	施工时间	××年×月×日
桩号及部位		K8+600～K8+800 左侧加筋土挡土墙面板预制	检验时间	××年×月×日
项　次	检查项目	规定值或允许偏差	检验结果	检验频率和方法
1△	混凝土强度(MPa)	在合格标准内	符合《验评标准》	
2	边长(mm)	±5 或 0.5%边长	符合《验评标准》	尺量:长宽各量 1 次,每批抽查 10%
3	两对角线差(mm)	10 或 0.7%最大对角线长	符合《验评标准》	尺量:每批抽查 10%
4△	厚度(mm)	+5,-3	符合《验评标准》	尺量:检查 2 处,每批抽查 10%
5	表面平整度(mm)	4 或 0.3%边长	符合《验评标准》	2m 直尺:长宽方向各测 1 次,每批抽查 10%
6	预埋件位置(mm)	5	符合《验评标准》	尺量:检查每件,每批抽查 10%
自检说明: 符合设计规范及《验评标准》的要求。 施工员:××× ××年×月×日			监理评语: 符合设计规范及《验评标准》的要求。 监理员:××× ××年×月×日	

施工负责人:×××　　质量检查员:×××　　监理工程师:×××

表 3-27(检验表 09)　　　　**加筋土挡土墙面板安装质量检验报告单**

承包单位：××集团有限公司××公路工程 A2 标段项目经理部　　　　合同号：A2

监理单位：××工程咨询有限公司××公路工程 A2 标段监理部　　　　编　号：

工程名称		防护工程	施工时间	××年×月×日
桩号及部位		K8＋600～K8＋800 左侧加筋土挡土墙面板安装	检验时间	××年×月×日
项　次	检查项目	规定值或允许偏差	检验结果	检验频率和方法
1	每层面板 顶面高程(mm)	±10	符合《验评标准》	水准仪：每 20m 抽查 3 组板
2	轴线偏位(mm)	10	符合《验评标准》	挂线、尺量：每 20m 量 3 处
3	面板竖直度或坡度	0，－0.5%	符合《验评标准》	吊垂线或坡度板：每 20m 检查 3 处
4	相邻面板错台(mm)	5	符合《验评标准》	尺量：每 20m 验面板交界处查 3 处
自检说明： 符合设计规范及《验评标准》的要求。 施工员：××× ××年×月×日			监理评语： 符合设计规范及《验评标准》的要求。 监理员：××× ××年×月×日	

施工负责人：×××　　　　质量检查员：×××　　　　监理工程师：×××

表 3-28(检验表 10)　　加筋土挡土墙总体质量检验报告单

承包单位：××集团有限公司××公路工程 A2 标段项目经理部　　合同号：A2

监理单位：××工程咨询有限公司××公路工程 A2 标段监理部　　编　号：

工程名称	防护工程			施工时间	××年×月×日
桩号及部位	K8＋600～K8＋800 左侧加筋土挡土墙面板总体			检验时间	××年×月×日
项　次	检查项目		规定值或允许偏差(mm)	检验结果	检验频率和方法
1	墙顶平面位置	路堤式	＋50，－100	符合《验评标准》	经纬仪：每 20m 抽查 3 处
		路肩式	±50	符合《验评标准》	
2	墙　顶 高　程	路堤式	±50	符合《验评标准》	水准仪：每 20m 测 3 点
		路肩式	±30	符合《验评标准》	
3	墙面倾斜度		＋0.5%H 且不大于＋50，－1%H 且不小于－100	符合《验评标准》	吊垂线或坡度板：每 20m 测 2 处
4	面板缝宽		10	符合《验评标准》	尺量：每 20m 至少检查 5 条
5	墙面平整度		15	符合《验评标准》	2m 直尺：每 20m 测 3 处，每处检查竖直和墙长两个方向
自检说明： 符合设计规范及《验评标准》的要求。 施工员：××× ××年×月×日			监理评语： 符合设计规范及《验评标准》的要求。 监理员：××× ××年×月×日		

施工负责人：×××　　质量检查员：×××　　监理工程师：×××

表 3-29(检验表 11)

锥、护坡质量检验报告单

承包单位:××集团有限公司××公路工程 A2 标段项目经理部

合同号:A2

监理单位:××工程咨询有限公司××公路工程 A2 标段监理部

编 号:

工程名称		防护工程	施工时间	××年×月×日
桩号及部位		K9+200~K9+300 右侧护坡	检验时间	××年×月×日
项 次	检查项目	规定值或允许偏差	检验结果	检验频率和方法
1△	砂浆强度(MPa)	在合格标准内	符合《验评标准》	
2	顶面高程(mm)	±50	符合《验评标准》	水准仪:每 50m 检查 3 点,不足 50m 时至少 2 点
3	表面平整度(mm)	30	符合《验评标准》	2m 直尺:锥坡检查 3 处,护坡每 50m 检查 3 处
4	坡 度	不陡于设计	符合《验评标准》	坡度尺量:每 50m 量 3 处
5△	厚 度(mm)	不小于设计	符合《验评标准》	尺量:每 100m 检查 3 处
6	底面高程(mm)	±50	符合《验评标准》	水准仪:每 50m 检查 3 点

自检说明:	监理评语:
符合设计规范及《验评标准》的要求。	符合设计规范及《验评标准》的要求。
施工员:×××	监理员:×××
××年×月×日	××年×月×日

施工负责人:××× 质量检查员:××× 监理工程师:×××

表 3-30(检验表 12)　　　　　　浆砌砌体质量检验报告单

承包单位:××集团有限公司××公路工程 A2 标段项目经理部　　　　合同号:A2

监理单位:××工程咨询有限公司××公路工程 A2 标段监理部　　　　编　号:

<table>
<tr><td colspan="2">工程名称</td><td colspan="2">防护工程</td><td>施工时间</td><td>××年×月×日</td></tr>
<tr><td colspan="2">桩号及部位</td><td colspan="2">K9+300～K9+400
左侧挡土墙</td><td>检验时间</td><td>××年×月×日</td></tr>
<tr><td>项　次</td><td colspan="2">检查项目</td><td>规定值或允许偏差</td><td>检验结果</td><td>检验频率和方法</td></tr>
<tr><td>1</td><td colspan="2">砂浆强度(MPa)</td><td>在合格标准内</td><td>符合《验评标准》</td><td></td></tr>
<tr><td rowspan="2">2</td><td rowspan="2">顶面高程
(mm)</td><td>料、块石</td><td>±15</td><td rowspan="2">符合《验评标准》</td><td rowspan="2">水准仪:每 20m 检查 3 点</td></tr>
<tr><td>片　石</td><td>±20</td></tr>
<tr><td rowspan="2">3</td><td rowspan="2">竖直度
或坡度</td><td>料、块石</td><td>0.3%</td><td rowspan="2">符合《验评标准》</td><td rowspan="2">吊垂线:每 50m 检查 3 点</td></tr>
<tr><td>片　石</td><td>0.5%</td></tr>
<tr><td rowspan="3">4</td><td rowspan="3">断面尺寸
(mm)</td><td>料　石</td><td>±20</td><td rowspan="3">符合《验评标准》</td><td rowspan="3">尺量:每 20m 检查 2 处</td></tr>
<tr><td>块　石</td><td>±30</td></tr>
<tr><td>片　石</td><td>±50</td></tr>
<tr><td rowspan="3">5</td><td rowspan="3">表　面
平整度
(mm)</td><td>料　石</td><td>10</td><td rowspan="3">符合《验评标准》</td><td rowspan="3">2m 直尺:每 20m 检查 5 处×3 尺</td></tr>
<tr><td>块　石</td><td>20</td></tr>
<tr><td>片　石</td><td>30</td></tr>
<tr><td></td><td></td><td></td><td></td><td></td><td></td></tr>
<tr><td></td><td></td><td></td><td></td><td></td><td></td></tr>
<tr><td colspan="4">自检说明:

符合设计规范及《验评标准》的要求。

施工员:×××

××年×月×日</td><td colspan="2">监理评语:

符合设计规范及《验评标准》的要求。

监理员:×××

××年×月×日</td></tr>
</table>

施工负责人:×××　　　　质量检查员:×××　　　　监理工程师:×××

表 3-31(检验表 13)　　干砌片石质量检验报告单

承包单位:××集团有限公司××公路工程 A2 标段项目经理部　　合同号:A2

监理单位:××工程咨询有限公司××公路工程 A2 标段监理部　　编　号:

工程名称		防护工程	施工时间	××年×月×日
桩号及部位		K9+400~K9+500 右侧防护基础	检验时间	××年×月×日
项　次	检查项目	规定值或允许偏差 (mm)	检验结果	检验频率和方法
1	顶面高程	±30	符合《验评标准》	水准仪:每 20m 检查 3 点
2	外型尺寸	±100	符合《验评标准》	尺量:每 20m 或自然段,长宽各 3 处
3	厚　度	±50	符合《验评标准》	尺量:每 20m 检查 3 处
4	表面平整度	50	符合《验评标准》	2m 直尺:每 20m 检查 5 处×3 尺

自检说明:	监理评语:
符合设计规范及《验评标准》的要求。 施工员:××× ××年×月×日	符合设计规范及《验评标准》的要求。 监理员:××× ××年×月×日

施工负责人:×××　　质量检查员:×××　　监理工程师:×××

表 3-32(检验表 14)　　导流工程质量检验报告单

承包单位:××集团有限公司××公路工程 A2 标段项目经理部　　合同号:A2

监理单位:××工程咨询有限公司××公路工程 A2 标段监理部　　编　号:

工程名称		防护工程	施工时间	××年×月×日
桩号及部位		K9+500～K9+600 左侧导流工程	检验时间	××年×月×日
项　次	检查项目	规定值或允许偏差	检验结果	检验频率和方法
1	砂浆强度(MPa)	在合格标准内	符合《验评标准》	
2	平面位置(mm)	30	符合《验评标准》	经纬仪:按设计图控制坐标检查
3	长　度(mm)	不小于设计长度－100	符合设计要求	尺量:每个检查
4	断面尺寸(mm)	不小于设计	符合设计要求	尺量:检查 5 处
5	高　程(mm) 基　底	符合设计要求	符合设计要求	水准仪:检查 5 点
	高　程(mm) 顶　面	±30	符合《验评标准》	

自检说明:	监理评语:
符合设计规范及《验评标准》的要求。	符合设计规范及《验评标准》的要求。
施工员:×××	监理员:×××
××年×月×日	××年×月×日

施工负责人:×××　　质量检查员:×××　　监理工程师:×××

表 3-33(检验表 15)　　石笼防护质量检验报告单

承包单位:××集团有限公司××公路工程 A2 标段项目经理部　　合同号:A2

监理单位:××工程咨询有限公司××公路工程 A2 标段监理部　　编　号:

工程名称		防护工程	施工时间	××年×月×日
桩号及部位		K9+600～K9+700 右侧石笼防护	检验时间	××年×月×日
项　次	检查项目	规定值或允许偏差(mm)	检验结果	检验频率和方法
1	平面位置	符合设计要求	符合设计要求	经纬仪:按设计图控制坐标检查
2	长　度	不小于设计长度	符合设计要求	尺量:每个(段)检查
3	宽　度	不小于设计宽度	符合设计要求	尺量:每个(段)量 5 处
4	高　度	不小于设计	符合设计要求	水准仪或尺量:每个(段)检查 5 处
5	底面高程	不高于设计	符合设计要求	水准仪:每个(段)检查 5 点

自检说明:	监理评语:
符合设计规范及《验评标准》的要求。	符合设计规范及《验评标准》的要求。
施工员:×××	监理员:×××
××年×月×日	××年×月×日

施工负责人:×××　　质量检查员:×××　　监理工程师:×××

《质量检验报告单》(表 3-23～表 3-33)填写说明:

(1)工程名称:填写分部(子分部)工程名称,如加筋土挡土墙。

(2)桩号及部位:填写报验的分项工程名称,如大型挡土墙,应填写基础、墙身、墙背填土、构件预制、构件安装、筋带、锚杆、拉杆、总体等。以每处为单元,填写该处的起止桩号。如 K2＋000～K3＋000 路基左侧加筋土挡土墙基础。

(3)检验结果:根据检验记录的计算结果如实填写。当检验记录合格率为 100%或质量评定为合格时,在检验结果栏填写符合《验评标准》、符合设计要求或直接填写“合格”。不再填写其他数据,因为检验记录里面已经记录的很全面了。

(4)检验频率和方法:根据《验评标准》的要求填写。

(2)检验记录表见表 3-34 及表 3-35。

表 3-34(检验记录表 10)　　　　**基坑检验记录表**

承包单位:××集团有限公司××公路工程 A2 标段项目经理部　　　　合同号:A2

监理单位:××工程咨询有限公司××公路工程 A2 标段监理部　　　　编　号:

工程名称	防护工程	施工时间	××年×月×日
桩号及部位	K8+000~K8+200 左侧加筋土挡土墙基坑	检验时间	××年×月×日
检验项目	规定值或允许偏差	检验结果	检验方法与频率
轴线偏位(mm)	25	符合《验评标准》	经纬仪:纵横各 2 处
基底高程(m)	±50	符合《验评标准》	水准仪:纵横各 2 处, 四脚各 1 处
基底土质	粉质黏土	与设计相符	按设计要求检查
基底承载力(MPa)	20	25	按设计要求检查
基坑平面尺寸(m)	不小于设计要求	符合设计要求	尺量:长宽各 3 处
基坑平面位置:		地基处理方法:(无)	
自检说明: 符合设计规范及《验评标准》的要求。 施工员:××× ××年×月×日		监理评语: 符合设计规范及《验评标准》的要求。 监理员:××× ××年×月×日	

施工负责人:×××　　　　质量检查员:×××　　　　监理工程师:×××

表 3-35(检验记录表 11)　　　　地基钎探记录表

承包单位：××集团有限公司××公路工程 A2 标段项目经理部　　　　合同号：A2

监理单位：××工程咨询有限公司××公路工程 A2 标段监理部　　　　编　号：

工程名称	防护工程		施工时间		××年×月×日	
桩号及部位	K8＋000～K8＋200 左侧加筋土挡土墙基坑		检验时间		××年×月×日	
套锤重	kg		自由落距	cm	钎径	mm

顺序号	各步锤数						
	0～30 cm	31～60 cm	61～90 cm	91～120 cm	121～150 cm	151～180 cm	180～210 cm
001	28	26	24	22	20	18	18
002	30	28	28	26	24	22	20
003	28	26	26	24	22	20	18
004	30	30	28	28	26	26	24
005	28	28	26	24	22	20	20
006	30	28	26	24	22	20	18
……	……	……	……	……	……	……	……

自检说明：	监理评语：
符合设计规范及《验评标准》的要求。	符合设计规范及《验评标准》的要求。
施工员：×××	监理员：×××
××年×月×日	××年×月×日

施工负责人：×××　　　　质量检查员：×××　　　　监理工程师：×××

三、排水工程

路基排水包括坡面和路界内地表水排水、路面和中央分隔带排水。坡面和路界内地表水排水由边沟、排水沟、跌水和急流槽、盲沟、截水沟等结构物组成；路面和中央分隔带排水由纵、横、竖向排水管，渗沟，缝隙式圆形集水管、集水井，路肩排水沟和拦水等结构物组成。

1. 排水工程施工资料的内容

排水工程施工资料的内容见表3-36。

表3-36　浆砌排水沟工序报验资料内容

序号	类别	资料编号	资料名称
1	浆砌排水沟工序报验	监表05	《检验申请批复单》
		监表01	《施工放样报验单》
		检验表19	《浆砌排水沟质量检验报告单》
2	排水工程成品检查记录	监表11	《中间交工证书》
		监表05	《检验申请批复单》
		监表01	《施工放样报验单》
		检验表16	《管节预制质量检验报告单》
		检验表17	《管道基础及管节安装质量检验报告单》
		检验表18	《检查(雨水)井砌筑质量检验报告单》
		检验表19	《浆砌排水沟质量检验报告单》
		检验表20	《盲沟质量检验报告单》
		检验表21	《排水泵站质量检验报告单》

2. 排水工程《检验申请批复单》与《中间交工证书》

(1)《检验申请批复单》(监表05，参见表3-7)填写说明：

1)工程项目：填写分部工程名称，如排水工程。

2)工程地点及桩号：和路基工程分项划分相对应，填写此次交工验收的对应桩号，如K2＋000～K3＋000。

3)具体部位：填写具体分项工程名称，如管节预制、管道基础及管节安装、检查(雨水)井砌筑、土沟、浆砌排水沟、盲沟、跌水、急流槽、水簸箕、排水泵站等。如K2＋000～K3＋000左侧浆砌片石排水沟。

4)要求到现场检验时间：填写为保证正常施工要求，最迟检验时间，如2005年10月14日上午8：00。

5)递交日期、时间、签字：承包人一般应提前24小时，以书面形式通知监理工程师，递交人签字。

6)监理员收到日期、时间、签字：填写监理员实际收到时间，接收人员签字。

7)监理员评论和签字：监理员根据设计图纸和施工规范要求进行现场检查后，如实填写。

8)监理工程师签字：监理工程师根据监理员审查情况，决定是否进行下道工序施工。

9)质量证明文件：根据申请检验项目具体情况填写。

(2)《中间交工证书》(监表11，参见表3-6)填写说明：

1)工程内容：填写分项工程名称，如管节预制、管道基础及管节安装、检查(雨水)井砌筑、土沟、浆砌排水沟、盲沟、跌水、急流槽、水簸箕、排水泵站等。工程内容的附件应汇总各道工序的检查记录。

2)桩号：和路基工程分项划分相对应，填写此次交工验收的对应桩号。

3. 排水工程施工资料常用表格填写范例

排水工程施工资料常用表格填写范例见表 3-37～表 3-42。

表 3-37(检验表 16)　　　　管节预制质量检验报告单

承包单位：××集团有限公司××公路工程 **A2** 标段项目经理部　　　　合同号：**A2**

监理单位：××工程咨询有限公司××公路工程 **A2** 标段监理部　　　　编　号：

工程名称	排水工程	施工时间	××年×月×日
桩号及部位	K9＋200～K9＋400 左侧排水管节预制	检验时间	××年×月×日

项　次	检查项目	规定值或允许偏差	检验结果	检验频率和方法
1△	混凝土强度(MPa)	在合格标准内	符合《验评标准》	
2	内　径(mm)	不小于设计值	符合设计要求	尺量：2 个断面
3	壁　厚(mm)	不小于设计壁厚，－3	符合设计要求	尺量：2 个断面
4	顺直度	矢度不大于 0.2% 管节长	符合设计要求	沿管节拉线量，取最大矢高
5	长　度(mm)	＋5，－0	符合《验评标准》	尺量

自检说明：	监理评语：
符合设计规范及《验评标准》的要求。	符合设计规范及《验评标准》的要求。
施工员：×××	监理员：×××
××年×月×日	××年×月×日

施工负责人：×××　　　　质量检查员：×××　　　　监理工程师：×××

表 3-38(检验表 17)　　**管道基础及管节安装质量检验报告单**

承包单位:××集团有限公司××公路工程 A2 标段项目经理部　　合同号:A2

监理单位:××工程咨询有限公司××公路工程 A2 标段监理部　　编　号:

工程名称	排水工程	施工时间	××年×月×日
桩号及部位	K9+200～K9+400 左侧排水管道基础及管节安装	检验时间	××年×月×日

项　次	检查项目		规定值或允许偏差	检验结果	检验频率和方法
1△	混凝土抗压强度或砂浆强度(MPa)		在合格标准内	合格	
2	管轴线偏位(mm)		15	符合《验评标准》	经纬仪或拉线:每两井间测 3 处
3	管内底高程(mm)		±10	符合《验评标准》	水准仪:每两井间测 2 处
4	基础厚度(mm)		不小于设计	符合设计要求	尺量:每两井间测 3 处
5	管　座	肩宽(mm)	+10,-5	符合《验评标准》	尺量或挂边线:每两井间测 2 处
		肩高(mm)	±10	符合《验评标准》	
6	抹　带	宽　度	不小于设计	符合设计要求	尺量:按 10%抽查
		厚　度	不小于设计	符合设计要求	

自检说明:	监理评语:
符合设计规范及《验评标准》的要求。	符合设计规范及《验评标准》的要求。
施工员:×××	监理员:×××
××年×月×日	××年×月×日

施工负责人:×××　　质量检查员:×××　　监理工程师:×××

表 3-39(检验表 18)　　　检查(雨水)井砌筑质量检验报告单

承包单位：××集团有限公司××公路工程 A2 标段项目经理部　　合同号：A2

监理单位：××工程咨询有限公司××公路工程 A2 标段监理部　　编　号：

<table>
<tr><td colspan="2">工程名称</td><td colspan="2">排水工程</td><td>施工时间</td><td>××年×月×日</td></tr>
<tr><td colspan="2">桩号及部位</td><td colspan="2">K9+200 检查井砌筑</td><td>检验时间</td><td>××年×月×日</td></tr>
<tr><td>项　次</td><td colspan="2">检查项目</td><td>规定值或允许偏差</td><td>检验结果</td><td>检验频率和方法</td></tr>
<tr><td>1△</td><td colspan="2">浆砌强度(MPa)</td><td>在合格标准内</td><td>符合《验评标准》</td><td></td></tr>
<tr><td>2</td><td colspan="2">轴线偏位(mm)</td><td>50</td><td>符合《验评标准》</td><td>经纬仪：每个检查井检查</td></tr>
<tr><td>3</td><td colspan="2">圆井直径或方井长、宽(mm)</td><td>±20</td><td>符合《验评标准》</td><td>尺量：每个检查井检查</td></tr>
<tr><td>4</td><td colspan="2">井底高程(mm)</td><td>±15</td><td>符合《验评标准》</td><td>水准仪：每个检查井检查</td></tr>
<tr><td rowspan="2">5</td><td rowspan="2">井盖与相邻路面高差(mm)</td><td>雨水井</td><td>+0，−4</td><td>符合《验评标准》</td><td rowspan="2">水准仪、水平尺：每个检查井检查</td></tr>
<tr><td>检查井</td><td>+4，−0</td><td>符合《验评标准》</td></tr>
<tr><td colspan="3">自检说明：

符合设计规范及《验评标准》的要求。

施工员：×××

××年×月×日</td><td colspan="3">监理评语：

符合设计规范及《验评标准》的要求。

监理员：×××

××年×月×日</td></tr>
</table>

施工负责人：×××　　质量检查员：×××　　监理工程师：×××

表 3-40(检验表 19)　　　　**浆砌排水沟质量检验报告单**

承包单位:××集团有限公司××公路工程 A2 标段项目经理部　　　　合同号:A2

监理单位:××工程咨询有限公司××公路工程 A2 标段监理部　　　　编　号:

工程名称	排水工程		施工时间	××年×月×日
桩号及部位	K10＋200～K10＋400 左侧浆砌排水沟		检验时间	××年×月×日
项　次	检查项目	规定值或允许偏差	检验结果	检验频率和方法
1△	砂浆强度(MPa)	在合格标准内	符合《验评标准》	
2	轴线偏位(mm)	50	符合《验评标准》	经纬仪或尺量:每 200m 测 5 处
3	沟底高程(mm)	±15	符合《验评标准》	水准仪:每 200m 测 5 点
4	墙面直顺度或坡度(mm)	30 或符合设计要求	符合设计要求	20m 拉线、坡度尺:每 200m 测 2 处
5	断面尺寸(mm)	±30	符合《验评标准》	尺量:每 200m 测 2 处
6	铺砌厚度(mm)	不小于设计	符合设计要求	尺量:每 200m 测 2 处
7	基础垫层宽、厚(mm)	不小于设计	符合设计要求	尺量:每 200m 测 2 处

自检说明:	监理评语:
符合设计规范及《验评标准》的要求。	符合设计规范及《验评标准》的要求。
施工员:×××	监理员:×××
××年×月×日	××年×月×日

施工负责人:×××　　　　质量检查员:×××　　　　监理工程师:×××

表 3-41(检验表 20)　　盲沟质量检验报告单

承包单位:××集团有限公司××公路工程 A2 标段项目经理部　　合同号:A2

监理单位:××工程咨询有限公司××公路工程 A2 标段监理部　　编　号:

工程名称		排水工程	施工时间	××年×月×日
桩号及部位		K7＋200～K7＋400 右侧盲沟	检验时间	××年×月×日
项　次	检查项目	规定值或允许偏差 (mm)	检验结果	检验频率和方法
1	沟底高程	±15	符合《验评标准》	水准仪:每 10～20m 测 1 处
2	断面尺寸	不小于设计	符合设计要求	尺量:每 20m 测 1 处

自检说明:	监理评语:
符合设计规范及《验评标准》的要求。	符合设计规范及《验评标准》的要求。
施工员:×××	监理员:×××
××年×月×日	××年×月×日

施工负责人:×××　　质量检查员:×××　　监理工程师:×××

表 3-42(检验表 21)　　排水泵站质量检验报告单

承包单位：××集团有限公司××公路工程 A2 标段项目经理部　　合同号：A2

监理单位：××工程咨询有限公司××公路工程 A2 标段监理部　　编　号：

工程名称		排水工程	施工时间	××年×月×日
桩号及部位		K7＋200 排水泵站	检验时间	××年×月×日
项　次	检查项目	规定值或允许偏差	检验结果	检验频率和方法
1△	混凝土强度(MPa)	在合格标准内	符合《验评标准》	
2	轴线平面偏位(mm)	1%井深	符合《验评标准》	经纬仪：纵、横向各 2 处
3	垂直度(mm)	1%井深	符合《验评标准》	用垂线检查：纵、横向各 1 处
4	底面高程(mm)	±50	符合《验评标准》	水准仪：测 4 处
自检说明： 符合设计规范及《验评标准》的要求。 施工员：××× ××年×月×日			监理评语： 符合设计规范及《验评标准》的要求。 监理员：××× ××年×月×日	

施工负责人：×××　　质量检查员：×××　　监理工程师：×××

《质量检验报告单》(表 3-37～表 3-42)填写说明:

(1)工程名称:填写分部工程名称,如排水工程。

(2)桩号及部位:填写具体报验的分项工程名称,如管节预制、管道基础及管节安装、检查(雨水)井砌筑、土沟、浆砌排水沟、盲沟、跌水、急流槽、水簸箕、排水泵站等。如 K3＋000～K4＋000 左侧浆砌片石排水沟。

(3)检验结果:根据检验记录的计算结果如实填写。当检验记录合格率为 100%或质量评定为合格时,在检验结果栏填写符合《验评标准》、符合设计要求或直接填写“合格”。不再填写其他数据,因为检验记录里面已经记录的很全面了。

(4)检验频率和方法:根据《验评标准》的要求填写。

四、小桥和涵洞

1. 一般规定

(1)通常每座小桥为一个分部工程，每座涵洞或通道为一个子分部工程。

(2)小桥主要包括基础及下部构造，上部构造预制、安装或浇筑，桥面，栏杆，人行道等五个分项工程。

(3)涵洞(通道)主要包括基础及下部构造，主要构件预制、安装和浇筑，填土，总体等四个分项工程。

(4)跨径或全长符合涵洞标准的通道，以每座为一个子分部工程，按照涵洞资料要求进行组卷；跨径或全长符合小桥标准的通道，以每座为一个分部工程，按小桥标准进行组卷。

(5)小桥按桥梁工程要求进行组卷。

2. 小桥和涵洞施工资料的内容

小桥和涵洞施工资料的内容见表 3-43。

表 3-43　　基坑开挖、处理记录的内容

序号	类别	资料编号	资料名称
1	基坑开挖、处理记录	监表 05	《检验申请批复单》
		监表 01	《施工放样报验单》
		检验记录表 10	《基坑检验记录表》
		检验记录表 11	《地基钎探记录表》
2	成品检查记录	监表 11	《中间交工证书》
		监表 05	《检验申请批复单》
		监表 01	《施工放样报验单》
		检验表 22	《涵洞总体质量检验报告单》
		检验表 23	《管台质量检验报告单》
		检验表 24	《管座及涵管安装质量检验报告单》
		检验表 25	《盖板制作质量检验报告单》
		检验表 26	《箱涵浇筑质量检验报告单》
		检验表 27	《拱涵质量检验报告单》
		检验表 28	《倒虹吸竖井质量检验报告单》
		检验表 29	《一字墙、八字墙质量检验报告单》
		检验表 30	《顶入法施工的桥、涵质量检验报告单》

3. 小桥和涵洞工程《检验申请批复单》、《中间交工证书》和《检验记录表》

(1)《检验申请批复单》(监表 05，参见表 3-7)填写说明：

1)工程项目：填写分部工程(子分部工程)名称，如 K11＋800 涵洞。

2)工程地点、桩号：该构造物中心里程桩号，如 K11＋800。

3)具体部位：填写分项工程名称，如主要构件预制、安装和浇筑，填土，总体等。

4)要求到现场检验时间：填写为保证正常施工要求，最迟检验时间，如 2006 年 2 月 20 日上午 8∶00。

5)递交日期、时间、签字：承包人一般应提前 24 小时，以书面形式通知监理工程师，递交人签字。

6)监理员收到日期、时间、签字：填写监理员实际收到时间，接收人员签字。

7)监理员评论和签字:监理员根据设计图纸和施工规范要求进行现场检查后,如实填写。

8)监理工程师签字:监理工程师根据监理员审查情况,决定是否进行下道工序施工。

9)质量证明文件:根据申请检验项目具体情况填写。

(2)《中间交工证书》(监表 11,参见表 3-6)填写说明:

1)工程内容:填写分项工程名称,以涵洞工程为例,应填写主要构件预制、安装和浇筑,填土,总体等分项工程名称。工程内容的附件应汇总各道工序的检查记录。

2)桩号:填写该构造物的中心里程桩号。

(3)《检验记录表》填写说明:

1)《检验记录表》是根据《现场质量检验报告单》或《验评标准》中的各项检查内容确定的。

2)检查记录表中的规定值与允许偏差、设计值等项目应根据《验评标准》和设计文件的具体要求填写。

3)检验记录表中的检测点数应严格按照《验评标准》所要求的频率进行。

4)检验记录表中设有检测点数、合格点数、合格率等项内容,主要是为了工序质量判定方便,根据合格率不但可以直接判定工程是否合格,而且还可以进行分项工程评分。

4. 小桥和涵洞工程施工资料常用表格填写范例

(1)检验记录表见表 3-44 及表 3-45。

表 3-44(检验记录表 10)　　基坑检验记录表

承包单位:××集团有限公司××公路工程 A2 标段项目经理部　　合同号:A2

监理单位:××工程咨询有限公司××公路工程 A2 标段监理部　　编　号:

工程名称	K9＋000 涵洞	施工时间	××年×月×日
桩号及部位	基础及下部构造	检验时间	××年×月×日
检验项目	规定值或允许偏差	检验结果	检验方法与频率
轴线偏位(mm)	25	符合《验评标准》	经纬仪:纵横各 2 处
基底高程(m)	±50	符合《验评标准》	水准仪:纵横各 2 处,四脚各 1 处
基底土质	粉质黏土	与设计相符	按设计要求检查
基底承载力(MPa)	20	25	按设计要求检查
基坑平面尺寸(m)	不小于设计要求	符合设计要求	尺量:长宽各 3 处
基坑平面位置:		地基处理方法:(无)	
自检说明: 符合设计规范及《验评标准》的要求。 施工员:××× ××年×月×日		监理评语: 符合设计规范及《验评标准》的要求。 监理员:××× ××年×月×日	

施工负责人:×××　　质量检查员:×××　　监理工程师:×××

表 3-45(检验记录表 11)　　　　　地基钎探记录表

承包单位：××集团有限公司××公路工程 A2 标段项目经理部　　　　合同号：A2

监理单位：××工程咨询有限公司××公路工程 A2 标段监理部　　　　编　号：

<table>
<tr><td>工程名称</td><td colspan="3">K9＋000 涵洞</td><td colspan="2">施工时间</td><td colspan="2">××年×月×日</td></tr>
<tr><td>桩号及部位</td><td colspan="3">基础及下部构造</td><td colspan="2">检验时间</td><td colspan="2">××年×月×日</td></tr>
<tr><td>套锤重</td><td colspan="2">kg</td><td>自由落距</td><td>cm</td><td>钎　径</td><td colspan="2">mm</td></tr>
<tr><td rowspan="2">顺序号</td><td colspan="7">各　步　锤　数</td></tr>
<tr><td>0～30 cm</td><td>31～60 cm</td><td>61～90 cm</td><td>91～120 cm</td><td>121～150 cm</td><td>151～180 cm</td><td>181～210 cm</td></tr>
<tr><td>001</td><td>28</td><td>26</td><td>24</td><td>22</td><td>20</td><td>18</td><td>18</td></tr>
<tr><td>002</td><td>30</td><td>28</td><td>28</td><td>26</td><td>24</td><td>22</td><td>20</td></tr>
<tr><td>003</td><td>28</td><td>26</td><td>26</td><td>24</td><td>22</td><td>20</td><td>18</td></tr>
<tr><td>004</td><td>30</td><td>30</td><td>28</td><td>28</td><td>26</td><td>26</td><td>24</td></tr>
<tr><td>005</td><td>28</td><td>28</td><td>26</td><td>24</td><td>22</td><td>20</td><td>20</td></tr>
<tr><td>006</td><td>30</td><td>28</td><td>26</td><td>24</td><td>22</td><td>20</td><td>18</td></tr>
<tr><td>……</td><td>……</td><td>……</td><td>……</td><td>……</td><td>……</td><td>……</td><td>……</td></tr>
<tr><td></td><td></td><td></td><td></td><td></td><td></td><td></td><td></td></tr>
<tr><td></td><td></td><td></td><td></td><td></td><td></td><td></td><td></td></tr>
<tr><td></td><td></td><td></td><td></td><td></td><td></td><td></td><td></td></tr>
<tr><td></td><td></td><td></td><td></td><td></td><td></td><td></td><td></td></tr>
<tr><td colspan="4">自检说明：

符合设计规范及《验评标准》的要求。

施工员：×××

××年×月×日</td><td colspan="4">监理评语：

符合设计规范及《验评标准》的要求。

监理员：×××

××年×月×日</td></tr>
</table>

施工负责人：×××　　　　质量检查员：×××　　　　监理工程师：×××

(2)质量检验报告单见表 3-46～表 3-54。

表 3-46(检验表 22)　　　　**涵洞总体质量检验报告单**

承包单位:××集团有限公司××公路工程 A2 标段项目经理部　　　　合同号:A2

监理单位:××工程咨询有限公司××公路工程 A2 标段监理部　　　　编　号:

工程名称		K9＋000 涵洞	施工时间	××年×月×日
桩号及部位		总　体	检验时间	××年×月×日
项　次	检查项目	规定值或允许偏差(mm)	检验结果	检验频率和方法
1	轴线偏位	明涵 20,暗涵 50	符合《验评标准》	经纬仪:检查 2 处
2△	流水面高程	±20	符合《验评标准》	水准仪、尺量:检查洞口 2 处,拉线检查中间 1～3 处
3	涵底铺砌厚度	＋40,－10	符合《验评标准》	尺量:检查 3～5 处
4	长度	＋100,－50	符合《验评标准》	尺量:检查中心线
5	孔径	±20	符合《验评标准》	尺量:检查 3～5 处
6	净高	明涵±20,暗涵±50	符合《验评标准》	尺量:检查 3～5 处

自检说明:	监理评语:
符合设计规范及《验评标准》的要求。	符合设计规范及《验评标准》的要求。
施工员:×××	监理员:×××
××年×月×日	××年×月×日

施工负责人:×××　　　　质量检查员:×××　　　　监理工程师:×××

表 3-47(检验表 23)

管台质量检验报告单

承包单位:××集团有限公司××公路工程 A2 标段项目经理部　　合同号:A2

监理单位:××工程咨询有限公司××公路工程 A2 标段监理部　　编　号:

工程名称		K9+000 涵洞	施工时间	××年×月×日
桩号及部位		基础及下部构造	检验时间	××年×月×日
项　次	检查项目	规定值或允许偏差	检验结果	检验频率和方法
1△	混凝土或砂浆强度(MPa)	在合格标准内	符合《验评标准》	
2	涵台断面尺寸(mm) 片石砌体	±20	符合《验评标准》	尺量:检查 3~5 处
	涵台断面尺寸(mm) 混凝土	±15	符合《验评标准》	
3	竖直度或斜度(mm)	0.3%台高	符合《验评标准》	吊垂线或经纬仪:测量 2 处
4△	顶面高程(mm)	±10	符合《验评标准》	水准仪:测量 3 处

自检说明:	监理评语:
符合设计规范及《验评标准》的要求。	符合设计规范及《验评标准》的要求。
施工员:×××	监理员:×××
××年×月×日	××年×月×日

施工负责人:×××　　质量检查员:×××　　监理工程师:×××

表 3-48(检验表 24)　　管座及涵管安装质量检验报告单

承包单位：××集团有限公司××公路工程 A2 标段项目经理部　　合同号：A2

监理单位：××工程咨询有限公司××公路工程 A2 标段监理部　　编　号：

工程名称		K9＋000 涵洞	施工时间	××年×月×日
桩号及部位		基础及下部构造	检验时间	××年×月×日
项　次	检查项目	规定值或允许偏差	检验结果	检验频率和方法
1△	管座或垫层混凝土强度(MPa)	在合格标准内	符合《验评标准》	
2	管座或垫层宽度、厚度	≥设计值	符合《验评标准》	尺量：抽查 3 个断面
3	相邻管节底面错台(mm) 管径≤1m	3	符合《验评标准》	尺量：检查 3～5 个接头
	相邻管节底面错台(mm) 管径＞1m	5	符合《验评标准》	
自检说明： 符合设计规范及《验评标准》的要求。 施工员：××× ××年×月×日			监理评语： 符合设计规范及《验评标准》的要求。 监理员：××× ××年×月×日	

施工负责人：×××　　质量检查员：×××　　监理工程师：×××

表 3-49(检验表 25)　　盖板制作质量检验报告单

承包单位:××集团有限公司××公路工程 A2 标段项目经理部　　合同号:A2

监理单位:××工程咨询有限公司××公路工程 A2 标段监理部　　编　号:

<table>
<tr><td colspan="2">工程名称</td><td colspan="2">K9+000 涵洞</td><td>施工时间</td><td>××年×月×日</td></tr>
<tr><td colspan="2">桩号及部位</td><td colspan="2">主要构件预制、安装或浇筑</td><td>检验时间</td><td>××年×月×日</td></tr>
<tr><td>项　次</td><td colspan="2">检查项目</td><td>规定值或允许偏差</td><td>检验结果</td><td>检验频率和方法</td></tr>
<tr><td>1△</td><td colspan="2">混凝土强度(MPa)</td><td>在合格标准内</td><td>符合《验评标准》</td><td></td></tr>
<tr><td rowspan="2">2△</td><td rowspan="2">高度(mm)</td><td>明涵</td><td>+10,−0</td><td>符合《验评标准》</td><td rowspan="4">尺量:抽查 30%的板,每板检查 3 个断面</td></tr>
<tr><td>暗涵</td><td>不小于设计值</td><td>符合设计要求</td></tr>
<tr><td rowspan="2">3</td><td rowspan="2">宽度(mm)</td><td>现浇</td><td>±20</td><td>符合《验评标准》</td></tr>
<tr><td>预制</td><td>±10</td><td>符合《验评标准》</td></tr>
<tr><td>4</td><td colspan="2">长度(mm)</td><td>+20,−10</td><td>符合《验评标准》</td><td>尺量:抽查 30%的板,每板检查两侧</td></tr>
<tr><td></td><td colspan="2"></td><td></td><td></td><td></td></tr>
<tr><td></td><td colspan="2"></td><td></td><td></td><td></td></tr>
<tr><td></td><td colspan="2"></td><td></td><td></td><td></td></tr>
<tr><td></td><td colspan="2"></td><td></td><td></td><td></td></tr>
<tr><td></td><td colspan="2"></td><td></td><td></td><td></td></tr>
<tr><td></td><td colspan="2"></td><td></td><td></td><td></td></tr>
<tr><td></td><td colspan="2"></td><td></td><td></td><td></td></tr>
<tr><td colspan="4">自检说明:

符合设计规范及《验评标准》的要求。

施工员:×××

××年×月×日</td><td colspan="2">监理评语:

符合设计规范及《验评标准》的要求。

监理员:×××

××年×月×日</td></tr>
</table>

施工负责人:×××　　质量检查员:×××　　监理工程师:×××

表 3-50(检验表 26)　　箱涵浇筑质量检验报告单

承包单位:××集团有限公司××公路工程 A2 标段项目经理部　　合同号:A2

监理单位:××工程咨询有限公司××公路工程 A2 标段监理部　　编　号:

工程名称	K9＋000 涵洞			施工时间	××年×月×日
桩号及部位	主要构件预制、安装或浇筑			检验时间	××年×月×日
项　次	检查项目		规定值或允许偏差	检验结果	检验频率和方法
1△	混凝土强度(MPa)		在合格标准内	符合《验评标准》	
2	高度(mm)		＋5,－10	符合《验评标准》	尺量:检查 3 个断面
3	宽度(mm)		±30	符合《验评标准》	
4△	顶板厚(mm)	明涵	＋10,－0	符合《验评标准》	尺量:检查 3～5 处
		暗涵	不小于设计值	符合设计要求	
5	侧墙和底板厚(mm)		不小于设计值	符合设计要求	尺量:检查 3～5 处
6	平整度(mm)		5	符合《验评标准》	2m 直尺:每 10m 检查 2 处×3 尺

自检说明:	监理评语:
符合设计规范及《验评标准》的要求。	符合设计规范及《验评标准》的要求。
施工员:×××	监理员:×××
××年×月×日	××年×月×日

施工负责人:×××　　质量检查员:×××　　监理工程师:×××

表 3-51(检验表 27)　　　　拱涵质量检验报告单

承包单位：××集团有限公司××公路工程 A2 标段项目经理部　　　　合同号：A2

监理单位：××工程咨询有限公司××公路工程 A2 标段监理部　　　　编　号：

工程名称		K9+000 涵洞		施工时间	××年×月×日
桩号及部位		主要构件预制、安装或浇筑		检验时间	××年×月×日
项　次	检查项目		规定值或允许偏差	检验结果	检验频率和方法
1△	混凝土或砂浆强度(MPa)		在合格标准内	符合《验评标准》	
2△	拱圈厚度(mm)	砌体	±20	符合《验评标准》	尺量：检查拱顶、拱脚 3 处
		混凝土	±15	符合《验评标准》	
3	内弧线偏离设计弧线(mm)		±20	符合《验评标准》	样板：检查拱顶、1/4 跨 3 处

自检说明：	监理评语：
符合设计规范及《验评标准》的要求。	符合设计规范及《验评标准》的要求。
施工员：×××	监理员：×××
××年×月×日	××年×月×日

施工负责人：×××　　　　质量检查员：×××　　　　监理工程师：×××

表 3-52(检验表 28)　　倒虹吸竖井质量检验报告单

承包单位:××集团有限公司××公路工程 A2 标段项目经理部　　合同号:A2

监理单位:××工程咨询有限公司××公路工程 A2 标段监理部　　编　号:

工程名称		K9+000 涵洞	施工时间	××年×月×日
桩号及部位		总　体	检验时间	××年×月×日
项　次	检查项目	规定值或允许偏差	检验结果	检验频率和方法
1△	砂浆强度(MPa)	在合格标准内	符合《验评标准》	
2△	井底高程(mm)	±15	符合《验评标准》	水准仪:测 4 点
3	井口高程(mm)	±20	符合《验评标准》	
4	圆井直径或方井边长(mm)	±20	符合《验评标准》	尺量:2~3 个断面
5△	井壁、井底厚(mm)	+20,-5	符合《验评标准》	尺量:井壁 4~8 点,井底 3 点

自检说明:	监理评语:
符合设计规范及《验评标准》的要求。	符合设计规范及《验评标准》的要求。
施工员:×××	监理员:×××
××年×月×日	××年×月×日

施工负责人:×××　　质量检查员:×××　　监理工程师:×××

表 3-53(检验表 29)　　　　**一字墙、八字墙质量检验报告单**

承包单位:××集团有限公司××公路工程 A2 标段项目经理部　　　　合同号:A2

监理单位:××工程咨询有限公司××公路工程 A2 标段监理部　　　　编　号:

工程名称		K9+000 涵洞	施工时间	××年×月×日
桩号及部位		总　体	检验时间	××年×月×日
项　次	检查项目	规定值或允许偏差	检验结果	检验频率和方法
1△	混凝土或砂浆强度(MPa)	在合格标准内	符合《验评标准》	
2	平面位置(mm)	50	符合《验评标准》	经纬仪:检查墙两端
3	顶面高程(mm)	±20	符合《验评标准》	水准仪:检查墙两端
4	底面高程(mm)	±50	符合《验评标准》	
5	竖直度或坡度(%)	0.5	符合《验评标准》	吊垂线:每墙检查 2 处
6△	断面尺寸(mm)	不小于设计	符合设计要求	尺量:各墙两端断面
自检说明: 符合设计规范及《验评标准》的要求。 施工员:××× ××年×月×日			监理评语: 符合设计规范及《验评标准》的要求。 监理员:××× ××年×月×日	

施工负责人:×××　　　　质量检查员:×××　　　　监理工程师:×××

表 3-54(检验表 30)　　　　**顶入法施工的桥、涵质量检验报告单**

承包单位:××集团有限公司××公路工程 A2 标段项目经理部　　　　合同号:A2

监理单位:××工程咨询有限公司××公路工程 A2 标段监理部　　　　编　号:

<table>
<tr><td colspan="2">工程名称</td><td colspan="2">K9+000 涵洞</td><td>施工时间</td><td>××年×月×日</td></tr>
<tr><td colspan="2">桩号及部位</td><td colspan="2">总　体</td><td>检验时间</td><td>××年×月×日</td></tr>
<tr><td>项　次</td><td colspan="2">检查项目</td><td>规定值或允许偏差(mm)</td><td>检验结果</td><td>检验频率和方法</td></tr>
<tr><td rowspan="6">1</td><td rowspan="6">轴线偏位</td><td rowspan="2">涵(桥)长＜15m</td><td>箱 100</td><td rowspan="2">符合《验评标准》</td><td rowspan="6">经纬仪:每段检查 2 点</td></tr>
<tr><td>管 50</td></tr>
<tr><td rowspan="2">涵(桥)长 15～30m</td><td>箱 150</td><td rowspan="2">符合《验评标准》</td></tr>
<tr><td>管 100</td></tr>
<tr><td rowspan="2">涵(桥)长＞30m</td><td>箱 300</td><td rowspan="2">符合《验评标准》</td></tr>
<tr><td>管 200</td></tr>
<tr><td rowspan="6">2</td><td rowspan="6">高　程</td><td rowspan="2">涵(桥)长＜15m</td><td>箱+30,−100</td><td rowspan="6">符合《验评标准》</td><td rowspan="6">水准仪:每段检查涵底 2～4 处</td></tr>
<tr><td>管±20</td></tr>
<tr><td rowspan="2">涵(桥)长 15～30m</td><td>箱+40,−150</td></tr>
<tr><td>管±40</td></tr>
<tr><td rowspan="2">涵(桥)长＞30m</td><td>箱+50,−200</td></tr>
<tr><td>管+50,−100</td></tr>
<tr><td rowspan="2">3</td><td colspan="2" rowspan="2">相邻两节高差(mm)</td><td>箱 30</td><td rowspan="2">符合《验评标准》</td><td rowspan="2">尺量:每接缝 2～4 处</td></tr>
<tr><td>管 20</td></tr>
<tr><td colspan="4">自检说明:

符合设计规范及《验评标准》的要求。

施工员:×××

××年×月×日</td><td colspan="2">监理评语:

符合设计规范及《验评标准》的要求。

监理员:×××

××年×月×日</td></tr>
</table>

施工负责人:×××　　　　质量检查员:×××　　　　监理工程师:×××

《质量检验报告单》(表 3-46～表 3-54)填写说明:

(1)工程名称:填写分部工程(子分部工程)名称,如 K11＋800 涵洞。

(2)桩号及部位:填写分项工程名称。以涵洞工程为例,填写主要构件预制、安装和浇筑,填土,总体等分项工程名称。

(3)检验结果:根据检验记录的计算结果如实填写。当检验记录合格率为 100％或质量评定为合格时,在检验结果栏填写符合《验评标准》、符合设计要求或直接填写“合格”。不再填写其他数据,因为检验记录里面已经记录的很全面了。

(4)检验频率和方法:根据《验评标准》的要求填写。

第四节　路面工程施工资料

一、路面工程的内容

路面工程包括底基层、基层、面层、垫层、联结层、路缘石、路肩等分项工程。

1. 面层的主要类型

(1)刚性路面:水泥混凝土面层。

(2)柔性路面:沥青混凝土面层。

(3)半刚性路面:半刚性基层沥青面层。

2. 基层和底基层的主要类型

(1)水泥稳定粒料(碎石、砂砾或矿渣)基层、底基层。

(2)水泥稳定土基层、底基层。

(3)石灰土稳定粒料(碎石、砂砾或矿渣)基层、底基层。

(4)石灰稳定土基层、底基层。

(5)石灰、粉煤灰稳定粒料基层、底基层。

(6)石灰、粉煤灰稳定土基层、底基层。

(7)级配碎(砾)石基层、底基层。

(8)填隙碎石(矿渣)基层、底基层。

二、各工序施工检测记录

(1)面层。沥青混凝土面层检测包括:平整度、弯沉值、抗滑性能、宽度、中线偏位、厚度和横坡度等检查内容。

水泥混凝土面层检测包括:板厚、平整度、抗滑构造深度、相邻板高差、纵横缝顺直度、中线平面偏位、宽度、高程和横坡度等检查内容。

(2)基层、底基层。基层、底基层检测包括:压实度、高程、厚度、密度、横坡和平整度等检查内容。

(3)路缘石、路肩。路缘石、路肩检测包括:压实度、平整度、宽度和横坡度等检查内容。

三、路面工程施工资料的内容

路面工程施工资料的内容见表 3-55。

表 3-55　　路面工程施工资料内容

序　号	资料编号	类别	资　料　名　称
1	面层施工检测记录	监表 11	《中间交工证书》
		监表 05	《检验申请批复单》
		监表 01	《施工放样报验单》
		检验表 31	《水泥混凝土面层质量检验报告单》
		检验表 32	《沥青混凝土面层和沥青碎(砾)石面层质量检验报告单》
		检验表 33	《沥青贯入式面层(或上拌下贯式面层)质量检验报告单》
		检验记录表 12	《抗滑构造深度检验记录表》
		检验记录表 13	《水泥混凝土面层相邻板高差检验记录表》

续表

序　号	资料编号	类别	资　料　名　称
1	面层施工检测记录	检验记录表 14	《水泥混凝土面层纵横缝顺直度检验记录表》
		检验记录表 1	《压实度检验记录表》(灌砂法)
		检验记录表 3	《纵断高程检验记录表》
		检验记录表 4	《中线偏位检验记录表》
		检验记录表 5	《宽度检测记录表》
		检验记录表 6	《平整度检验记录表》
		检验记录表 7	《横坡检验记录表》
2	基层、底基层施工检测记录	监表 11	《中间交工证书》
		监表 05	《检验申请批复单》
		监表 01	《施工放样报验单》
		检验表 34	《沥青表面处治面层质量检验报告单》
		检验表 35	《水泥土基层和底基层质量检验报告单》
		检验表 36	《水泥稳定粒料基层和底基层质量检验报告单》
		检验表 37	《石灰土基层和底基层质量检验报告单》
		检验表 38	《石灰稳定粒料基层和底基层质量检验报告单》
		检验表 39	《石灰、粉煤灰基层和底基层质量检验报告单》
		检验表 40	《石灰、粉煤灰稳定粒料基层和底基层质量检验报告单》
		检验表 41	《级配碎(砾)石基层和底基层质量检验报告单》
		检验表 42	《填隙砾石(矿渣)基层和底基层质量检验报告单》
		检验记录表 1	《压实度检验记录表》
		检验记录表 3	《纵断高程检验记录表》
		检验记录表 4	《中线偏位检验记录表》
		检验记录表 5	《宽度检测记录表》
		检验记录表 6	《平整度检验记录表》
		检验记录表 7	《横坡检验记录表》
3	路缘石、路肩施工检测记录	监表 11	《中间交工证书》
		监表 05	《检验申请批复单》
		监表 01	《施工放样报验单》
		检验表 43	《路缘石铺设质量检验报告单》
		检验表 44	《路肩质量检验报告单》
		检验记录表 5	《宽度检测记录表》
		检验记录表 6	《平整度检验记录表》
		检验记录表 7	《横坡检验记录表》

四、路面工程施工资料常用表格填写范例

路面工程施工资料常用表格填写范例见表 3-56～表 3-69。

表 3-56(检验表 31)　　水泥混凝土面层质量检验报告单

承包单位：××集团有限公司××公路工程 A2 标段项目经理部　　合同号：A2

监理单位：××工程咨询有限公司××公路工程 A2 标段监理部　　编　号：

工程名称			路面工程		施工时间		××年×月×日
桩号及部位			K11＋000～K12＋000 左幅面层		检验时间		××年×月×日
项次	检查项目		规定值或允许偏差		检验结果		检验频率和方法
			高速公路一级公路	其他公路	高速公路一级公路	其他公路	
1△	弯拉强度(MPa)		在合格标准内		符合《验评标准》		
2△	板厚度(mm)	代表值	－5		符合《验评标准》		每 200m 每车道测 2 处
		合格值	－10		符合《验评标准》		
3	平整度	标准偏差 σ(mm)	1.2	2.0	符合《验评标准》	符合《验评标准》	平整度仪：全线每车道连续按每 100m 计算 σ 或 *IRI*
		IRI(m/km)	2.0	3.2	符合《验评标准》	符合《验评标准》	
		最大间歇 h(mm)	—	5	符合《验评标准》	符合《验评标准》	3m 直尺：半幅车道板带每 200m 测 2 处×10 尺
4	抗滑构造深度(mm)		一般路段不小于 0.7 且不大于 1.1；特殊路段不小于 0.8 且不大于 1.2	一般路段不小于 0.5 且不大于 1.0；特殊路段不小于 0.6 且不大于 1.1	符合《验评标准》	符合《验评标准》	铺砂法：每 200m 测 1 处
5	相邻板、高差(mm)		2	3	符合《验评标准》	符合《验评标准》	抽量：每条胀缝 2 点；每 200m 抽纵、横各 2 条，每条 2 点
6	纵、横缝顺直度(mm)		10		符合《验评标准》		纵缝 20m 拉线，每 200m 测 4 处；横缝沿板宽拉线，每 200m 测 4 条
7	中线平面偏位(mm)		20		符合《验评标准》		经纬仪：每 200m 测 4 点
8	路面宽度(mm)		±20		符合《验评标准》		抽量：每 200m 测 4 处
9	纵断高程(mm)		±10	±15	符合《验评标准》	符合《验评标准》	水准仪：每 200m 测 4 断面
10	横坡(%)		±0.15	±0.25	符合《验评标准》	符合《验评标准》	水准仪：每 200m 测 4 断面
自检说明： 符合设计规范及《验评标准》的要求。 施工员：××× ××年×月×日					监理评语： 符合设计规范及《验评标准》的要求。 监理员：××× ××年×月×日		

施工负责人：×××　　质量检查员：×××　　监理工程师：×××

表 3-57(检验表 32) 沥青混凝土面层和沥青碎(砾)石面层质量检验报告单

承包单位:××集团有限公司××公路工程 A2 标段项目经理部　　合同号:A2

监理单位:××工程咨询有限公司××公路工程 A2 标段监理部　　编　号:

工程名称	路面工程	施工时间	××年×月×日
桩号及部位	K11+000~K12+000 左幅面层	检验时间	××年×月×日

项次	检查项目		规定值或允许偏差		检验结果		检验频率和方法
			高速公路一级公路	其他公路	高速公路一级公路	其他公路	
1△	压实度(%)		试验室标准密度的96%(×98%); 最大理论密度的92%(×94%); 试验段密度的98%(×99%)		符合《验评标准》		每 200m 测 1 处
2	平整度	标准偏差 σ(mm)	1.2	2.5	符合《验评标准》		平整度仪:全线每车道连续按每 100m 计算 σ 或 *IRI*
		IRI (m/km)	2.0	4.2	符合《验评标准》		
		最大间歇 h(mm)	—	5	符合《验评标准》		3m 直尺:每 200m 测 2 处×10 尺
3	弯沉值(0.01mm)		符合设计要求		符合设计要求		
4	渗水系数	摩擦系数	SMA 路面 200mL/min;其他沥青混凝土路面 300mL/min	—	符合《验评标准》		渗水试验仪:每 200m 测 1 处
5	抗滑	摩擦系数	符合设计要求	—	符合设计要求		摆式仪:每 200m 测 1 处; 横向力系数测定车:全线连续评定
		构造深度					铺砂法:每 200m 测 1 处
6△	厚度(mm)	代表值	总厚度:设计值的−5% 上面层:设计值的−10%	−8%H	符合设计要求		双车道每 200m 测 1 处
		合格值	总厚度:设计值的−10% 上面层:设计值的−20%	−15%H	符合设计要求		
7	中线平面偏位(mm)		20	30	符合《验评标准》		经纬仪:每 200m 测 4 点
8	纵断高程(mm)		±15	±20	符合《验评标准》		水准仪:每 200m 测 4 断面
9	宽度(mm)	有侧石	±20	±30	符合《验评标准》		尺量:每 200m 测 4 断面
		无侧石	不小于设计		符合设计要求		
10	横坡(%)		±0.3	±0.5	符合《验评标准》		水准仪:每 200m 测 4 处

自检说明:	监理评语:
符合设计规范及《验评标准》的要求。	符合设计规范及《验评标准》的要求。
施工员:×××	监理员:×××
××年×月×日	××年×月×日

施工负责人:×××　　质量检查员:×××　　监理工程师:×××

注:带×号者是指 SMA 路面,其他为普通沥青混凝土路面。

表 3-58(检验表 33) 沥青贯入式面层(或上拌下贯式面层)质量检验报告单

承包单位:××集团有限公司××公路工程 A2 标段项目经理部　　合同号:A2

监理单位:××工程咨询有限公司××公路工程 A2 标段监理部　　编　号:

工程名称		路面工程	施工时间	××年×月×日
桩号及部位		K11＋000～K12＋000 左幅面层	检验时间	××年×月×日

项　次	检查项目		规定值或允许偏差	检验结果	检验频率和方法
1	平整度	标准偏差 σ(mm)	3.5	符合《验评标准》	平整度仪:全线每车道连续按每 100m 计算 σ 或 *IRI*
		IRI (m/km)	5.8	符合《验评标准》	
		最大间歇 h(mm)	8	符合《验评标准》	3m 直尺:每 200m 测 2 处×10 尺
2	弯沉值(0.01mm)		符合设计要求	符合设计要求	
3△	厚度(mm)	代表值	－8%H 或－5mm	符合设计要求	双车道每 200m 测 1 处
		权　值	－15%H 或－10mm	符合设计要求	
4	沥青用量(kg/m²)		±0.5%	符合《验评标准》	每工作日每层洒布查 1 次
5	中线平面偏位(mm)		30	符合《验评标准》	经纬仪:每 200m 测 4 点
6	纵断高程(mm)		±20	符合《验评标准》	水准仪:每 200m 测 4 断面
7	宽度(mm)	有侧石	±30	符合《验评标准》	尺量:每 200m 测 4 处
		无侧石	不小于设计	符合设计要求	
8	横坡(%)		±0.5	符合《验评标准》	水准仪:每 200m 测 4 断面

自检说明:	监理评语:
符合设计规范及《验评标准》的要求。	符合设计规范及《验评标准》的要求。
施工员:×××	监理员:×××
××年×月×日	××年×月×日

施工负责人:×××　　质量检查员:×××　　监理工程师:×××

表 3-59(检验表 34)　　**沥青表面处治面层质量检验报告单**

承包单位:××集团有限公司××公路工程 A2 标段项目经理部　　合同号:A2

监理单位:××工程咨询有限公司××公路工程 A2 标段监理部　　编　号:

工程名称			路面工程	施工时间	××年×月×日
桩号及部位			K11+000～K12+000 左幅面层	检验时间	××年×月×日
项　次	检查项目		规定值或允许偏差	检验结果	检验频率和方法
1	平整度	标准偏差 σ(mm)	4.5	符合《验评标准》	平整度仪:全线每车道连续按每 100m 计算 σ 或 *IRI*
		IRI (m/km)	7.5	符合《验评标准》	
		最大间歇 *h*(mm)	10	符合《验评标准》	3m 直尺:每 200m 测 2 处×10 尺
2	弯沉值(0.01mm)		符合设计要求	符合设计要求	
3△	厚度(mm)	代表值	−5	符合《验评标准》	双车道每 200m 测 1 处
		权　值	−10	符合《验评标准》	
4	沥青总用量(kg/m^2)		±0.5%	符合《验评标准》	每工作日每层洒布查 1 次
5	中线平面偏位(mm)		30	符合《验评标准》	经纬仪:每 200m 测 4 点
6	纵断高程(mm)		±20	符合《验评标准》	水准仪:每 200m 测 4 断面
7	宽度(mm)	有侧石	±30	符合《验评标准》	尺量:每 200m 测 4 处
		无侧石	不小于设计值	符合设计要求	
8	横坡(%)		±0.5	符合《验评标准》	水准仪:每 200m 测 4 断面

自检说明:	监理评语:
符合设计规范及《验评标准》的要求。	符合设计规范及《验评标准》的要求。
施工员:×××	监理员:×××
××年×月×日	××年×月×日

施工负责人:×××　　质量检查员:×××　　监理工程师:×××

表 3-60(检验表 35)　　水泥土基层和底基层质量检验报告单

承包单位:××集团有限公司××公路工程 A2 标段项目经理部　　合同号:A2

监理单位:××工程咨询有限公司××公路工程 A2 标段监理部　　编　号:

工程名称			路面工程				施工时间				××年×月×日
桩号及部位			K11+000~K12+000 基层				检验时间				××年×月×日
项次	检查项目		规定值或允许偏差				检验结果				检验频率和方法
			基　层		底基层		基　层		底基层		
			高速公路一级公路	其他公路	高速公路一级公路	其他公路	高速公路一级公路	其他公路	高速公路一级公路	其他公路	
1△	压实度(%)	代表值	—	95	95	93	符合《验评标准》				每 200m 每车道测 2 处
		极　值	—	91	91	89	符合《验评标准》				
2	平整度(mm)		—	12	12	15	符合《验评标准》				3m 直尺:每 200m 测 2 处×10 尺
3	纵断高程(mm)		—	+5,−15	+5,−15	+5,−20	符合《验评标准》				水准仪:每 200m 测 4 断面
4	宽　度(mm)		符合设计要求		符合设计要求		符合设计要求				尺量:每 200m 测 4 处
5△	厚度(mm)	代表值	—	−10	−10	−12	符合《验评标准》				每 200m 每车道 2 点
		极　值	—	−20	−25	−30	符合《验评标准》				
6	横坡(%)		—	±0.5	±0.3	±0.5	符合《验评标准》				水准仪:每 200m 测 4 断面
7△	强度(MPa)		符合设计要求		符合设计要求		符合设计要求				

自检说明:	监理评语:
符合设计规范及《验评标准》的要求。	符合设计规范及《验评标准》的要求。
施工员:×××	监理员:×××
××年×月×日	××年×月×日

施工负责人:×××　　质量检查员:×××　　监理工程师:×××

表 3-61(检验表 36)　　水泥稳定粒料基层和底基层质量检验报告单

承包单位:××集团有限公司××公路工程 A2 标段项目经理部　　合同号:A2

监理单位:××工程咨询有限公司××公路工程 A2 标段监理部　　编　号:

<table>
<tr><td colspan="3">工程名称</td><td colspan="4">路面工程</td><td colspan="4">施工时间</td><td>××年×月×日</td></tr>
<tr><td colspan="3">桩号及部位</td><td colspan="4">K11＋000～K12＋000 基层</td><td colspan="4">检验时间</td><td>××年×月×日</td></tr>
<tr><td rowspan="3">项次</td><td colspan="2" rowspan="3">检查项目</td><td colspan="4">规定值或允许偏差</td><td colspan="4">检验结果</td><td rowspan="3">检验频率和方法</td></tr>
<tr><td colspan="2">基　层</td><td colspan="2">底基层</td><td colspan="2">基　层</td><td colspan="2">底基层</td></tr>
<tr><td>高速公路一级公路</td><td>其他公路</td><td>高速公路一级公路</td><td>其他公路</td><td>高速公路一级公路</td><td>其他公路</td><td>高速公路一级公路</td><td>其他公路</td></tr>
<tr><td rowspan="2">1△</td><td rowspan="2">压实度(%)</td><td>代表值</td><td>98</td><td>97</td><td>96</td><td>95</td><td colspan="4">符合《验评标准》</td><td rowspan="2">每 200m 每车道测 2 处</td></tr>
<tr><td>极　值</td><td>94</td><td>93</td><td>92</td><td>91</td><td colspan="4">符合《验评标准》</td></tr>
<tr><td>2</td><td colspan="2">平整度(mm)</td><td>8</td><td>12</td><td>12</td><td>15</td><td colspan="4">符合《验评标准》</td><td>3m 直尺:每 200m 测 2 处×10 尺</td></tr>
<tr><td>3</td><td colspan="2">纵断高程(mm)</td><td>＋5,－10</td><td>＋5,－15</td><td>＋5,－15</td><td>＋5,－20</td><td colspan="4">符合《验评标准》</td><td>水准仪:每 200m 测 4 断面</td></tr>
<tr><td>4</td><td colspan="2">宽　度(mm)</td><td colspan="2">符合设计要求</td><td colspan="2">符合设计要求</td><td colspan="4">符合设计要求</td><td>尺量:每 200m 测 4 处</td></tr>
<tr><td rowspan="2">5△</td><td rowspan="2">厚度(mm)</td><td>代表值</td><td>－8</td><td>－10</td><td>－10</td><td>－12</td><td colspan="4">符合《验评标准》</td><td rowspan="2">每 200m 每车道 2 点</td></tr>
<tr><td>极　值</td><td>－15</td><td>－20</td><td>－25</td><td>－30</td><td colspan="4">符合《验评标准》</td></tr>
<tr><td>6</td><td colspan="2">横坡(%)</td><td>±0.3</td><td>±0.5</td><td>±0.3</td><td>±0.5</td><td colspan="4">符合《验评标准》</td><td>水准仪:每 200m 测 4 断面</td></tr>
<tr><td>7△</td><td colspan="2">强度(MPa)</td><td colspan="2">符合设计要求</td><td colspan="2">符合设计要求</td><td colspan="4">符合设计要求</td><td></td></tr>
<tr><td colspan="7">自检说明:

符合设计规范及《验评标准》的要求。

施工员:×××

××年×月×日</td><td colspan="5">监理评语:

符合设计规范及《验评标准》的要求。

监理员:×××

××年×月×日</td></tr>
</table>

施工负责人:×××　　质量检查员:×××　　监理工程师:×××

表 3-62(检验表 37)　　石灰土基层和底基层质量检验报告单

承包单位：××集团有限公司××公路工程 A2 标段项目经理部　　合同号：A2

监理单位：××工程咨询有限公司××公路工程 A2 标段监理部　　编　号：

工程名称	路面工程	施工时间	××年×月×日
桩号及部位	K11＋000～K12＋000 底基层	检验时间	××年×月×日

项次	检查项目		规定值或允许偏差				检验结果				检验频率和方法
			基　层		底基层		基　层		底基层		
			高速公路一级公路	其他公路	高速公路一级公路	其他公路	高速公路一级公路	其他公路	高速公路一级公路	其他公路	
1△	压实度(%)	代表值	—	95	95	93	符合《验评标准》				每 200m 每车道测 2 处
		极　值	—	91	91	89	符合《验评标准》				
2	平整度(mm)		—	12	12	15	符合《验评标准》				3m 直尺：每 200m 测 2 处×10 尺
3	纵断高程(mm)		—	＋5，－15	＋5，－15	＋5，－20	符合《验评标准》				水准仪：每 200m 测 4 断面
4	宽　度(mm)		符合设计要求		符合设计要求		符合设计要求				尺量：每 200m 测 4 处
5△	厚度(mm)	代表值	—	－10	－10	－12	符合《验评标准》				每 200m 每车道 2 点
		极　值	—	－20	－25	－30	符合《验评标准》				
6	横坡(%)		—	±0.5	±0.3	±0.5	符合《验评标准》				水准仪：每 200m 测 4 断面
7△	强度(MPa)		符合设计要求		符合设计要求		符合设计要求				

自检说明：	监理评语：
符合设计规范及《验评标准》的要求。	符合设计规范及《验评标准》的要求。
施工员：×××	监理员：×××
××年×月×日	××年×月×日

施工负责人：×××　　质量检查员：×××　　监理工程师：×××

表 3-63(检验表 38)　　**石灰稳定粒料基层和底基层质量检验报告单**

承包单位:××集团有限公司××公路工程 A2 标段项目经理部　　　　合同号:A2

监理单位:××工程咨询有限公司××公路工程 A2 标段监理部　　　　编　号:

工程名称			路面工程				施工时间				××年×月×日
桩号及部位			K11＋000～K12＋000 底基层				检验时间				××年×月×日
项次	检查项目		规定值或允许偏差				检验结果				检验频率和方法
			基　层		底基层		基　层		底基层		
			高速公路一级公路	其他公路	高速公路一级公路	其他公路	高速公路一级公路	其他公路	高速公路一级公路	其他公路	
1△	压实度(%)	代表值	—	97	96	95	符合《验评标准》				每 200m 每车道测 2 处
		极　值	—	93	92	91	符合《验评标准》				
2	平整度(mm)		—	12	12	15	符合《验评标准》				3m 直尺:每 200m 测 2 处×10 尺
3	纵断高程(mm)		—	＋5, －15	＋5, －15	＋5, －20	符合《验评标准》				水准仪:每 200m 测 4 断面
4	宽　度(mm)		符合设计要求		符合设计要求		符合设计要求				尺量:每 200m 测 4 处
5△	厚度(mm)	代表值	—	－10	－10	－12	符合《验评标准》				每 200m 每车道 2 点
		极　值	—	－20	－25	－30	符合《验评标准》				
6	横坡(%)		—	±0.5	±0.3	±0.5	符合《验评标准》				水准仪:每 200m 测 4 断面
7△	强度(MPa)		符合设计要求		符合设计要求		符合设计要求				

自检说明:	监理评语:
符合设计规范及《验评标准》的要求。	符合设计规范及《验评标准》的要求。
施工员:×××	监理员:×××
××年×月×日	××年×月×日

施工负责人:×××　　　　质量检查员:×××　　　　监理工程师:×××

表 3-64(检验表 39)　　石灰、粉煤灰基层和底基层质量检验报告单

承包单位:××集团有限公司××公路工程 A2 标段项目经理部　　合同号:A2

监理单位:××工程咨询有限公司××公路工程 A2 标段监理部　　编　号:

工程名称	路面工程	施工时间	××年×月×日
桩号及部位	K11＋000～K12＋000 底基层	检验时间	××年×月×日

项次	检查项目		规定值或允许偏差				检验结果	检验频率和方法
			基　层		底基层		基　层 / 底基层	
			高速公路一级公路	其他公路	高速公路一级公路	其他公路	高速公路一级公路 / 其他公路 / 高速公路一级公路 / 其他公路	
1△	压实度(%)	代表值	—	95	95	93	符合《验评标准》	每 200m 每车道测 2 处
		极　值	—	91	91	89	符合《验评标准》	
2	平整度(mm)		—	12	12	15	符合《验评标准》	3m 直尺:每 200m 测 2 处×10 尺
3	纵断高程(mm)		—	+5,−15	+5,−15	+5,−20	符合《验评标准》	水准仪:每 200m 测 4 断面
4	宽　度(mm)		符合设计要求		符合设计要求		符合设计要求	尺量:每 200m 测 4 处
5△	厚度(mm)	代表值	—	−10	−10	−12	符合《验评标准》	每 200m 每车道 2 点
		极　值	—	−20	−25	−30	符合《验评标准》	
6	横坡(%)		—	±0.5	±0.3	±0.5	符合《验评标准》	水准仪:每 200m 测 4 断面
7△	强度(MPa)		符合设计要求		符合设计要求		符合设计要求	

自检说明:	监理评语:
符合设计规范及《验评标准》的要求。	符合设计规范及《验评标准》的要求。
施工员:×××	监理员:×××
××年×月×日	××年×月×日

施工负责人:×××　　质量检查员:×××　　监理工程师:×××

表 3-65(检验表 40)　石灰、粉煤灰稳定粒料基层和底基层质量检验报告单

承包单位:××集团有限公司××公路工程 A2 标段项目经理部　　合同号:A2

监理单位:××工程咨询有限公司××公路工程 A2 标段监理部　　编　号:

工程名称	路面工程	施工时间	××年×月×日
桩号及部位	K11+000～K12+000 底基层	检验时间	××年×月×日

项次	检查项目		规定值或允许偏差				检验结果				检验频率和方法
			基　层		底基层		基　层		底基层		
			高速公路一级公路	其他公路	高速公路一级公路	其他公路	高速公路一级公路	其他公路	高速公路一级公路	其他公路	
1△	压实度(%)	代表值	98	97	96	95	符合《验评标准》				每 200m 每车道测 2 处
		极　值	94	93	92	91	符合《验评标准》				
2	平整度(mm)		符合设计要求		符合设计要求		符合《验评标准》				3m 直尺:每 200m 测 2 处×10 尺
3	纵断高程(mm)		符合设计要求		符合设计要求		符合《验评标准》				水准仪:每 200m 测 4 断面
4	宽　度(mm)		符合设计要求		符合设计要求		符合设计要求				尺量:每 200m 测 4 处
5△	厚度(mm)	代表值	−8	−10	−10	−12	符合《验评标准》				每 200m 每车道 2 点
		极　值	−15	−20	−25	−30	符合《验评标准》				
6	横坡(%)		±0.3	±0.5	±0.3	±0.5	符合《验评标准》				水准仪:每 200m 测 4 断面
7△	强度(MPa)		符合设计要求		符合设计要求		符合设计要求				

自检说明:	监理评语:
符合设计规范及《验评标准》的要求。	符合设计规范及《验评标准》的要求。
施工员:×××	监理员:×××
××年×月×日	××年×月×日

施工负责人:×××　　质量检查员:×××　　监理工程师:×××

表 3-66(检验表 41)　　级配碎(砾)石基层和底基层质量检验报告单

承包单位:××集团有限公司××公路工程 A2 标段项目经理部　　合同号:A2

监理单位:××工程咨询有限公司××公路工程 A2 标段监理部　　编　号:

工程名称	路面工程	施工时间	××年×月×日
桩号及部位	K11+000~K12+000 底基层	检验时间	××年×月×日

项次	检查项目		规定值或允许偏差				检验结果				检验频率和方法
			基　层		底基层		基　层		底基层		
			高速公路一级公路	其他公路	高速公路一级公路	其他公路	高速公路一级公路	其他公路	高速公路一级公路	其他公路	
1△	压实度(%)	代表值	98	98	96	96	符合《验评标准》				每 200m 每车道测 2 处
		极　值	94	94	92	92	符合《验评标准》				
2	弯沉值(0.01mm)		符合设计要求		符合设计要求		符合设计要求				
3	平整度(mm)		8	12	12	15	符合《验评标准》				3m 直尺:每 200m 测 2 处×10 尺
4	纵断高程(mm)		+5,−10	+5,−15	+5,−15	+5,−20	符合《验评标准》				水准仪:每 200m 测 4 断面
5	宽　度(mm)		符合设计要求		符合设计要求		符合设计要求				尺量:每 200m 测 4 处
6△	厚度(mm)	代表值	−8	−10	−10	−12	符合《验评标准》				每 200m 每车道 2 点
		极　值	−15	−20	−25	−30	符合《验评标准》				
7	横坡(%)		±0.3	±0.5	±0.3	±0.5	符合《验评标准》				水准仪:每 200m 测 4 断面

自检说明:	监理评语:
符合设计规范及《验评标准》的要求。	符合设计规范及《验评标准》的要求。
施工员:×××	监理员:×××
××年×月×日	××年×月×日

施工负责人:×××　　质量检查员:×××　　监理工程师:×××

表 3-67（检验表 42）　填隙砾石（矿渣）基层和底基层质量检验报告单

承包单位：××集团有限公司××公路工程 A2 标段项目经理部　　合同号：A2

监理单位：××工程咨询有限公司××公路工程 A2 标段监理部　　编　号：

工程名称		路面工程				施工时间				××年×月×日
桩号及部位		K11+000～K12+000 底基层				检验时间				××年×月×日
项次	检查项目		规定值或允许偏差				检验结果			检验频率和方法
			基层		底基层		基层		底基层	
			高速公路一级公路	其他公路	高速公路一级公路	其他公路	高速公路一级公路	其他公路	高速公路一级公路	其他公路	
1△	固定体积率（%）	代表值	—	85	85	83	符合《验评标准》				每 200m 每车道测 2 处
		极值	—	82	82	80	符合《验评标准》				
2	弯沉值（0.01mm）		符合设计要求		符合设计要求		符合设计要求				
3	平整度（mm）		—	12	12	15	符合《验评标准》				3m 直尺：每 200m 测 2 处×10 尺
4	纵断高程（mm）		—	+5，−15	+5，−15	+5，−20	符合《验评标准》				水准仪：每 200m 测 4 断面
5	宽　度（mm）		符合设计要求		符合设计要求		符合设计要求				尺量：每 200m 测 4 处
6△	厚度（mm）	代表值	—	−10	−10	−12	符合《验评标准》				每 200m 每车道 2 点
		极　值	—	−20	−25	−30	符合《验评标准》				
7	横坡（%）		—	±0.5	±0.3	±0.5	符合《验评标准》				水准仪：每 200m 测 4 断面

自检说明：	监理评语：
符合设计规范及《验评标准》的要求。	符合设计规范及《验评标准》的要求。
施工员：×××	监理员：×××
××年×月×日	××年×月×日

施工负责人：×××　　质量检查员：×××　　监理工程师：×××

表 3-68(检验表 43)　　　　路缘石铺设质量检验报告单

承包单位:××集团有限公司××公路工程 A2 标段项目经理部　　　　合同号:A2

监理单位:××工程咨询有限公司××公路工程 A2 标段监理部　　　　编　号:

工程名称		路面工程	施工时间	××年×月×日
桩号及部位		K11＋000～K12＋000 左侧路缘石	检验时间	××年×月×日
项次	检查项目	规定值或允许偏差(mm)	检验结果	检验频率和方法
1	直顺度	10	符合《验评标准》	20m 拉线:每 200m 测 4 处
2	预制铺设 相邻两块高差	3	符合《验评标准》	水平尺:每 200m 测 4 处
	预制铺设 相邻两块缝宽	±3	符合《验评标准》	尺量:每 200m 测 4 处
	现浇 宽度	±5	符合《验评标准》	尺量:每 200m 测 4 处
3	顶面高程	±10	符合《验评标准》	水准仪:每 200m 测 4 处

自检说明:	监理评语:
符合设计规范及《验评标准》的要求。	符合设计规范及《验评标准》的要求。
施工员:×××	监理员:×××
××年×月×日	××年×月×日

施工负责人:×××　　　　质量检查员:×××　　　　监理工程师:×××

表 3-69(检验表 44) **路肩质量检验报告单**

承包单位:××集团有限公司××公路工程 A2 标段项目经理部 合同号:A2

监理单位:××工程咨询有限公司××公路工程 A2 标段监理部 编 号:

工程名称		路面工程	施工时间	××年×月×日	
桩号及部位		K11+000~K12+000 左侧路肩	检验时间	××年×月×日	
项次	检查项目		规定值或允许偏差	检验结果	检验频率和方法
1	压实度(%)		不小于设计值	符合设计要求	每 200m 测 2 处
2	平整度(mm)	土路肩	20	符合《验评标准》	3m 直尺:每 200m 测 2 处×4 尺
		硬路肩	10	符合《验评标准》	
3	横 坡(%)		±1.0	符合《验评标准》	水准仪:每 200m 测 2 处
4	宽 度(mm)		符合设计要求	符合设计要求	尺量:每 200m 测 2 处

自检说明	监理评语
符合设计规范及《验评标准》的要求。 施工员:××× ××年×月×日	符合设计规范及《验评标准》的要求。 监理员:××× ××年×月×日

施工负责人:××× 质量检查员:××× 监理工程师:×××

《质量检验报告单》(表 3-56～表 3-69)填写说明:

(1)工程名称:填写分部工程(子分部工程)名称,如 K11＋000～K12＋000 路面工程。

(2)桩号及部位:填写分项工程名称。如底基层、基层、面层、垫层、联结层、路缘石、路肩等分项工程。如 K11＋000～K12＋000 左幅面层。

(3)检验结果:根据检验记录的计算结果如实填写。当检验记录合格率为 100％或质量评定为合格时,在检验结果栏填写符合《验评标准》、符合设计要求或直接填写“合格”。不再填写其他数据,因为检验记录里面已经记录的很全面了。

(4)检验频率和方法:根据《验评标准》的要求填写。

第五节　桥梁工程施工资料

一、一般规定

桥梁工程由基础及下部构造、上部构造预制和安装、上部构造现场浇筑、总体桥面系和附属工程、防护工程、引道工程等分部工程组成。

桥梁工程施工检验记录通常以分部工程为单元进行组卷。当项目较大分部工程资料较多时，基础及下部构造以墩台为单元进行组卷；上部构造预制和安装记录一起装订，以每孔为单元进行组卷；总体、桥面铺装以分项工程为单元进行组卷。

二、桥梁工程施工资料的内容

桥梁工程施工资料的内容见表 3-70。

表 3-70　　**桥梁工程施工资料的内容**

序号	类别			资料编号	资料名称
1	基坑开挖、处理施工记录检查			监表 05	《检验申请批复单》
				监表 01	《施工放样报验单》
				检验记录表 10	《基坑检验记录表》
				检验记录表 11	《地基钎探记录表》
2	基础施工检查	钢筋(分项)		监理表 11	《中间交工证书》
				监表 05	《检验申请批复单》
				检验表 46	《钢筋安装质量检验报告单》
		基础(分项)	模板(工序)	监表 05	《检验申请批复单》
				监表 01	《施工放样报验单》
				检验表 15	《模板安装检验记录表》
			混凝土(工序)	试表 01	《混凝土浇筑申请报告单》
				试表 02	《水泥混凝土施工原始记录》
				试表 03	《水泥混凝土抗压强度试验》
		基础(分项)		监表 11	《中间交工证书》
				监表 05	《检验申请报验单》
				检验表 56	《扩大基础质量检验报告单》
3	钻孔灌注桩检测	桩基础钢筋(分项)		监表 11	《中间交工证书》
				监表 05	《检验申请批复单》
				检验表 46	《钢筋安装质量检验报告单》
		钻孔灌注桩(分项)		监表 11	《中间交工证书》
				监表 05	《检验申请报验单》
				检验表 57	《钻孔灌注桩质量检验报告单》
		钻孔灌注桩(工序)		试表 01	《混凝土浇筑申请报告单》
				试表 02	《水泥混凝土施工原始记录》
				试表 04	《水下混凝土灌注记录》
				试表 03	《水泥混凝土抗压强度试验报告单》

续表

序号	类别			资料编号	资料名称
4	承台施工检查	承台（分项）	钢筋（分项）	监表11	《中间交工证书》
				监表05	《检验申请批复单》
				检验表46	《钢筋安装质量检验报告单》
			模板（工序）	监表05	《检验申请批复单》
				监表01	《施工放样报验单》
				检验表15	《模板安装检验记录表》
			混凝土（工序）	试表01	《混凝土浇筑申请报告单》
				试表02	《水泥混凝土施工原始记录》
				试表03	《水泥混凝土抗压强度试验》
		承台（分项）		监表11	《中间交工证书》
				监表05	《检验申请报验单》
				检验表62	《承台质量检验报告单》
5	墩柱施工检查	墩柱（分项）	钢筋（分项）	监表11	《中间交工证书》
				监表05	《检验申请批复单》
				检验表46	《钢筋安装质量检验报告单》
			模板（工序）	监表05	《检验申请批复单》
				监表01	《施工放样报验单》
				检验记录表15	《模板安装检验记录表》
			混凝土（工序）	试表01	《混凝土浇筑申请报告单》
				试表02	《水泥混凝土施工原始记录》
				试表03	《水泥混凝土抗压强度试验》
		墩柱（分项）		监表11	《中间交工证书》
				监表05	《检验申请报验单》
				检验表64	《柱或双壁墩身质量检验报告单》
6	台身施工检查	台身（分项）	钢筋（分项）	监表11	《中间交工证书》
				监表05	《检验申请批复单》
				检验表46	《钢筋安装质量检验报告单》
			模板（工序）	监表05	《检验申请批复单》
				监表01	《施工放样报验单》
				检验记录表15	《模板安装检验记录表》
			混凝土（工序）	试表01	《混凝土浇筑申请报告单》
				试表02	《水泥混凝土施工原始记录》
				试表03	《水泥混凝土抗压强度试验》
		台身（分项）		监表11	《中间交工证书》
				监表05	《检验申请报验单》
				检验表63	《墩、台身质量检验报告单》

续表

序号	类别			资料编号	资料名称
7	墩、台帽或盖梁施工检查	钢筋(分项)		监表 11	《中间交工证书》
				监表 05	《检验申请批复单》
				检验表 46	《钢筋安装质量检验报告单》
		墩、台帽或盖梁(分项)	模板(工序)	监表 05	《检验申请批复单》
			混凝土(工序)	监表 01	《施工放样报验单》
				检验记录表 15	《模板安装检验记录表》
				试表 01	《混凝土浇筑申请报告单》
				试表 02	《水泥混凝土施工原始记录》
				试表 03	《水泥混凝土抗压强度试验》
		墩、台帽或盖梁(分项)		监表 11	《中间交工证书》
				监表 05	《检验申请报验单》
				检验表 66	《墩、台帽或盖梁质量检验报告单》
8	梁板预制施工检查	钢筋(分项)		监表 11	《中间交工证书》
				监表 05	《检验申请批复单》
				检验表 46	《钢筋安装质量检验报告单》
				检验表 51	《后张法质量检验报告单》
		空心板预制(分项)	模板(工序)	监表 05	《检验申请批复单》
				监表 01	《施工放样报验单》
				检验记录表 15	《模板安装检验记录表》
			混凝土(工序)	试表 01	《混凝土浇筑申请报告单》
				试表 02	《水泥混凝土施工原始记录》
				试表 03	《水泥混凝土抗压强度试验》
		空心板预制(分项)		监表 11	《中间交工证书》
				监表 05	《检验申请报验单》
				检验表 68	《预制梁(板)质量检验报告单》
9	梁板安装施工检查			监表 11	《中间交工证书》
				监表 05	《检验申请批复单》
				检验表 69	《梁(板)安装质量检验报告单》
10	桥面铺装施工检查	钢筋安装(分项)		监表 11	《中间交工证书》
				监表 05	《检验申请批复单》
				检验表 46	《钢筋安装质量检验报告单》
				检验表 47	《钢筋网质量检验报告单》
		桥面铺装(分项)		监表 11	《中间交工证书》
				监表 05	《检验申请批复单》
				检验表 89	《桥面铺装质量检验报告单》
		桥面铺装(工序)		试表 01	《混凝土浇筑申请报告单》
				试表 02	《水泥混凝土施工原始记录》
				试表 03	《水泥混凝土抗压强度试验报告单》
11	桥梁总体检查			监表 11	《中间交工证书》
				监表 05	《检验申请批复单》
				检验表 45	《桥梁总体质量检验报告单》

三、桥梁工程施工资料常用表格填写范例

桥梁工程施工资料常用表格填写范例见表 3-71～表 3-120。

表 3-71(检验表 45)　　桥梁总体质量检验报告单

承包单位：××集团有限公司××公路工程 A2 标段项目经理部　　合同号：A2

监理单位：××工程咨询有限公司××公路工程 A2 标段监理部　　编　号：

<table>
<tr><td colspan="2">工程名称</td><td colspan="2">K11＋000 大桥</td><td>施工时间</td><td>××年×月×日</td></tr>
<tr><td colspan="2">桩号及部位</td><td colspan="2">K11＋000 大桥总体</td><td>检验时间</td><td>××年×月×日</td></tr>
<tr><td>项次</td><td colspan="2">检查项目</td><td>规定值或允许偏差(mm)</td><td>检验结果</td><td>检验频率和方法</td></tr>
<tr><td>1</td><td colspan="2">桥面中线偏位</td><td>20</td><td>符合《验评标准》</td><td>全站仪或经纬仪：检查 3～8 处</td></tr>
<tr><td rowspan="2">2</td><td rowspan="2">桥宽</td><td>行车道</td><td>±10</td><td>符合《验评标准》</td><td rowspan="2">尺量：每孔 3～5 处</td></tr>
<tr><td>人行道</td><td>±10</td><td>符合《验评标准》</td></tr>
<tr><td>3</td><td colspan="2">桥长</td><td>＋300，－100</td><td>符合《验评标准》</td><td>全站仪或经纬仪，钢尺：检查中心线</td></tr>
<tr><td>4</td><td colspan="2">引道中心线与桥梁中心线的衔接</td><td>20</td><td>符合《验评标准》</td><td>尺量：分别将引道中心线和桥梁中心线延长至两岸桥长端部，比较其平面位置</td></tr>
<tr><td>5</td><td colspan="2">桥头高程衔接</td><td>±3</td><td>符合《验评标准》</td><td>水准仪：在桥头搭板范围内顺延桥面纵坡，每米 1 点测量标高</td></tr>
<tr><td></td><td colspan="2"></td><td></td><td></td><td></td></tr>
<tr><td></td><td colspan="2"></td><td></td><td></td><td></td></tr>
<tr><td></td><td colspan="2"></td><td></td><td></td><td></td></tr>
<tr><td></td><td colspan="2"></td><td></td><td></td><td></td></tr>
<tr><td></td><td colspan="2"></td><td></td><td></td><td></td></tr>
<tr><td colspan="4">自检说明：

符合设计规范及《验评标准》的要求。

施工员：×××

××年×月×日</td><td colspan="2">监理评语：

符合设计规范及《验评标准》的要求。

监理员：×××

××年×月×日</td></tr>
</table>

施工负责人：×××　　质量检查员：×××　　监理工程师：×××

表 3-72(检验表 46)　　　　钢筋安装质量检验报告单

承包单位:××集团有限公司××公路工程 A2 标段项目经理部　　　　合同号:A2

监理单位:××工程咨询有限公司××公路工程 A2 标段监理部　　　　编　号:

工程名称	K11+000 大桥	施工时间	××年×月×日
桩号及部位	K11+000 大桥基础钢筋	检验时间	××年×月×日

项次	检查项目			规定值或允许偏差(mm)	检验结果	检验频率和方法
1△	受力钢筋间距	两排以上排距		±5	符合《验评标准》	尺量:每构件检查 2 个断面
		同排	梁、板、拱肋	±10	符合《验评标准》	
			基础、锚碇、墩台、柱	±20	符合《验评标准》	
		灌注桩		±20	符合《验评标准》	
2	箍筋、横向水平钢筋、螺旋筋间距			±10	符合《验评标准》	尺量:每构件检查 5～10 个间距
3	钢筋骨架尺寸	长		±10	符合《验评标准》	尺量:按骨架总数 30%抽查
		宽、高或直径		±5	符合《验评标准》	
4	弯起钢筋位置			±20	符合《验评标准》	尺量:每骨架抽查 30%
5△	保护层厚度	柱、梁、拱肋		±5	符合《验评标准》	尺量:每构件沿模板周边检查 8 处
		基础、锚碇、墩台		±10	符合《验评标准》	
		板		±3	符合《验评标准》	

自检说明:	监理评语:
符合设计规范及《验评标准》的要求。	符合设计规范及《验评标准》的要求。
施工员:×××	监理员:×××
××年×月×日	××年×月×日

施工负责人:×××　　　　质量检查员:×××　　　　监理工程师:×××

表 3-73(检验表 47)　　　　　　　　钢筋网质量检验报告单

承包单位:××集团有限公司××公路工程 A2 标段项目经理部　　　　合同号:A2

监理单位:××工程咨询有限公司××公路工程 A2 标段监理部　　　　编　号:

工程名称		K11+000 大桥	施工时间	××年×月×日
桩号及部位		K11+000 大桥基础钢筋	检验时间	××年×月×日
项次	检查项目	规定值或允许偏差(mm)	检验结果	检验频率和方法
1	网的长、宽	±10	符合《验评标准》	尺量:全部
2	网眼尺寸	±10	符合《验评标准》	尺量:抽查 3 个网眼
3	对角线差	15	符合《验评标准》	尺量:抽查 3 个网眼对角线

自检说明:	监理评语:
符合设计规范及《验评标准》的要求。	符合设计规范及《验评标准》的要求。
施工员:×××	监理员:×××
××年×月×日	××年×月×日

施工负责人:×××　　　　质量检查员:×××　　　　监理工程师:×××

表 3-74(检验表 48)　　预制桩钢筋安装质量检验报告单

承包单位:××集团有限公司××公路工程 A2 标段项目经理部　　合同号:A2

监理单位:××工程咨询有限公司××公路工程 A2 标段监理部　　编　号:

工程名称		K11+000 大桥	施工时间	××年×月×日
桩号及部位		K11+000 大桥桩基	检验时间	××年×月×日
项次	检查项目	规定值或允许偏差(mm)	检验结果	检验频率和方法
1△	纵向钢筋间距	±5	符合《验评标准》	尺量:抽查 3 个断面
2	箍筋、螺旋筋间距	±10	符合《验评标准》	尺量:抽查 5 个间距
3△	纵向钢筋保护层厚度	±5	符合《验评标准》	尺量:抽查 3 个断面,每个断面 4 处
4	柱顶钢筋网片位置	±5	符合《验评标准》	尺量:每桩
5	柱尖纵向钢筋位置	±5	符合《验评标准》	尺量:每桩
自检说明: 符合设计规范及《验评标准》的要求。 施工员:××× ××年×月×日			监理评语: 符合设计规范及《验评标准》的要求。 监理员:××× ××年×月×日	

施工负责人:×××　　质量检查员:×××　　监理工程师:×××

表 3-75(检验表 49)　　钢丝、钢绞线先张法质量检验报告单

承包单位:××集团有限公司××公路工程 A2 标段项目经理部　　合同号:A2

监理单位:××工程咨询有限公司××公路工程 A2 标段监理部　　编　号:

工程名称		K11+000 大桥	施工时间	××年×月×日
桩号及部位		K11+000 大桥预应力筋的加工和张拉	检验时间	××年×月×日
项次	检查项目	规定值或允许偏差	检验结果	检验频率和方法
1	墩头钢丝同束长度相对差(mm) $L>20$m	$L/5000$ 及 5	符合《验评标准》	尺量:每批抽查 2 束
	墩头钢丝同束长度相对差(mm) $6\leqslant L\leqslant 20$m	$L/3000$	符合《验评标准》	
	墩头钢丝同束长度相对差(mm) $L<6$m	2	符合《验评标准》	
2△	张拉应力值	符合设计要求	符合《验评标准》	查油压表读数,每束
3△	张拉伸长率	符合设计规定,设计未规定时±6%	符合《验评标准》	尺量:每束
4	同一构件内断丝根数不超过钢丝总数的百分比	1%	符合《验评标准》	目测:每根(束)检查

自检说明:	监理评语:
符合设计规范及《验评标准》的要求。	符合设计规范及《验评标准》的要求。
施工员:×××	监理员:×××
××年×月×日	××年×月×日

施工负责人:×××　　质量检查员:×××　　监理工程师:×××

表 3-76(检验表 50)　　粗钢筋先张法质量检验报告单

承包单位：××集团有限公司××公路工程 A2 标段项目经理部　　合同号：A2

监理单位：××工程咨询有限公司××公路工程 A2 标段监理部　　编　号：

工程名称		K11+000 大桥	施工时间	××年×月×日
桩号及部位		K11+000 大桥预应力筋的加工和张拉	检验时间	××年×月×日
项次	检查项目	规定值或允许偏差	检验结果	检验频率和方法
1	冷拉钢筋接头在同一平面内的轴线偏位(mm)	2 及 1/10 直径	符合《验评标准》	拉线用尺量：抽查 30%
2	中心偏位(mm)	4%短边及 5	符合《验评标准》	尺量：全部
3△	张拉应力值	符合设计要求	符合《验评标准》	查油压表读数：全部
4△	张拉伸长率	符合设计规定，设计未规定时±6%	符合《验评标准》	尺量：全部
自检说明： 符合设计规范及《验评标准》的要求。 施工员：××× ××年×月×日			监理评语： 符合设计规范及《验评标准》的要求。 监理员：××× ××年×月×日	

施工负责人：×××　　质量检查员：×××　　监理工程师：×××

表 3-77(检验表 51)　　后张法质量检验报告单

承包单位：××集团有限公司××公路工程 A2 标段项目经理部　　合同号：A2

监理单位：××工程咨询有限公司××公路工程 A2 标段监理部　　编　号：

工程名称		K11＋000 大桥		施工时间	××年×月×日
桩号及部位		K11＋000 大桥预应力筋的加工和张拉		检验时间	××年×月×日
项次	检查项目		规定值或允许偏差	检验结果	检验频率和方法
1	管道坐标(mm)	梁长方向	±30	符合《验评标准》	尺量：抽查 30%，每根检查 10 个点
		梁高方向	±10	符合《验评标准》	
2	管道间距(mm)	同　排	10	符合《验评标准》	尺量：抽查 30%，每根检查 5 个点
		上下层	10	符合《验评标准》	
3△	张拉应力值		符合设计要求	符合《验评标准》	查油压表读数：全部
4△	张拉伸长率		符合设计要求，设计未规定时±6%	符合《验评标准》	尺量：全部
5	断丝滑丝数	钢　束	每束 1 根，且每断面不超过钢丝总数的 1%	符合《验评标准》	目测：每根(束)
		钢　筋	不允许	符合《验评标准》	

自检说明：	监理评语：
符合设计规范及《验评标准》的要求。	符合设计规范及《验评标准》的要求。
施工员：×××	监理员：×××
××年×月×日	××年×月×日

施工负责人：×××　　质量检查员：×××　　监理工程师：×××

表 3-78(检验表 52)　　**基础砌体质量检验报告单**

承包单位:××集团有限公司××公路工程 A2 标段项目经理部　　合同号:A2

监理单位:××工程咨询有限公司××公路工程 A2 标段监理部　　编　号:

工程名称		K11+000 大桥	施工时间	××年×月×日
桩号及部位		K11+000 大桥扩大基础	检验时间	××年×月×日
项次	检查项目	规定值或允许偏差	检验结果	检验频率和方法
1△	砂浆强度(MPa)	在合格标准内	符合《验评标准》	
2	轴线偏位(mm)	25	符合《验评标准》	经纬仪:纵、横各测量 2 点
3	断面尺寸(mm)	±50	符合《验评标准》	尺量:长、宽各 3 处
4	顶面高程(mm)	±30	符合《验评标准》	水准仪:测 5~8 点
5△	基础高程　土　质	±50	符合《验评标准》	水准仪:测 5~8 点
	基础高程　石　质	+50,−200	符合《验评标准》	

自检说明:	监理评语:
符合设计规范及《验评标准》的要求。	符合设计规范及《验评标准》的要求。
施工员:×××	监理员:×××
××年×月×日	××年×月×日

施工负责人:×××　　质量检查员:×××　　监理工程师:×××

表 3-79(检验表 53)　　墩、台身砌体质量检验报告单

承包单位:××集团有限公司××公路工程 A2 标段项目经理部　　合同号:A2

监理单位:××工程咨询有限公司××公路工程 A2 标段监理部　　编　号:

工程名称	K11+000 大桥		施工时间	××年×月×日
桩号及部位	K11+000 大桥墩台身砌体		检验时间	××年×月×日

项次	检查项目		规定值或允许偏差	检验结果	检验频率和方法
1△	砂浆强度(MPa)		在合格标准内	符合《验评标准》	
2	轴线偏位(mm)		20	符合《验评标准》	全站仪或经纬仪:纵、横各测量2处
3	墩台长、宽(mm)	料石	+20,-10	符合《验评标准》	尺量:检查3个断面
		块石	+30,-10	符合《验评标准》	
		片石	+40,-10	符合《验评标准》	
4	竖直度或坡度(%)	料石、块石	0.3	符合《验评标准》	垂线或经纬仪:纵、横各测量2处
		片石	0.5	符合《验评标准》	
5△	墩、台顶面高程(mm)		±10	符合《验评标准》	水准仪:测量3点
6	大面积平整度(mm)	料石	10	符合《验评标准》	2m 直尺:检查竖直、水平两个方向,每 20m 测 1 处
		块石	20	符合《验评标准》	
		片石	30	符合《验评标准》	

自检说明: 符合设计规范及《验评标准》的要求。 施工员:××× ××年×月×日	监理评语: 符合设计规范及《验评标准》的要求。 监理员:××× ××年×月×日

施工负责人:×××　　质量检查员:×××　　监理工程师:×××

表 3-80(检验表 54) **拱圈砌体质量检验报告单**

承包单位:××集团有限公司××公路工程 A2 标段项目经理部 合同号:A2

监理单位:××工程咨询有限公司××公路工程 A2 标段监理部 编 号:

工程名称		K11+000 大桥		施工时间	××年×月×日
桩号及部位		K11+000 大桥墩台身砌体		检验时间	××年×月×日
项次	检查项目		规定值或允许偏差	检验结果	检验频率和方法
1△	砂浆强度(MPa)		在合格标准内	符合《验评标准》	
2	砌体外侧平面偏位(mm)	无镶面	+30,−10	符合《验评标准》	经纬仪:检查拱脚、拱顶、1/4 跨共 5 处
		有镶面	+20,−10	符合《验评标准》	
3△	拱圈厚度(mm)		+30,−0	符合《验评标准》	尺量:检查拱脚、拱顶、1/4 跨共 5 处
4	相邻镶面石砌块表层错位(mm)	块料石、混凝土预制块	3	符合《验评标准》	拉线用尺量:检查 3~5 处
		块 石	5	符合《验评标准》	
5△	内弧线偏离设计弧线(mm)	跨径≤30m	±20	符合《验评标准》	水准仪或尺量:检查拱脚、拱顶、1/4 跨共 5 处高程
		跨径>30m	±1/1500 跨径	符合《验评标准》	
		极 值	拱腹四分点:允许偏差的 2 倍且反向	符合《验评标准》	

自检说明:	监理评语:
符合设计规范及《验评标准》的要求。	符合设计规范及《验评标准》的要求。
施工员:×××	监理员:×××
××年×月×日	××年×月×日

施工负责人:××× 质量检查员:××× 监理工程师:×××

表 3-81(检验表 55)　　　　侧墙砌体质量检验报告单

承包单位：××集团有限公司××公路工程 A2 标段项目经理部　　　　合同号：A2

监理单位：××工程咨询有限公司××公路工程 A2 标段监理部　　　　编　号：

<table>
<tr><td colspan="3">工程名称</td><td>K11＋000 大桥</td><td>施工时间</td><td>××年×月×日</td></tr>
<tr><td colspan="3">桩号及部位</td><td>K11＋000 大桥墩台身砌体</td><td>检验时间</td><td>××年×月×日</td></tr>
<tr><td>项次</td><td colspan="2">检查项目</td><td>规定值或允许偏差</td><td>检验结果</td><td>检验频率和方法</td></tr>
<tr><td>1△</td><td colspan="2">砂浆强度(MPa)</td><td>在合格标准内</td><td>符合《验评标准》</td><td></td></tr>
<tr><td rowspan="2">2</td><td rowspan="2">外侧平面偏位(mm)</td><td>无镶面</td><td>＋30，－10</td><td>符合《验评标准》</td><td rowspan="2">经纬仪：抽查 5 处</td></tr>
<tr><td>有镶面</td><td>＋20，－10</td><td>符合《验评标准》</td></tr>
<tr><td>3△</td><td colspan="2">宽　度(mm)</td><td>＋40，－10</td><td>符合《验评标准》</td><td>尺量：检查 5 处</td></tr>
<tr><td>4</td><td colspan="2">顶面高程(mm)</td><td>±10</td><td>符合《验评标准》</td><td>水准仪：检查 5 处</td></tr>
<tr><td rowspan="2">5</td><td rowspan="2">竖直度或斜度(mm)</td><td>片石砌体</td><td>0.5</td><td>符合《验评标准》</td><td rowspan="2">吊垂线：每侧墙面检查 1～2 处</td></tr>
<tr><td>块石、粗料石、混凝土块石镶面</td><td>0.3</td><td>符合《验评标准》</td></tr>
<tr><td></td><td colspan="2"></td><td></td><td></td><td></td></tr>
<tr><td></td><td colspan="2"></td><td></td><td></td><td></td></tr>
<tr><td></td><td colspan="2"></td><td></td><td></td><td></td></tr>
<tr><td></td><td colspan="2"></td><td></td><td></td><td></td></tr>
<tr><td></td><td colspan="2"></td><td></td><td></td><td></td></tr>
<tr><td colspan="4">自检说明：

符合设计规范及《验评标准》的要求。

施工员：×××

××年×月×日</td><td colspan="2">监理评语：

符合设计规范及《验评标准》的要求。

监理员：×××

××年×月×日</td></tr>
</table>

施工负责人：×××　　　　质量检查员：×××　　　　监理工程师：×××

表 3-82(检验表 56)

扩大基础质量检验报告单

承包单位:××集团有限公司××公路工程 A2 标段项目经理部　　合同号:A2

监理单位:××工程咨询有限公司××公路工程 A2 标段监理部　　编　号:

<table>
<tr><td colspan="3">工程名称</td><td>K11+000 大桥</td><td>施工时间</td><td>××年×月×日</td></tr>
<tr><td colspan="3">桩号及部位</td><td>K11+000 大桥基础</td><td>检验时间</td><td>××年×月×日</td></tr>
<tr><td>项次</td><td colspan="2">检查项目</td><td>规定值或允许偏差</td><td>检验结果</td><td>检验频率和方法</td></tr>
<tr><td>1△</td><td colspan="2">混凝土强度(MPa)</td><td>在合格标准内</td><td>符合《验评标准》</td><td></td></tr>
<tr><td>2</td><td colspan="2">平面尺寸(mm)</td><td>±50</td><td>符合《验评标准》</td><td>尺量:长、宽各检查 3 处</td></tr>
<tr><td rowspan="2">3△</td><td rowspan="2">基础底面高程(mm)</td><td>土　质</td><td>±50</td><td>符合《验评标准》</td><td rowspan="2">水准仪:测量 5~8 点</td></tr>
<tr><td>石　质</td><td>+50,-200</td><td>符合《验评标准》</td></tr>
<tr><td>4</td><td colspan="2">基础顶面高程(mm)</td><td>±30</td><td>符合《验评标准》</td><td>水准仪:测量 5~8 点</td></tr>
<tr><td>5</td><td colspan="2">轴线偏位(mm)</td><td>25</td><td>符合《验评标准》</td><td>全站仪或经纬仪:纵、横各检查 2 点</td></tr>
<tr><td></td><td colspan="2"></td><td></td><td></td><td></td></tr>
<tr><td></td><td colspan="2"></td><td></td><td></td><td></td></tr>
<tr><td></td><td colspan="2"></td><td></td><td></td><td></td></tr>
<tr><td></td><td colspan="2"></td><td></td><td></td><td></td></tr>
<tr><td></td><td colspan="2"></td><td></td><td></td><td></td></tr>
<tr><td></td><td colspan="2"></td><td></td><td></td><td></td></tr>
<tr><td colspan="4">自检说明:

符合设计规范及《验评标准》的要求。

施工员:×××

××年×月×日</td><td colspan="2">监理评语:

符合设计规范及《验评标准》的要求。

监理员:×××

××年×月×日</td></tr>
</table>

施工负责人:×××　　质量检查员:×××　　监理工程师:×××

表 3-83(检验表 57)　　钻孔灌注桩质量检验报告单

承包单位:××集团有限公司××公路工程 A2 标段项目经理部　　合同号:A2

监理单位:××工程咨询有限公司××公路工程 A2 标段监理部　　编　号:

<table>
<tr><td colspan="2">工程名称</td><td colspan="3">K11+000 大桥</td><td>施工时间</td><td>××年×月×日</td></tr>
<tr><td colspan="2">桩号及部位</td><td colspan="3">K11+000 大桥桩基</td><td>检验时间</td><td>××年×月×日</td></tr>
<tr><td>项次</td><td colspan="3">检查项目</td><td>规定值或允许偏差</td><td>检验结果</td><td>检验频率和方法</td></tr>
<tr><td>1△</td><td colspan="3">混凝土强度(MPa)</td><td>在合格标准内</td><td>符合《验评标准》</td><td></td></tr>
<tr><td rowspan="3">2</td><td rowspan="3">桩位(mm)</td><td colspan="2">群　桩</td><td>100</td><td>符合《验评标准》</td><td rowspan="3">全站仪或经纬仪:每桩检查</td></tr>
<tr><td rowspan="2">排架桩</td><td>允许</td><td>50</td><td>符合《验评标准》</td></tr>
<tr><td>极值</td><td>100</td><td>符合《验评标准》</td></tr>
<tr><td>3△</td><td colspan="3">孔深(m)</td><td>不小于设计</td><td>符合设计要求</td><td>测绳量:每桩测量</td></tr>
<tr><td>4△</td><td colspan="3">孔径(mm)</td><td>不小于设计</td><td>符合设计要求</td><td>探孔器:每桩测量</td></tr>
<tr><td>5</td><td colspan="3">钻孔倾斜度(mm)</td><td>1%桩长,
且不大于 500</td><td>符合《验评标准》</td><td>用测壁(斜)仪或钻杆垂线法:每桩检查</td></tr>
<tr><td rowspan="2">6△</td><td rowspan="2">沉淀厚度(mm)</td><td colspan="2">摩擦桩</td><td>符合设计规定,
设计未规定时
按施工规范要求</td><td>符合设计及
施工规范要求</td><td rowspan="2">沉淀盒或标准测锤:每桩检查</td></tr>
<tr><td colspan="2">支撑桩</td><td>不大于设计规定</td><td>符合设计要求</td></tr>
<tr><td>7</td><td colspan="3">钢筋骨架底面高程(mm)</td><td>±50</td><td>符合《验评标准》</td><td>水准仪:测每桩骨架顶面高程后反算</td></tr>
<tr><td></td><td colspan="3"></td><td></td><td></td><td></td></tr>
<tr><td></td><td colspan="3"></td><td></td><td></td><td></td></tr>
<tr><td colspan="5">自检说明:

符合设计规范及《验评标准》的要求。

施工员:×××

××年×月×日</td><td colspan="2">监理评语:

符合设计规范及《验评标准》的要求。

监理员:×××

××年×月×日</td></tr>
</table>

施工负责人:×××　　质量检查员:×××　　监理工程师:×××

表 3-84(检验表 58)　　　　挖孔桩质量检验报告单

承包单位:××集团有限公司××公路工程 A2 标段项目经理部　　　　合同号:A2

监理单位:××工程咨询有限公司××公路工程 A2 标段监理部　　　　编　号:

<table>
<tr><td colspan="2">工程名称</td><td colspan="2">K11+000 大桥</td><td>施工时间</td><td>××年×月×日</td></tr>
<tr><td colspan="2">桩号及部位</td><td colspan="2">K11+000 大桥桩基</td><td>检验时间</td><td>××年×月×日</td></tr>
<tr><td>项次</td><td colspan="2">检查项目</td><td>规定值或允许偏差</td><td>检验结果</td><td>检验频率和方法</td></tr>
<tr><td>1△</td><td colspan="2">混凝土强度(MPa)</td><td>在合格标准内</td><td>符合《验评标准》</td><td></td></tr>
<tr><td rowspan="3">2</td><td rowspan="3">桩位(mm)</td><td>群　桩</td><td>100</td><td>符合《验评标准》</td><td rowspan="3">全站仪或经纬仪:每桩检查</td></tr>
<tr><td>排架桩 允许</td><td>50</td><td>符合《验评标准》</td></tr>
<tr><td>排架桩 极值</td><td>100</td><td>符合《验评标准》</td></tr>
<tr><td>3△</td><td colspan="2">孔深(mm)</td><td>不小于设计</td><td>符合设计要求</td><td>测绳量:每桩测量</td></tr>
<tr><td>4△</td><td colspan="2">孔径(mm)</td><td>不小于设计</td><td>符合设计要求</td><td>探孔器:每桩测量</td></tr>
<tr><td>5</td><td colspan="2">孔的倾斜度(mm)</td><td>0.5%桩长,
且不大于 200</td><td>符合《验评标准》</td><td>垂线法:每桩检查</td></tr>
<tr><td>6</td><td colspan="2">钢筋骨架底面高程(mm)</td><td>±50</td><td>符合《验评标准》</td><td>水准仪:测每桩骨架顶面高程后反算</td></tr>
<tr><td></td><td colspan="2"></td><td></td><td></td><td></td></tr>
<tr><td></td><td colspan="2"></td><td></td><td></td><td></td></tr>
<tr><td></td><td colspan="2"></td><td></td><td></td><td></td></tr>
<tr><td></td><td colspan="2"></td><td></td><td></td><td></td></tr>
<tr><td></td><td colspan="2"></td><td></td><td></td><td></td></tr>
<tr><td colspan="4">自检说明:

符合设计规范及《验评标准》的要求。

施工员:×××

××年×月×日</td><td colspan="2">监理评语:

符合设计规范及《验评标准》的要求。

监理员:×××

××年×月×日</td></tr>
</table>

施工负责人:×××　　　　质量检查员:×××　　　　监理工程师:×××

表 3-85(检验表 59)　　　　　　　　预制桩质量检验报告单

承包单位:××集团有限公司××公路工程 A2 标段项目经理部　　　　　　　　合同号:A2

监理单位:××工程咨询有限公司××公路工程 A2 标段监理部　　　　　　　　编　号:

工程名称	K11＋000 大桥	施工时间	××年×月×日
桩号及部位	K11＋000 大桥桩基	检验时间	××年×月×日

项次	检查项目		规定值或允许偏差	检验结果	检验频率和方法
1△	混凝土强度(MPa)		在合格标准内	符合《验评标准》	
2	长度(mm)		±50	符合《验评标准》	尺量:每桩检查
3	横截面(mm)	桩的边长	±5	符合《验评标准》	尺量:每预制件检查 2 个断面,检查 10%
		空心桩空心(管芯)直径	±5	符合《验评标准》	
		空心中心与桩中心偏差	±5	符合《验评标准》	
4	桩尖对桩的纵轴线(mm)		10	符合《验评标准》	尺量:抽查 10%
5	桩纵轴线弯曲矢高(mm)		0.1%桩长,且不大于 20	符合《验评标准》	沿桩长拉线量,取最大矢高:抽查 10%
6	桩顶面与桩纵轴线倾斜偏差(mm)		1%桩径或边长,且不大于 3	符合《验评标准》	角尺:抽检 10%
7	接桩的接头平面与桩轴平面垂直度		0.5%	符合《验评标准》	角尺:抽检 20%

自检说明:	监理评语:
符合设计规范及《验评标准》的要求。	符合设计规范及《验评标准》的要求。
施工员:×××	监理员:×××
××年×月×日	××年×月×日

施工负责人:×××　　　　质量检查员:×××　　　　监理工程师:×××

表 3-86(检验表 60)　　　　**沉桩质量检验报告单**

承包单位:××集团有限公司××公路工程 A2 标段项目经理部　　　　合同号:A2

监理单位:××工程咨询有限公司××公路工程 A2 标段监理部　　　　编　号:

<table>
<tr><td colspan="3">工程名称</td><td colspan="2">K11+000 大桥</td><td>施工时间</td><td>××年×月×日</td></tr>
<tr><td colspan="3">桩号及部位</td><td colspan="2">K11+000 大桥桩基</td><td>检验时间</td><td>××年×月×日</td></tr>
<tr><td>项次</td><td colspan="3">检查项目</td><td>规定值或允许偏差</td><td>检验结果</td><td>检验频率和方法</td></tr>
<tr><td rowspan="4">1</td><td rowspan="4">桩位(mm)</td><td rowspan="2">群桩</td><td>中间桩</td><td>$d/2$ 且不大于 250</td><td>符合《验评标准》</td><td rowspan="4">全站仪或经纬仪:检查 20%</td></tr>
<tr><td>外缘桩</td><td>$d/4$</td><td>符合《验评标准》</td></tr>
<tr><td rowspan="2">排架桩</td><td>顺桥方向</td><td>40</td><td>符合《验评标准》</td></tr>
<tr><td>垂直桥轴方向</td><td>50</td><td>符合《验评标准》</td></tr>
<tr><td rowspan="2">2△</td><td colspan="3">桩尖高程(mm)</td><td>不高于设计规定</td><td>符合《验评标准》</td><td rowspan="2">水准仪测桩顶面高程后反算;每桩检查</td></tr>
<tr><td colspan="3">贯入度(mm)</td><td>小于设计规定</td><td>符合《验评标准》</td></tr>
<tr><td rowspan="2">3</td><td rowspan="2">倾斜度</td><td colspan="2">直　桩</td><td>1%</td><td>符合《验评标准》</td><td rowspan="2">垂线法:每桩检查</td></tr>
<tr><td colspan="2">斜　桩</td><td>15% $\tan\theta$</td><td>符合《验评标准》</td></tr>
<tr><td></td><td></td><td colspan="2"></td><td></td><td></td><td></td></tr>
<tr><td></td><td></td><td colspan="2"></td><td></td><td></td><td></td></tr>
<tr><td></td><td></td><td colspan="2"></td><td></td><td></td><td></td></tr>
<tr><td></td><td></td><td colspan="2"></td><td></td><td></td><td></td></tr>
<tr><td colspan="5">自检说明:

符合设计规范及《验评标准》的要求。

施工员:×××

××年×月×日</td><td colspan="2">监理评语:

符合设计规范及《验评标准》的要求。

监理员:×××

××年×月×日</td></tr>
</table>

施工负责人:×××　　　　质量检查员:×××　　　　监理工程师:×××

表 3-87(检验表 61)　　　　沉井质量检验报告单

承包单位：××集团有限公司××公路工程 A2 标段项目经理部　　　　合同号：A2

监理单位：××工程咨询有限公司××公路工程 A2 标段监理部　　　　编　号：

工程名称	K11＋000 大桥	施工时间	××年×月×日
桩号及部位	K11＋000 大桥桩基	检验时间	××年×月×日

项次	检查项目		规定值或允许偏差	检验结果	检验频率和方法
1△	各节沉井混凝土强度(MPa)		在合格标准内	符合《验评标准》	
2	沉井平面尺寸(mm)	长、宽	±0.5%边长，大于 24m 时±120	符合《验评标准》	尺量：每节段
		半　径	±0.5%半径，大于 12m 时±60	符合《验评标准》	
3	井壁厚度(mm)	混凝土	＋40，－30	符合《验评标准》	尺量：每节段沿周边量 4 点
		钢壳和钢筋混凝土	±15	符合《验评标准》	
4	沉井刃脚高程(mm)		符合设计要求	符合设计要求	水准仪：测 4～8 处顶面高程
5△	中心偏位(纵、横向)(mm)	一　般	1/50 井高	符合《验评标准》	全站仪或经纬仪：测沉井两轴线交点
		浮　式	1/50 井高＋250	符合《验评标准》	
6	沉井最大倾斜度(纵、横向)(mm)		1/50 井高	符合《验评标准》	吊垂线：检查两轴线 1～2 处
7	平面扭转角(°)	一　般	1	符合《验评标准》	全站仪或经纬仪：测沉井两轴线
		浮　式	2	符合《验评标准》	

自检说明：	监理评语：
符合设计规范及《验评标准》的要求。	符合设计规范及《验评标准》的要求。
施工员：×××	监理员：×××
××年×月×日	××年×月×日

施工负责人：×××　　　　质量检查员：×××　　　　监理工程师：×××

表 3-88(检验表 62) **承台质量检验报告单**

承包单位:××集团有限公司××公路工程 A2 标段项目经理部 合同号:A2

监理单位:××工程咨询有限公司××公路工程 A2 标段监理部 编 号:

工程名称		K11＋000 大桥	施工时间	××年×月×日
桩号及部位		K11＋000 大桥承台	检验时间	××年×月×日
项次	检查项目	规定值或允许偏差	检验结果	检验频率和方法
1△	混凝土强度(MPa)	在合格标准内	符合《验评标准》	
2	断面尺寸(mm)	±30	符合《验评标准》	尺量:长、宽、高检查各 2 点
3	顶面高程(mm)	±20	符合《验评标准》	水准仪:检查 5 处
4	轴线偏位(mm)	15	符合《验评标准》	全站仪或经纬仪:纵、横各测 2 点

自检说明:	监理评语:
符合设计规范及《验评标准》的要求。	符合设计规范及《验评标准》的要求。
施工员:×××	监理员:×××
××年×月×日	××年×月×日

施工负责人:××× 质量检查员:××× 监理工程师:×××

表 3-89(检验表 63) **墩、台身质量检验报告单**

承包单位:××集团有限公司××公路工程 A2 标段项目经理部 合同号:A2

监理单位:××工程咨询有限公司××公路工程 A2 标段监理部 编　号:

工程名称	K11+000 大桥		施工时间	××年×月×日
桩号及部位	K11+000 大桥墩台身浇筑		检验时间	××年×月×日

项次	检查项目	规定值或允许偏差	检验结果	检验频率和方法
1△	混凝土强度(MPa)	在合格标准内	符合《验评标准》	
2	断面尺寸(mm)	±20	符合《验评标准》	尺量:检查 3 个断面
3	竖直度或斜度(mm)	0.3%H 且不大于 20	符合《验评标准》	吊垂线或经纬仪:测量 2 点
4	顶面高程(mm)	±10	符合《验评标准》	水准仪:测量 3 处
5△	轴线偏位(mm)	10	符合《验评标准》	全站仪或经纬仪:纵横各测量 2 点
6	节段间错台(mm)	5	符合《验评标准》	尺量:每节检查 4 处
7	大面积平整度(mm)	5	符合《验评标准》	2m 直尺:检查竖直、水平两个方向,每 20m 测 1 处
8	预埋件位置(mm)	符合设计规定,设计未规定时:10	符合《验评标准》	尺量:每件

自检说明:	监理评语:
符合设计规范及《验评标准》的要求。	符合设计规范及《验评标准》的要求。
施工员:×××	监理员:×××
××年×月×日	××年×月×日

施工负责人:××× 质量检查员:××× 监理工程师:×××

表 3-90(检验表 64)　　　　**柱或双壁墩身质量检验报告单**

承包单位:××**集团有限公司××公路工程 A2 标段项目经理部**　　　　合同号:**A2**

监理单位:××**工程咨询有限公司××公路工程 A2 标段监理部**　　　　编　号:

工程名称		**K11+000 大桥**	施工时间	××年×月×日
桩号及部位		**K11+000 大桥墩台身浇筑**	检验时间	××年×月×日
项次	检查项目	规定值或允许偏差	检验结果	检验频率和方法
1△	混凝土强度(MPa)	在合格标准内	**符合《验评标准》**	
2	相邻间距(mm)	±20	**符合《验评标准》**	**尺或全站仪测量:检查顶、中、底 3 处**
3	竖直度(mm)	0.3%H 且不大于 20	**符合《验评标准》**	**吊垂线或经纬仪:测量 3 处**
4	柱(墩)顶高程(mm)	±10	**符合《验评标准》**	**水准仪:测量 3 处**
5△	轴线偏位(mm)	10	**符合《验评标准》**	**全站仪或经纬仪:纵、横各测量 2 点**
6	断面尺寸(mm)	±15	**符合《验评标准》**	**尺量:检查 3 个断面**
7	节段间错台(mm)	3	**符合《验评标准》**	**尺量:每节检查 2～4 处**

自检说明:	监理评语:
符合设计规范及《验评标准》的要求。	**符合设计规范及《验评标准》的要求。**
施工员:×××	监理员:×××
××年×月×日	××年×月×日

施工负责人:×××　　　　质量检查员:×××　　　　监理工程师:×××

表 3-91(检验表 65) **墩、台身安装质量检验报告单**

承包单位:××集团有限公司××公路工程 A2 标段项目经理部 合同号:A2

监理单位:××工程咨询有限公司××公路工程 A2 标段监理部 编 号:

工程名称		K11+000 大桥	施工时间	××年×月×日
桩号及部位		K11+000 大桥墩台安装	检验时间	××年×月×日
项次	检查项目	规定值或允许偏差(mm)	检验结果	检验频率和方法
1△	轴线偏位	10	符合《验评标准》	全站仪或经纬仪:纵、横各测量 2 点
2	顶面高程	±10	符合《验评标准》	水准仪:检查 4~8 处
3	倾斜度	0.3%墩、台高,且不大于 20	符合《验评标准》	吊垂线:检查 4~8 处
4	相邻墩、台柱间距	±15	符合《验评标准》	尺量或全站仪:检查 3 处
5	节段间错台	3	符合《验评标准》	尺量:每节检查 2~4 处

自检说明:	监理评语:
符合设计规范及《验评标准》的要求。	符合设计规范及《验评标准》的要求。
施工员:×××	监理员:×××
××年×月×日	××年×月×日

施工负责人:××× 质量检查员:××× 监理工程师:×××

表 3-92(检验表 66)　　　　**墩、台帽或盖梁质量检验报告单**

承包单位：××集团有限公司××公路工程 A2 标段项目经理部　　　　合同号：A2

监理单位：××工程咨询有限公司××公路工程 A2 标段监理部　　　　编　号：

工程名称		K11＋000 大桥	施工时间	××年×月×日
桩号及部位		K11＋000 大桥墩台帽	检验时间	××年×月×日
项次	检查项目	规定值或允许偏差	检验结果	检验频率和方法
1△	混凝土强度(MPa)	在合格标准内	符合《验评标准》	
2	断面尺寸(mm)	±20	符合《验评标准》	尺量：检查 3 个断面
3△	轴线偏位(mm)	10	符合《验评标准》	全站仪或经纬仪：纵、横各测量 2 点
4△	顶面高程(mm)	±10	符合《验评标准》	水准仪：检查 3～5 点
5	支座垫石预留位置(mm)	10	符合《验评标准》	尺量：每个

自检说明	监理评语
自检说明： 符合设计规范及《验评标准》的要求。 施工员：××× ××年×月×日	监理评语： 符合设计规范及《验评标准》的要求。 监理员：××× ××年×月×日

施工负责人：×××　　　　质量检查员：×××　　　　监理工程师：×××

表 3-93(检验表 67)　　　　　　拱桥组合桥台质量检验报告单

承包单位:××集团有限公司××公路工程 A2 标段项目经理部　　　　合同号:A2

监理单位:××工程咨询有限公司××公路工程 A2 标段监理部　　　　编　号:

<table>
<tr><td colspan="2">工程名称</td><td colspan="2">K11+000 大桥</td><td>施工时间</td><td>××年×月×日</td></tr>
<tr><td colspan="2">桩号及部位</td><td colspan="2">K11+000 大桥组合桥台</td><td>检验时间</td><td>××年×月×日</td></tr>
<tr><td>项次</td><td>检查项目</td><td>规定值或允许偏差</td><td>检验结果</td><td colspan="2">检验频率和方法</td></tr>
<tr><td>1</td><td>架设拱圈前,台后沉陷完成量</td><td>设计值的85%以上</td><td>符合《验评标准》</td><td colspan="2">水准仪:测量台后上、下游两侧填土后至架设拱圈前高程差</td></tr>
<tr><td>2</td><td>台身倾斜</td><td>1/250</td><td>符合《验评标准》</td><td colspan="2">吊垂线:检查沉降缝分离值推算</td></tr>
<tr><td>3△</td><td>架设拱圈前台后填土完成量</td><td>90%以上</td><td>符合《验评标准》</td><td colspan="2">按填土状况推算:每台</td></tr>
<tr><td>4△</td><td>拱建成后桥台水平位移</td><td>在设计允许值内</td><td>符合设计要求</td><td colspan="2">全站仪或经纬仪:检查预埋测点</td></tr>
<tr><td></td><td></td><td></td><td></td><td colspan="2"></td></tr>
<tr><td></td><td></td><td></td><td></td><td colspan="2"></td></tr>
<tr><td></td><td></td><td></td><td></td><td colspan="2"></td></tr>
<tr><td></td><td></td><td></td><td></td><td colspan="2"></td></tr>
<tr><td colspan="3">自检说明:

符合设计规范及《验评标准》的要求。

施工员:×××

××年×月×日</td><td colspan="3">监理评语:

符合设计规范及《验评标准》的要求。

监理员:×××

××年×月×日</td></tr>
</table>

施工负责人:×××　　　　质量检查员:×××　　　　监理工程师:×××

表 3-94(检验表 68)　　　　**预制梁(板)质量检验报告单**

承包单位:××集团有限公司××公路工程 A2 标段项目经理部　　　　合同号:A2

监理单位:××工程咨询有限公司××公路工程 A2 标段监理部　　　　编　号:

工程名称	K11＋000 大桥	施工时间	××年×月×日
桩号及部位	K11＋000 大桥梁(板)预制	检验时间	××年×月×日

项次	检查项目			规定值或允许偏差	检验结果	检验频率和方法
1△	混凝土强度(MPa)			在合格标准内	符合《验评标准》	
2	梁(板)长度(mm)			＋5,－10	符合《验评标准》	尺量:每梁(板)
3	宽度(mm)	干接缝(梁翼缘、板)		±10	符合《验评标准》	尺量:检查 3 处
		湿接缝(梁翼缘、板)		±20	符合《验评标准》	
		箱梁	顶宽	±30	符合《验评标准》	
			底宽	±20	符合《验评标准》	
4△	高度(mm)	梁、板		±5	符合《验评标准》	尺量:检查 2 个断面
		箱　梁		＋0,－5	符合《验评标准》	
5△	断面尺寸(mm)	顶板厚		＋5,－0	符合《验评标准》	尺量:检查 2 个断面
		底板厚			符合《验评标准》	
		腹板或梁肋			符合《验评标准》	
6	平整度(mm)			5	符合《验评标准》	2m 直尺:每侧面每 10m 梁长测 1 处
7	横系梁及预埋件位置(mm)			5	符合《验评标准》	尺量:每件

自检说明:	监理评语:
符合设计规范及《验评标准》的要求。	**符合设计规范及《验评标准》的要求。**
施工员:×××	监理员:×××
××年×月×日	××年×月×日

施工负责人:×××　　　　质量检查员:×××　　　　监理工程师:×××

表 3-95(检验表 69)　　　　梁(板)安装质量检验报告单

承包单位:××集团有限公司××公路工程 A2 标段项目经理部　　合同号:A2

监理单位:××工程咨询有限公司××公路工程 A2 标段监理部　　编　号:

工程名称		K11+000 大桥	施工时间	××年×月×日
桩号及部位		K11+000 大桥梁板安装	检验时间	××年×月×日
项次	检查项目	规定值或允许偏差	检验结果	检验频率和方法
1△	支座中心偏位(mm) 梁	5	符合《验评标准》	尺量:每孔抽查 4~6 个支座
	支座中心偏位(mm) 板	10	符合《验评标准》	
2	倾斜度(%)	1.2	符合《验评标准》	吊垂线:每孔检查 3 片梁
3	梁(板)顶面纵向高程(mm)	+8,-5	符合《验评标准》	水准仪:抽查每孔 2 片,每片3 点
4	相邻梁(板)顶面高差(mm)	8	符合《验评标准》	尺量:每相邻梁/板

自检说明:	监理评语:
符合设计规范及《验评标准》的要求。	符合设计规范及《验评标准》的要求。
施工员:×××	监理员:×××
××年×月×日	××年×月×日

施工负责人:×××　　质量检查员:×××　　监理工程师:×××

表 3-96(检验表 70)　　　　**就地浇筑梁(板)质量检验报告单**

承包单位:××集团有限公司××公路工程 A2 标段项目经理部　　　　合同号:A2

监理单位:××工程咨询有限公司××公路工程 A2 标段监理部　　　　编　号:

工程名称		K11+000 大桥	施工时间	××年×月×日	
桩号及部位		K11+000 大桥梁(板)浇筑	检验时间	××年×月×日	
项次	检查项目		规定值或允许偏差	检验结果	检验频率和方法
1△	混凝土强度(MPa)		在合格标准内	符合《验评标准》	
2△	轴线偏位(mm)		10	符合《验评标准》	全站仪或经纬仪:测量 3 处
3	梁(板)顶面高程(mm)		±10	符合《验评标准》	水准仪:检查 3~5 处
4△	断面尺寸(mm)	高　度	+5,-10	符合《验评标准》	
		顶　宽	±30	符合《验评标准》	尺量:每跨检查 1~3 个断面
		箱梁底宽	±20	符合《验评标准》	
		顶、底、腹板或梁肋厚	+10,-0	符合《验评标准》	
5	长　度(mm)		+5,-10	符合《验评标准》	尺量:每梁/板
6	横坡(%)		±0.15	符合《验评标准》	水准仪:每跨检查 1~3 处
7	平整度(mm)		8	符合《验评标准》	2m 直尺:每侧面每 10m 梁长测 1 处

自检说明:	监理评语:
符合设计规范及《验评标准》的要求。	符合设计规范及《验评标准》的要求。
施工员:×××	监理员:×××
××年×月×日	××年×月×日

施工负责人:×××　　　　质量检查员:×××　　　　监理工程师:×××

表 3-97(检验表 71)　　顶推施工梁质量检验报告单

承包单位:××集团有限公司××公路工程 A2 标段项目经理部　　合同号:A2

监理单位:××工程咨询有限公司××公路工程 A2 标段监理部　　编　号:

工程名称		K11＋000 大桥		施工时间	××年×月×日
桩号及部位		K11＋000 大桥顶推施工梁		检验时间	××年×月×日
项次	检查项目		规定值或允许偏差	检验结果	检验频率和方法
1	轴线偏位(mm)		10	符合《验评标准》	全站仪或经纬仪:每段检查2处
2△	落梁反力		符合设计规定,设计未规定时不大于 1.1 倍的设计反力	符合《验评标准》	用千斤顶油压计算:检查全部
3	支座高差(mm)	相邻纵向支点	符合设计规定,设计未规定时不大于 5	符合《验评标准》	水准仪:检查全部
		同墩两侧支点	符合设计规定,设计未规定时不大于 2	符合《验评标准》	

自检说明:	监理评语:
符合设计规范及《验评标准》的要求。	符合设计规范及《验评标准》的要求。
施工员:×××	监理员:×××
××年×月×日	××年×月×日

施工负责人:×××　　质量检查员:×××　　监理工程师:×××

表 3-98(检验表 72) **悬臂浇筑质量检验报告单**

承包单位:××集团有限公司××公路工程 A2 标段项目经理部 合同号:A2

监理单位:××工程咨询有限公司××公路工程 A2 标段监理部 编 号:

<table>
<tr><td colspan="2">工程名称</td><td colspan="2">K11+000 大桥</td><td>施工时间</td><td>××年×月×日</td></tr>
<tr><td colspan="2">桩号及部位</td><td colspan="2">K11+000 大桥悬臂浇筑</td><td>检验时间</td><td>××年×月×日</td></tr>
<tr><td>项次</td><td colspan="2">检查项目</td><td>规定值或允许偏差</td><td>检验结果</td><td>检验频率和方法</td></tr>
<tr><td>1△</td><td colspan="2">混凝土强度(mm)</td><td>在合格标准内</td><td>符合《验评标准》</td><td></td></tr>
<tr><td rowspan="2">2△</td><td rowspan="2">轴线偏位(mm)</td><td>L≤100m</td><td>10</td><td>符合《验评标准》</td><td rowspan="2">全站仪或经纬仪:每个节段检查 2 处</td></tr>
<tr><td>L>100m</td><td>L/10000</td><td>符合《验评标准》</td></tr>
<tr><td rowspan="3">3</td><td rowspan="3">顶面高程(mm)</td><td>L≤100m</td><td>±20</td><td>符合《验评标准》</td><td rowspan="2">水准仪:每个节段检查 2 处</td></tr>
<tr><td>L>100m</td><td>±L/5000</td><td>符合《验评标准》</td></tr>
<tr><td>相邻节段高差</td><td>10</td><td>符合《验评标准》</td><td>尺量:检查 3~5 处</td></tr>
<tr><td rowspan="4">4△</td><td rowspan="4">断面尺寸(mm)</td><td>高 度</td><td>+5,−10</td><td>符合《验评标准》</td><td rowspan="4">尺量:每个节段检查 1 个断面</td></tr>
<tr><td>顶 宽</td><td>±30</td><td>符合《验评标准》</td></tr>
<tr><td>底 宽</td><td>±20</td><td>符合《验评标准》</td></tr>
<tr><td>顶底腹板厚</td><td>+10,−0</td><td>符合《验评标准》</td></tr>
<tr><td rowspan="2">5</td><td rowspan="2">合拢后同跨对称点高程差(mm)</td><td>L≤100m</td><td>20</td><td>符合《验评标准》</td><td rowspan="2">水准仪:每跨检查 5~7 处</td></tr>
<tr><td>L>100m</td><td>L/5000</td><td>符合《验评标准》</td></tr>
<tr><td>6</td><td colspan="2">横坡(%)</td><td>±0.15</td><td>符合《验评标准》</td><td>水准仪:每节段检查 1~2 处</td></tr>
<tr><td>7</td><td colspan="2">平整度(mm)</td><td>8</td><td>符合《验评标准》</td><td>2m 直尺:检查竖直、水平两个方向,每侧面每 10m 梁长测 1 处</td></tr>
<tr><td colspan="4">自检说明:

符合设计规范及《验评标准》的要求。

施工员:×××

××年×月×日</td><td colspan="2">监理评语:

符合设计规范及《验评标准》的要求。

监理员:×××

××年×月×日</td></tr>
</table>

施工负责人:××× 质量检查员:××× 监理工程师:×××

表 3-99(检验表 73)　　悬臂拼装质量检验报告单

承包单位:××集团有限公司××公路工程 A2 标段项目经理部　　合同号:A2

监理单位:××工程咨询有限公司××公路工程 A2 标段监理部　　编　号:

工程名称		K11＋000 大桥	施工时间	××年×月×日	
桩号及部位		K11＋000 大桥悬臂拼装	检验时间	××年×月×日	
项次	检查项目		规定值或允许偏差	检验结果	检验频率和方法
1	合拢段混凝土强度(MPa)		在合格标准内	符合《验评标准》	
2	轴线偏位(mm)	$L \leqslant 100$m	10	符合《验评标准》	全站仪或经纬仪:每个节段检查 2 处
		$L > 100$m	$L/10000$	符合《验评标准》	
3	顶面高程(mm)	$L \leqslant 100$m	±20	符合《验评标准》	水准仪:每个节段检查 2 处
		$L > 100$m	$\pm L/5000$	符合《验评标准》	
		相邻节段高差	10	符合《验评标准》	尺量:检查 3～5 处
4	合拢后同跨对称点高程差(mm)	$L \leqslant 100$m	20	符合《验评标准》	水准仪:每跨检查 5～7 处
		$L > 100$m	$L/5000$	符合《验评标准》	

自检说明:	监理评语:
符合设计规范及《验评标准》的要求。	符合设计规范及《验评标准》的要求。
施工员:×××	监理员:×××
××年×月×日	××年×月×日

施工负责人:×××　　质量检查员:×××　　监理工程师:×××

表 3-100(检验表 74)　　　　**转体施工质量检验报告单**

承包单位:××集团有限公司××公路工程 A2 标段项目经理部　　　　合同号:A2

监理单位:××工程咨询有限公司××公路工程 A2 标段监理部　　　　编　号:

工程名称		K11+000 大桥	施工时间	××年×月×日
桩号及部位		K11+000 大桥转体施工	检验时间	××年×月×日
项次	检查项目	规定值或允许偏差	检验结果	检验频率和方法
1△	封闭转盘和合拢段混凝土强度(MPa)	在合格标准内	符合《验评标准》	
2	轴线偏位(mm)	跨径/6000	符合《验评标准》	经纬仪:检查 5 处
3△	跨中拱顶面高程(mm)	±20	符合《验评标准》	水准仪:检查拱顶 2~4 处
4	同一横截面两侧或相邻上部构件高差(mm)	10	符合《验评标准》	水准仪:检查 5 处

自检说明:	监理评语:
符合设计规范及《验评标准》的要求。	符合设计规范及《验评标准》的要求。
施工员:×××	监理员:×××
××年×月×日	××年×月×日

施工负责人:×××　　　　质量检查员:×××　　　　监理工程师:×××

表 3-101(检验表 75)　　　　就地浇筑拱圈质量检验报告单

承包单位:××集团有限公司××公路工程 A2 标段项目经理部　　　　合同号:A2

监理单位:××工程咨询有限公司××公路工程 A2 标段监理部　　　　编　号:

工程名称		K11+000 大桥	施工时间	××年×月×日	
桩号及部位		K11+000 大桥拱圈浇筑	检验时间	××年×月×日	
项次	检查项目		规定值或允许偏差	检验结果	检验频率和方法
1△	混凝土强度(MPa)		在合格标准内	符合《验评标准》	
2	轴线偏位(mm)	板　拱	10	符合《验评标准》	经纬仪:测量 5 处
		肋　拱	5	符合《验评标准》	
3△	内弧偏离设计弧线(mm)	跨径≤30m	±20	符合《验评标准》	水准仪:检查 5 处
		跨径>30m	±跨径/1500	符合《验评标准》	
4△	断面尺寸(mm)	高　度	±5	符合《验评标准》	尺量:拱脚、L/4,拱顶 5 个断面
		顶、底、腹板厚	+10,−0	符合《验评标准》	
5	拱宽(mm)	板　拱	±20	符合《验评标准》	尺量:拱脚、L/4,拱顶 5 个断面
		肋　拱	±10	符合《验评标准》	
6	拱肋间距(mm)		5	符合《验评标准》	尺量:检查 5 处

自检说明:

符合设计规范及《验评标准》的要求。

施工员:×××

××年×月×日

监理评语:

符合设计规范及《验评标准》的要求。

监理员:×××

××年×月×日

施工负责人:×××　　　　质量检查员:×××　　　　监理工程师:×××

表 3-102(检验表 76)　　**预制拱圈质量检验报告单**

承包单位:××集团有限公司××公路工程 A2 标段项目经理部　　合同号:A2

监理单位:××工程咨询有限公司××公路工程 A2 标段监理部　　编　号:

工程名称		K11+000 大桥	施工时间	××年×月×日
桩号及部位		K11+000 大桥预制拱圈	检验时间	××年×月×日
项次	检查项目		规定值或允许偏差	检验结果	检验频率和方法
1△	混凝土强度(MPa)		在合格标准内	符合《验评标准》	
2	每段拱箱内弧长(mm)		+0,−10	符合《验评标准》	尺量:每段
3△	内弧偏离设计弧线(mm)		±5	符合《验评标准》	样板:每段测 1~3 点
4△	断面尺寸(mm)	顶底腹板厚	+10,−0	符合《验评标准》	尺量:检查 2 处
		宽度及高度	+10,−5	符合《验评标准》	
5	平面度(mm)	肋　拱	5	符合《验评标准》	拉线用尺量:每段测 1~3 点
		箱　拱	10	符合《验评标准》	
6	拱箱接头倾斜(mm)		±5	符合《验评标准》	角尺:每接头
7	预埋件位置(mm)	肋　拱	5	符合《验评标准》	尺量:每件
		箱　拱	10	符合《验评标准》	

自检说明:	监理评语:
符合设计规范及《验评标准》的要求。	符合设计规范及《验评标准》的要求。
施工员:×××	监理员:×××
××年×月×日	××年×月×日

施工负责人:×××　　质量检查员:×××　　监理工程师:×××

表 3-103(检验表 77) **桁架拱杆件预制质量检验报告单**

承包单位:××集团有限公司××公路工程 A2 标段项目经理部 合同号:A2

监理单位:××工程咨询有限公司××公路工程 A2 标段监理部 编 号:

工程名称		K11+000 大桥	施工时间	××年×月×日
桩号及部位		K11+000 大桥桁架拱杆件预制	检验时间	××年×月×日
项次	检查项目	规定值或允许偏差	检验结果	检验频率和方法
1△	混凝土强度(MPa)	在合格标准内	符合《验评标准》	
2△	断面尺寸(mm)	±5	符合《验评标准》	尺量:检查 2 处
3	杆件长度(mm)	±10	符合《验评标准》	尺量:检查 2 处
4	杆件旁弯(mm)	5	符合《验评标准》	拉线用尺量:每件
5	预埋件位置(mm)	5	符合《验评标准》	尺量:每件

自检说明:	监理评语:
符合设计规范及《验评标准》的要求。	符合设计规范及《验评标准》的要求。
施工员:×××	监理员:×××
××年×月×日	××年×月×日

施工负责人:××× 质量检查员:××× 监理工程师:×××

表 3-104(检验表 78)　　**主拱圈安装质量检验报告单**

承包单位：××集团有限公司××公路工程 A2 标段项目经理部　　合同号：A2

监理单位：××工程咨询有限公司××公路工程 A2 标段监理部　　编　号：

<table>
<tr><td colspan="2">工程名称</td><td colspan="3">K11＋000 大桥</td><td>施工时间</td><td>××年×月×日</td></tr>
<tr><td colspan="2">桩号及部位</td><td colspan="3">K11＋000 大桥主拱圈安装</td><td>检验时间</td><td>××年×月×日</td></tr>
<tr><td>项次</td><td colspan="3">检查项目</td><td>规定值或允许偏差(mm)</td><td>检验结果</td><td>检验频率和方法</td></tr>
<tr><td rowspan="2">1△</td><td rowspan="2">轴线偏位</td><td colspan="2">L≤60m</td><td>10</td><td>符合《验评标准》</td><td rowspan="2">经纬仪：检查 5 处</td></tr>
<tr><td colspan="2">L＞60m</td><td>L/6000</td><td>符合《验评标准》</td></tr>
<tr><td rowspan="2">2△</td><td rowspan="2">拱圈标高</td><td colspan="2">L≤60m</td><td>±20</td><td>符合《验评标准》</td><td rowspan="2">水准仪：检查 5～7 点</td></tr>
<tr><td colspan="2">L＞60m</td><td>±L/3000</td><td>符合《验评标准》</td></tr>
<tr><td rowspan="3">3△</td><td rowspan="3">两对称接头点相对高差</td><td rowspan="2">允许</td><td>L≤60m</td><td>20</td><td>符合《验评标准》</td><td rowspan="3">水准仪：检查每段</td></tr>
<tr><td>L＞60m</td><td>L/3000</td><td>符合《验评标准》</td></tr>
<tr><td colspan="2">极　值</td><td>允许偏差的2倍，且反向</td><td>符合《验评标准》</td></tr>
<tr><td rowspan="2">4</td><td rowspan="2">同跨各拱肋相对高差</td><td colspan="2">L≤60m</td><td>20</td><td>符合《验评标准》</td><td rowspan="2">水准仪：检查 5 处</td></tr>
<tr><td colspan="2">L＞60m</td><td>L/3000</td><td>符合《验评标准》</td></tr>
<tr><td>5</td><td colspan="3">同跨各拱肋间距</td><td>30</td><td>符合《验评标准》</td><td>尺量：检查 5 处</td></tr>
<tr><td></td><td colspan="3"></td><td></td><td></td><td></td></tr>
<tr><td></td><td colspan="3"></td><td></td><td></td><td></td></tr>
<tr><td></td><td colspan="3"></td><td></td><td></td><td></td></tr>
<tr><td colspan="4">自检说明：

符合设计规范及《验评标准》的要求。

施工员：×××

××年×月×日</td><td colspan="3">监理评语：

符合设计规范及《验评标准》的要求。

监理员：×××

××年×月×日</td></tr>
</table>

施工负责人：×××　　质量检查员：×××　　监理工程师：×××

表 3-105(检验表 79) **腹拱安装质量检验报告单**

承包单位:××集团有限公司××公路工程 A2 标段项目经理部　　合同号:A2

监理单位:××工程咨询有限公司××公路工程 A2 标段监理部　　编　号:

工程名称		K11+000 大桥	施工时间	××年×月×日
桩号及部位		K11+000 大桥腹拱安装	检验时间	××年×月×日
项次	检查项目	规定值或允许偏差(mm)	检验结果	检验频率和方法
1	轴线偏位	10	符合《验评标准》	经纬仪:纵、横各检查 2 处
2	起拱线高程	±20	符合《验评标准》	水准仪:每起拱线测 2 点
3	相邻块件高差	5	符合《验评标准》	尺量:每相邻块件检查 1~3 处

自检说明:	监理评语:
符合设计规范及《验评标准》的要求。	符合设计规范及《验评标准》的要求。
施工员:×××	监理员:×××
××年×月×日	××年×月×日

施工负责人:×××　　质量检查员:×××　　监理工程师:×××

表 3-106(检验表 80)　　**劲性骨架安装质量检验报告单**

承包单位:××集团有限公司××公路工程 A2 标段项目经理部　　合同号:A2

监理单位:××工程咨询有限公司××公路工程 A2 标段监理部　　编　号:

工程名称		K11＋000 大桥		施工时间	××年×月×日
桩号及部位		K11＋000 大桥劲性骨架安装		检验时间	××年×月×日
项次	检查项目		规定值或允许偏差	检验结果	检验频率和方法
1	轴线偏位(mm)		$L/6000$	符合《验评标准》	经纬仪:每肋检查 5 处
2△	高　程(mm)		$\pm L/3000$	符合《验评标准》	水准仪:检查拱顶、拱脚及各接头点
3△	对称点相对高差(mm)	允许	$L/3000$	符合《验评标准》	水准仪:检查各接头点
		极值	$L/1500$,且反向	符合《验评标准》	
4△	焊　缝		符合设计要求	符合《验评标准》	超声:检查全部

自检说明:	监理评语:
符合设计规范及《验评标准》的要求。	符合设计规范及《验评标准》的要求。
施工员:×××	监理员:×××
××年×月×日	××年×月×日

施工负责人:×××　　质量检查员:×××　　监理工程师:×××

表 3-107(检验表 81)　　劲性骨架拱混凝土浇筑质量检验报告单

承包单位:××集团有限公司××公路工程 A2 标段项目经理部　　合同号:A2

监理单位:××工程咨询有限公司××公路工程 A2 标段监理部　　编　号:

<table>
<tr><td colspan="2">工程名称</td><td colspan="2">K11+000 大桥</td><td>施工时间</td><td>××年×月×日</td></tr>
<tr><td colspan="2">桩号及部位</td><td colspan="2">K11+000 大桥劲性骨架混凝土拱</td><td>检验时间</td><td>××年×月×日</td></tr>
<tr><td>项次</td><td colspan="2">检查项目</td><td>规定值或允许偏差</td><td>检验结果</td><td>检验频率和方法</td></tr>
<tr><td>1△</td><td colspan="2">混凝土强度(MPa)</td><td>在合格标准内</td><td>符合《验评标准》</td><td></td></tr>
<tr><td rowspan="3">2</td><td rowspan="3">轴线偏位(mm)</td><td>L≤60m</td><td>10</td><td>符合《验评标准》</td><td rowspan="3">经纬仪:每肋检查 5 点</td></tr>
<tr><td>L=200m</td><td>50</td><td>符合《验评标准》</td></tr>
<tr><td>L>200m</td><td>L/4000</td><td>符合《验评标准》</td></tr>
<tr><td>3△</td><td colspan="2">拱圈标高(mm)</td><td>±L/3000</td><td>符合《验评标准》</td><td>水准仪:测量 5 处</td></tr>
<tr><td rowspan="2">4△</td><td rowspan="2">对称点相对高差(mm)</td><td>允许</td><td>L/3000</td><td>符合《验评标准》</td><td rowspan="2">水准仪:测量 5 处</td></tr>
<tr><td>极值</td><td>L/1500,且反向</td><td>符合《验评标准》</td></tr>
<tr><td>5△</td><td colspan="2">截面尺寸(mm)</td><td>±10</td><td>符合《验评标准》</td><td>尺量:测量 5 处</td></tr>
<tr><td></td><td colspan="2"></td><td></td><td></td><td></td></tr>
<tr><td></td><td colspan="2"></td><td></td><td></td><td></td></tr>
<tr><td></td><td colspan="2"></td><td></td><td></td><td></td></tr>
<tr><td></td><td colspan="2"></td><td></td><td></td><td></td></tr>
<tr><td></td><td colspan="2"></td><td></td><td></td><td></td></tr>
<tr><td></td><td colspan="2"></td><td></td><td></td><td></td></tr>
<tr><td colspan="4">自检说明:

符合设计规范及《验评标准》的要求。

施工员:×××

××年×月×日</td><td colspan="2">监理评语:

符合设计规范及《验评标准》的要求。

监理员:×××

××年×月×日</td></tr>
</table>

施工负责人:×××　　质量检查员:×××　　监理工程师:×××

表 3-108(检验表 82)　　钢管拱肋制作质量检验报告单

承包单位:××集团有限公司××公路工程 A2 标段项目经理部　　合同号:A2

监理单位:××工程咨询有限公司××公路工程 A2 标段监理部　　编　号:

工程名称		K11＋000 大桥	施工时间	××年×月×日
桩号及部位		K11＋000 大桥钢管拱肋制作	检验时间	××年×月×日
项次	检查项目	规定值或允许偏差	检验结果	检验频率和方法
1△	钢管直径(mm)	±D/500 及±5	符合《验评标准》	尺量:每管检查 1~3 处
2	钢管中距(mm)	±5	符合《验评标准》	尺量:每段检查 2~3 处
3△	内弧偏离设计弧线(mm)	8	符合《验评标准》	样板:每段测 1~3 点
4	拱肋内弧长(mm)	＋0,－10	符合《验评标准》	尺量:每段检查
5△	节段对接错边(mm)	2	符合《验评标准》	尺量:检查各对接断面
6	节段平面度(mm)	3	符合《验评标准》	拉线测量:每段检查 1 处
7	竖杆节间长度(mm)	±2	符合《验评标准》	尺量:检查每个节间
8△	焊缝尺寸	符合设计要求	符合设计要求	量规:检查全部
	焊缝探伤			超声:检查全部 射线:符合设计规定,设计未规定时按 5%抽查

自检说明:	监理评语:
符合设计规范及《验评标准》的要求。	符合设计规范及《验评标准》的要求。
施工员:×××	监理员:×××
××年×月×日	××年×月×日

施工负责人:×××　　质量检查员:×××　　监理工程师:×××

表 3-109(检验表 83)　　钢管拱肋安装质量检验报告单

承包单位：××集团有限公司××公路工程 A2 标段项目经理部　　合同号：A2

监理单位：××工程咨询有限公司××公路工程 A2 标段监理部　　编　号：

<table>
<tr><td colspan="3">工程名称</td><td>K11＋000 大桥</td><td>施工时间</td><td>××年×月×日</td></tr>
<tr><td colspan="3">桩号及部位</td><td>K11＋000 大桥钢管拱肋安装</td><td>检验时间</td><td>××年×月×日</td></tr>
<tr><td>项次</td><td colspan="2">检查项目</td><td>规定值或允许偏差</td><td>检验结果</td><td>检验频率和方法</td></tr>
<tr><td>1</td><td colspan="2">轴线偏位(mm)</td><td>L/6000</td><td>符合《验评标准》</td><td>经纬仪：检查 5 处</td></tr>
<tr><td>2△</td><td colspan="2">拱圈高程(mm)</td><td>±L/3000</td><td>符合《验评标准》</td><td>水准仪：检查 5 处</td></tr>
<tr><td rowspan="2">3△</td><td rowspan="2">对称点
高差(mm)</td><td>允许</td><td>L/3000</td><td>符合《验评标准》</td><td rowspan="2">水准仪：检查各接头点</td></tr>
<tr><td>极值</td><td>L/1500，且反向</td><td>符合《验评标准》</td></tr>
<tr><td>4</td><td colspan="2">拱肋接缝错边(mm)</td><td>0.2 壁厚，且≤2</td><td>符合《验评标准》</td><td>尺量：每个接缝</td></tr>
<tr><td rowspan="2">5△</td><td colspan="2">焊缝尺寸</td><td rowspan="2">符合设计要求</td><td rowspan="2">符合设计要求</td><td>量规：检查全部</td></tr>
<tr><td colspan="2">焊缝探伤</td><td>超声：检查全部
射线：符合设计规定，设计未规定时按 5%抽查</td></tr>
<tr><td></td><td colspan="2"></td><td></td><td></td><td></td></tr>
<tr><td></td><td colspan="2"></td><td></td><td></td><td></td></tr>
<tr><td></td><td colspan="2"></td><td></td><td></td><td></td></tr>
<tr><td></td><td colspan="2"></td><td></td><td></td><td></td></tr>
<tr><td></td><td colspan="2"></td><td></td><td></td><td></td></tr>
<tr><td colspan="4">自检说明：

符合设计规范及《验评标准》的要求。

施工员：×××

××年×月×日</td><td colspan="2">监理评语：

符合设计规范及《验评标准》的要求。

监理员：×××

××年×月×日</td></tr>
</table>

施工负责人：×××　　质量检查员：×××　　监理工程师：×××

表 3-110(检验表 84)　　钢管拱肋混凝土浇筑质量检验报告单

承包单位:××集团有限公司××公路工程 A2 标段项目经理部　　合同号:A2

监理单位:××工程咨询有限公司××公路工程 A2 标段监理部　　编　号:

工程名称		K11+000 大桥		施工时间	××年×月×日
桩号及部位		K11+000 大桥钢管混凝土拱肋		检验时间	××年×月×日
项次	检查项目		规定值或允许偏差	检验结果	检验频率和方法
1△	混凝土强度(MPa)		在合格标准内	符合《验评标准》	
2	轴线偏位(mm)	$L\leqslant60$mm	10	符合《验评标准》	经纬仪:检查 5 处
		$L=200$mm	50	符合《验评标准》	
		$L>200$mm	$L/4000$	符合《验评标准》	
3△	拱圈高程(mm)		$\pm L/3000$	符合《验评标准》	水准仪:检查 5 处
4△	对称点高差(mm)	允许	$L/3000$	符合《验评标准》	水准仪:检查各接头点
		极值	$L/1500$,且反向	符合《验评标准》	

自检说明:	监理评语:
符合设计规范及《验评标准》的要求。	符合设计规范及《验评标准》的要求。
施工员:×××	监理员:×××
××年×月×日	××年×月×日

施工负责人:×××　　质量检查员:×××　　监理工程师:×××

表 3-111(检验表 85)　　　　吊杆的制作与安装质量检验报告单

承包单位：××集团有限公司××公路工程 A2 标段项目经理部　　　　合同号：A2

监理单位：××工程咨询有限公司××公路工程 A2 标段监理部　　　　编　号：

<table>
<tr><td colspan="2">工程名称</td><td colspan="2">K11＋000 大桥</td><td>施工时间</td><td>××年×月×日</td></tr>
<tr><td colspan="2">桩号及部位</td><td colspan="2">K11＋000 大桥吊杆制作和安装</td><td>检验时间</td><td>××年×月×日</td></tr>
<tr><td>项次</td><td colspan="2">检查项目</td><td>规定值或允许偏差</td><td>检验结果</td><td>检验频率和方法</td></tr>
<tr><td>1</td><td colspan="2">吊杆长度(mm)</td><td>±0.001L 及±10</td><td>符合《验评标准》</td><td>用钢尺量</td></tr>
<tr><td rowspan="2">2△</td><td rowspan="2">吊杆的
拉力(kN)</td><td>允许</td><td>符合设计要求</td><td>符合设计要求</td><td rowspan="2">测力仪：每吊杆检查</td></tr>
<tr><td>极值</td><td>下承式拱吊杆
拉力偏差 20%</td><td>符合《验评标准》</td></tr>
<tr><td>3</td><td colspan="2">吊点位置(mm)</td><td>10</td><td>符合《验评标准》</td><td>经纬仪：每吊点检查</td></tr>
<tr><td rowspan="2">4△</td><td rowspan="2">高程(mm)</td><td>高　程</td><td>±10</td><td>符合《验评标准》</td><td rowspan="2">水准仪：每吊点检查</td></tr>
<tr><td>两侧高差</td><td>20</td><td>符合《验评标准》</td></tr>
<tr><td></td><td colspan="2"></td><td></td><td></td><td></td></tr>
<tr><td></td><td colspan="2"></td><td></td><td></td><td></td></tr>
<tr><td></td><td colspan="2"></td><td></td><td></td><td></td></tr>
<tr><td></td><td colspan="2"></td><td></td><td></td><td></td></tr>
<tr><td></td><td colspan="2"></td><td></td><td></td><td></td></tr>
<tr><td></td><td colspan="2"></td><td></td><td></td><td></td></tr>
<tr><td colspan="4">自检说明：

符合设计规范及《验评标准》的要求。

施工员：×××

××年×月×日</td><td colspan="2">监理评语：

符合设计规范及《验评标准》的要求。

监理员：×××

××年×月×日</td></tr>
</table>

施工负责人：×××　　　　质量检查员：×××　　　　监理工程师：×××

表 3-112(检验表 86)　　斜拉桥的悬臂浇筑质量检验报告单

承包单位:××集团有限公司××公路工程 A2 标段项目经理部　　合同号:A2

监理单位:××工程咨询有限公司××公路工程 A2 标段监理部　　编　号:

<table>
<tr><td colspan="2">工程名称</td><td colspan="2">K11+000 大桥</td><td>施工时间</td><td>××年×月×日</td></tr>
<tr><td colspan="2">桩号及部位</td><td colspan="2">K11+000 斜拉桥悬臂浇筑</td><td>检验时间</td><td>××年×月×日</td></tr>
<tr><td>项次</td><td colspan="2">检查项目</td><td>规定值或允许偏差</td><td>检验结果</td><td>检验频率和方法</td></tr>
<tr><td>1△</td><td colspan="2">混凝土强度(MPa)</td><td>在合格标准内</td><td>符合《验评标准》</td><td></td></tr>
<tr><td rowspan="2">2</td><td rowspan="2">轴线偏位(mm)</td><td>$L\leqslant 100$m</td><td>10</td><td>符合《验评标准》</td><td rowspan="2">经纬仪:每段检查 2 点</td></tr>
<tr><td>$L>100$m</td><td>$L/10000$</td><td>符合《验评标准》</td></tr>
<tr><td rowspan="4">3△</td><td rowspan="4">断面尺寸(mm)</td><td>高度</td><td>+5,−10</td><td>符合《验评标准》</td><td rowspan="4">尺量:每段检查 2 个断面</td></tr>
<tr><td>顶宽</td><td>±30</td><td>符合《验评标准》</td></tr>
<tr><td>底宽或肋间宽</td><td>±20</td><td>符合《验评标准》</td></tr>
<tr><td>顶、底、腹板厚或肋宽</td><td>+10,−0</td><td>符合《验评标准》</td></tr>
<tr><td rowspan="2">4△</td><td rowspan="2">索力(kN)</td><td>允许</td><td>满足设计和施工控制要求</td><td>符合《验评标准》</td><td rowspan="2">测力仪:测每索拉力</td></tr>
<tr><td>极值</td><td>符合设计规定,设计未规定时设计值相差 10%</td><td>符合《验评标准》</td></tr>
<tr><td rowspan="3">5△</td><td rowspan="3">梁锚固点或梁顶高程(mm)</td><td>梁段</td><td>满足施工控制要求</td><td>符合《验评标准》</td><td rowspan="3">水准仪或全站仪:测量每个锚固点或每梁段中点</td></tr>
<tr><td>合拢后 $L\leqslant 100$m</td><td>±20</td><td>符合《验评标准》</td></tr>
<tr><td>合拢后 $L>100$m</td><td>$\pm L/5000$</td><td>符合《验评标准》</td></tr>
<tr><td>6</td><td colspan="2">横坡(%)</td><td>±0.15</td><td>符合《验评标准》</td><td>水准仪:检查每梁段</td></tr>
<tr><td>7△</td><td colspan="2">锚具轴线与孔道轴线偏位(mm)</td><td>5</td><td>符合《验评标准》</td><td>尺量:全部</td></tr>
<tr><td>8</td><td colspan="2">预埋件位置(mm)</td><td>5</td><td>符合《验评标准》</td><td>尺量:每件</td></tr>
<tr><td>9</td><td colspan="2">平整度(mm)</td><td>8</td><td>符合《验评标准》</td><td>2m 直尺:检查竖直、水平两个方向,每侧每 10m 梁长测 1 处</td></tr>
<tr><td colspan="4">自检说明:
符合设计规范及《验评标准》的要求。
施工员:×××
××年×月×日</td><td colspan="2">监理评语:
符合设计规范及《验评标准》的要求。
监理员:×××
××年×月×日</td></tr>
</table>

施工负责人:×××　　质量检查员:×××　　监理工程师:×××

表 3-113(检验表 87)　　斜拉桥的悬臂拼装质量检验报告单

承包单位:××集团有限公司××公路工程 A2 标段项目经理部　　合同号:A2

监理单位:××工程咨询有限公司××公路工程 A2 标段监理部　　编　号:

<table>
<tr><td colspan="2">工程名称</td><td colspan="3">K11＋000 大桥</td><td>施工时间</td><td>××年×月×日</td></tr>
<tr><td colspan="2">桩号及部位</td><td colspan="3">K11＋000 斜拉桥悬臂拼装</td><td>检验时间</td><td>××年×月×日</td></tr>
<tr><td>项次</td><td colspan="3">检查项目</td><td>规定值或允许偏差</td><td>检验结果</td><td>检验频率和方法</td></tr>
<tr><td>1△</td><td colspan="3">合拢段混凝土强度(MPa)</td><td>在合格标准内</td><td>符合《验评标准》</td><td></td></tr>
<tr><td rowspan="2">2</td><td rowspan="2">轴线偏位(mm)</td><td colspan="2">$L\leqslant100$m</td><td>10</td><td>符合《验评标准》</td><td rowspan="2">经纬仪:每段检查 2 点</td></tr>
<tr><td colspan="2">$L>100$m</td><td>$L/10000$</td><td>符合《验评标准》</td></tr>
<tr><td rowspan="2">3△</td><td rowspan="2">索力(kN)</td><td colspan="2">允许</td><td>满足设计和施工控制要求</td><td>符合《验评标准》</td><td rowspan="2">测力仪:测每索拉力</td></tr>
<tr><td colspan="2">极值</td><td>符合设计规定,设计未规定时与设计值相差 10%</td><td>符合《验评标准》</td></tr>
<tr><td rowspan="3">4△</td><td rowspan="3">梁锚固点或梁顶高程(mm)</td><td colspan="2">梁段</td><td>满足施工控制要求</td><td>符合《验评标准》</td><td rowspan="3">水准仪或全站仪:测量每个锚固点或每梁段中点</td></tr>
<tr><td rowspan="2">合拢段</td><td>$L\leqslant100$m</td><td>±20</td><td>符合《验评标准》</td></tr>
<tr><td>$L>100$m</td><td>$\pm L/5000$</td><td>符合《验评标准》</td></tr>
<tr><td>5△</td><td colspan="3">锚具轴线与孔道轴线偏位(mm)</td><td>5</td><td>符合《验评标准》</td><td>尺量:抽查 25%</td></tr>
<tr><td></td><td colspan="3"></td><td></td><td></td><td></td></tr>
<tr><td></td><td colspan="3"></td><td></td><td></td><td></td></tr>
<tr><td></td><td colspan="3"></td><td></td><td></td><td></td></tr>
<tr><td></td><td colspan="3"></td><td></td><td></td><td></td></tr>
<tr><td colspan="5">自检说明:

符合设计规范及《验评标准》的要求。

施工员:×××

××年×月×日</td><td colspan="2">监理评语:

符合设计规范及《验评标准》的要求。

监理员:×××

××年×月×日</td></tr>
</table>

施工负责人:×××　　质量检查员:×××　　监理工程师:×××

表 3-114(检验表 88)　　桥面防水层质量检验报告单

承包单位:××集团有限公司××公路工程 A2 标段项目经理部　　合同号:A2

监理单位:××工程咨询有限公司××公路工程 A2 标段监理部　　编　号:

工程名称		K11+000 大桥	施工时间	××年×月×日
桩号及部位		K11+000 大桥桥面防水层	检验时间	××年×月×日
项次	检查项目	规定值或允许偏差	检验结果	检验频率和方法
1△	防水涂膜厚度(mm)	符合设计规定,设计未规定时,±0.1	符合设计要求	测厚仪:每 200m² 测 4 点或按材料用量推算
2△	粘结强度(MPa)	不小于设计要求,且≥0.3(常温),≥0.2(气温≥35°)	符合设计要求	拉拔仪:每 200m² 测 4 点(拉拔速度:10mm/min)
3△	抗剪强度(MPa)	不小于设计要求,且≥0.4(常温),≥0.3(气温≥35°)	符合设计要求	剪切仪:1 组 3 个(剪切速度:10mm/mim)
4△	剥离强度(N(mm))	不小于设计要求,且≥0.3(常温),≥0.2(气温≥35°)	符合设计要求	90°剥离仪:1 组 3 个(剥离速度:100mm/min)
自检说明: 符合设计规范及《验评标准》的要求。 施工员:××× ××年×月×日			监理评语: 符合设计规范及《验评标准》的要求。 监理员:××× ××年×月×日	

施工负责人:×××　　质量检查员:×××　　监理工程师:×××

表 3-115(检验表 89) **桥面铺装质量检验报告单**

承包单位:××集团有限公司××公路工程 A2 标段项目经理部 合同号:A2

监理单位:××工程咨询有限公司××公路工程 A2 标段监理部 编 号:

<table>
<tr><td colspan="2">工程名称</td><td colspan="3">K11+000 大桥</td><td>施工时间</td><td colspan="2">××年×月×日</td></tr>
<tr><td colspan="2">桩号及部位</td><td colspan="3">K11+000 大桥桥面铺装</td><td>检验时间</td><td colspan="2">××年×月×日</td></tr>
<tr><td>项次</td><td colspan="3">检查项目</td><td colspan="2">规定值或允许偏差</td><td>检验结果</td><td>检验频率和方法</td></tr>
<tr><td>1△</td><td colspan="3">强度或压实度</td><td colspan="2">在合格标准内</td><td>符合《验评标准》</td><td></td></tr>
<tr><td>2△</td><td colspan="3">厚度(mm)</td><td colspan="2">+10,−5</td><td>符合《验评标准》</td><td>以同梁体产生相同下挠变形的点为基准点,测量桥面浇筑前后相对高差:每 100m 测 5 处</td></tr>
<tr><td rowspan="7">3△</td><td rowspan="7">平整度</td><td colspan="2"></td><td>沥青混凝土</td><td>水泥混凝土</td><td>检验结果</td><td>检验频率和方法</td></tr>
<tr><td rowspan="2">高速、一级公路</td><td>IRI(m/km)</td><td>2.5</td><td>3.0</td><td>符合《验评标准》</td><td rowspan="4">平整度仪:全桥每车道连续检测,每 100m 计算 IRI 或 σ</td></tr>
<tr><td>σ(mm)</td><td>1.5</td><td>1.8</td><td>符合《验评标准》</td></tr>
<tr><td rowspan="3">其他公路</td><td>IRI(m/km)</td><td colspan="2">4.2</td><td>符合《验评标准》</td></tr>
<tr><td>σ(mm)</td><td colspan="2">2.5</td><td>符合《验评标准》</td></tr>
<tr><td>最大间隙 h(mm)</td><td colspan="2">5</td><td>符合《验评标准》</td><td>3m 直尺:每 100m 测 3 处×3 尺</td></tr>
<tr><td colspan="6"></td></tr>
<tr><td rowspan="2">4</td><td rowspan="2">横坡</td><td colspan="2">水泥混凝土</td><td colspan="2">±0.15</td><td>符合《验评标准》</td><td rowspan="2">水准仪:每 100m 检查 3 个断面</td></tr>
<tr><td colspan="2">沥青面层</td><td colspan="2">±0.3</td><td>符合《验评标准》</td></tr>
<tr><td>5</td><td colspan="3">抗滑构造深度</td><td colspan="2">符合设计要求</td><td>符合设计要求</td><td>砂铺法:每 200m 查 3 处</td></tr>
<tr><td></td><td colspan="3"></td><td colspan="2"></td><td></td><td></td></tr>
<tr><td colspan="5">自检说明:
符合设计规范及《验评标准》的要求。
施工员:×××
××年×月×日</td><td colspan="3">监理评语:
符合设计规范及《验评标准》的要求。
监理员:×××
××年×月×日</td></tr>
</table>

施工负责人:××× 质量检查员:××× 监理工程师:×××

表 3-116(检验表 90)　　钢桥面板上沥青混凝土铺装质量检验报告单

承包单位：××集团有限公司××公路工程 A2 标段项目经理部　　　　合同号：A2

监理单位：××工程咨询有限公司××公路工程 A2 标段监理部　　　　编　号：

<table>
<tr><td colspan="3">工程名称</td><td colspan="2">K11＋000 大桥</td><td>施工时间</td><td>××年×月×日</td></tr>
<tr><td colspan="3">桩号及部位</td><td colspan="2">K11＋000 大桥钢桥面铺装</td><td>检验时间</td><td>××年×月×日</td></tr>
<tr><td>项次</td><td colspan="3">检查项目</td><td>规定值或允许偏差</td><td>检验结果</td><td>检验频率和方法</td></tr>
<tr><td>1△</td><td colspan="3">压实度</td><td>符合设计要求</td><td>符合《验评标准》</td><td>按碾压吨位与遍数检查</td></tr>
<tr><td rowspan="5">2△</td><td rowspan="5">平整度</td><td rowspan="2">高速、一级公路</td><td>IRI(m/km)</td><td>2.5</td><td>符合《验评标准》</td><td rowspan="4">平整度仪：全桥每车道连续检测，每 100m 计算 IRI 或 σ</td></tr>
<tr><td>σ(mm)</td><td>1.5</td><td>符合《验评标准》</td></tr>
<tr><td rowspan="3">其他公路</td><td>IRI(m/km)</td><td>4.2</td><td>符合《验评标准》</td></tr>
<tr><td>σ(mm)</td><td>2.5</td><td>符合《验评标准》</td></tr>
<tr><td>最大间隙 h(mm)</td><td>5</td><td>符合《验评标准》</td><td>3m 直尺：每 100m 测 3 处×3 尺</td></tr>
<tr><td>3△</td><td colspan="3">厚度(mm)</td><td>＋10，－5</td><td>符合《验评标准》</td><td>按沥青混凝土实际用量推算</td></tr>
<tr><td>4</td><td colspan="3">抗滑构造深度</td><td>符合设计要求</td><td>符合设计要求</td><td>砂铺法：每 200m 查 3 处</td></tr>
<tr><td>5</td><td colspan="3">横坡(%)</td><td>±0.3</td><td>符合《验评标准》</td><td>水准仪：每 200m 测 4 个断面</td></tr>
<tr><td></td><td colspan="3"></td><td></td><td></td><td></td></tr>
<tr><td></td><td colspan="3"></td><td></td><td></td><td></td></tr>
<tr><td></td><td colspan="3"></td><td></td><td></td><td></td></tr>
<tr><td></td><td colspan="3"></td><td></td><td></td><td></td></tr>
<tr><td colspan="5">自检说明：
符合设计规范及《验评标准》的要求。
施工员：×××
××年×月×日</td><td colspan="2">监理评语：
符合设计规范及《验评标准》的要求。
监理员：×××
××年×月×日</td></tr>
</table>

施工负责人：×××　　　　质量检查员：×××　　　　监理工程师：×××

表 3-117(检验表 91)　　混凝土小型构件质量检验报告单

承包单位：××集团有限公司××公路工程 A2 标段项目经理部　　合同号：A2

监理单位：××工程咨询有限公司××公路工程 A2 标段监理部　　编　号：

<table>
<tr><td colspan="2">工程名称</td><td colspan="2">K11＋000 大桥</td><td>施工时间</td><td colspan="2">××年×月×日</td></tr>
<tr><td colspan="2">桩号及部位</td><td colspan="2">K11＋000 大桥混凝土小型构件</td><td>检验时间</td><td colspan="2">××年×月×日</td></tr>
<tr><td>项次</td><td colspan="2">检查项目</td><td>规定值或允许偏差</td><td>检验结果</td><td colspan="2">检验频率和方法</td></tr>
<tr><td>1</td><td colspan="2">混凝土强度(MPa)</td><td>在合格标准内</td><td>符合《验评标准》</td><td colspan="2"></td></tr>
<tr><td rowspan="2">2</td><td rowspan="2">断面尺寸
(mm)</td><td>≤80</td><td>±5</td><td>符合《验评标准》</td><td rowspan="2">尺量：2 处</td><td rowspan="3">按构件总数的 30%</td></tr>
<tr><td>>80</td><td>±10</td><td>符合《验评标准》</td></tr>
<tr><td>3</td><td colspan="2">长度(mm)</td><td>＋5，－10</td><td>符合《验评标准》</td><td>尺　量</td></tr>
<tr><td colspan="2">自检说明：
符合设计规范及《验评标准》的要求。
施工员：×××
××年×月×日</td><td colspan="5">监理评语：
符合设计规范及《验评标准》的要求。
监理员：×××
××年×月×日</td></tr>
</table>

施工负责人：×××　　质量检查员：×××　　监理工程师：×××

表 3-118(检验表 92) **人行道铺设质量检验报告单**

承包单位:××集团有限公司××公路工程 A2 标段项目经理部 合同号:A2

监理单位:××工程咨询有限公司××公路工程 A2 标段监理部 编 号:

工程名称		K11+000 大桥	施工时间	××年×月×日
桩号及部位		K11+000 大桥人行道铺设	检验时间	××年×月×日
项次	检查项目	规定值或允许偏差	检验结果	检验频率和方法
1	人行道边缘平面偏差(mm)	5	符合《验评标准》	经纬仪、钢尺拉线检查:每 30m 检查 1 处
2	纵向高程(mm)	+10,−0	符合《验评标准》	水准仪:每 100m 检查 3 处
3	接缝两侧高差(mm)	2	符合《验评标准》	水准仪:抽查 10%
4	横坡(%)	±0.3	符合《验评标准》	水准仪:每 100m 检查 3 处
5	平整度(mm)	5	符合《验评标准》	3m 直尺:每 100m 检查 3 处

自检说明:	监理评语:
符合设计规范及《验评标准》的要求。	符合设计规范及《验评标准》的要求。
施工员:×××	监理员:×××
××年×月×日	××年×月×日

施工负责人:××× 质量检查员:××× 监理工程师:×××

表 3-119(检验表 93)　　　　　　**栏杆安装质量检验报告单**

承包单位:××集团有限公司××公路工程 A2 标段项目经理部　　　　合同号:A2

监理单位:××工程咨询有限公司××公路工程 A2 标段监理部　　　　编　号:

工程名称		K11+000 大桥	施工时间	××年×月×日
桩号及部位		K11+000 大桥栏杆安装	检验时间	××年×月×日
项次	检查项目	规定值或允许偏差(mm)	检验结果	检验频率和方法
1	栏杆平面偏差	4	符合《验评标准》	经纬仪:钢尺拉线检查:每 30m 检查 1 处
2	扶手高度	±10	符合《验评标准》	水准仪:抽查 20%
	柱顶高差	4	符合《验评标准》	
3	接缝两侧扶手高差	3	符合《验评标准》	尺量:抽查 20%
4	竖杆或柱纵横向竖直度	4	符合《验评标准》	吊垂线:抽查 20%

自检说明:	监理评语:
符合设计规范及《验评标准》的要求。	符合设计规范及《验评标准》的要求。
施工员:×××	监理员:×××
××年×月×日	××年×月×日

施工负责人:×××　　　　质量检查员:×××　　　　监理工程师:×××

表 3-120(检验表 94)　　**混凝土防撞护栏浇筑质量检验报告单**

承包单位：××集团有限公司××公路工程 A2 标段项目经理部　　合同号：A2

监理单位：××工程咨询有限公司××公路工程 A2 标段监理部　　编　号：

工程名称		K11＋000 大桥	施工时间	××年×月×日
桩号及部位		K11＋000 大桥混凝土护栏	检验时间	××年×月×日
项次	检查项目	规定值或允许偏差	检验结果	检验频率和方法
1△	混凝土强度(MPa)	在合格标准内	符合《验评标准》	
2	平面偏位(mm)	4	符合《验评标准》	经纬仪、钢尺拉线检查：每 100m 检查 3 处
3△	断面尺寸(mm)	±5	符合《验评标准》	尺量：每 100m 每侧检查 3 处
4	竖直度(mm)	4	符合《验评标准》	吊垂线：每 100m 每侧检查 3 处
5	预埋件位置(mm)	5	符合《验评标准》	尺量：每件
自检说明： 符合设计规范及《验评标准》的要求。 施工员：××× ××年×月×日			监理评语： 符合设计规范及《验评标准》的要求。 监理员：××× ××年×月×日	

施工负责人：×××　　质量检查员：×××　　监理工程师：×××

《质量检验报告单》(表 3-71～表 3-120)填写说明:

(1)工程名称:填写单位工程名称,如 K11＋000 大桥。

(2)桩号及部位:填写分项工程名称。以基础及下部构造为例,填写扩大基础、桩基、地下连续墙、承台、沉井、桩的制作、钢筋加工及安装、墩台身(砌体)浇筑、墩台身安装、墩台帽、组合桥台、台背填土、支座垫石和挡块等分项工程名称。

(3)检验结果:根据检验记录的计算结果如实填写。当检验记录合格率为 100%或质量评定为合格时,在检验结果栏填写符合《验评标准》、符合设计要求或直接填写“合格”。不再填写其他数据,因为检验记录里面已经记录的很全面了。

(4)检验频率和方法:根据《验评标准》的要求填写。

第六节 隧道工程施工资料

一、一般规定

隧道工程由总体、明洞、洞口工程、洞身开挖、洞身衬砌、防排水、隧道路面、装饰、辅助施工措施等分部工程构成。

洞身开挖可根据具体情况分成若干段，比如每10m为一段，每段作为一个分项工程；洞身衬砌包括锚喷支护（初支）和衬砌施工（二衬）等分项工程。

二、隧道工程施工资料的内容

隧道工程施工资料的内容见表3-121。

表3-121 隧道工程施工资料的内容

序号	类别	资料编号	资料名称
1	洞身开挖施工、检查	监表11	《中间交工证书》
		监表05	《检验申请批复单》
		检验表96	《洞身开挖质量检验报告单》
		检验记录表16	《隧道开挖地质监测记录表》
		检验记录表17	《隧道监控测量记录表》
2	衬砌施工、检验	监表11	《中间交工证书》
		监表05	《检验申请批复单》
		检验表97	《（钢纤维）喷射混凝土支护质量检验报告单》
		检验表98	《锚杆支护质量检验报告单》
		检验表99	《钢筋网支护质量检验报告单》
		检验表101	《钢支撑支护质量检验报告单》
3	洞身施工检查记录	监表11	《中间交工证书》
		监表05	《检验申请批复单》
		检验表102	《衬砌钢筋质量检验报告单》
		检验表100	《混凝土衬砌质量检验报告单》
4	隧道总体检查记录	监表11	《中间交工证书》
		监表05	《检验申请批复单》
		检验表95	《隧道总体质量检验报告单》
		检验记录表18	《隧道总体检验记录表》

三、隧道工程施工资料常用表格填写范例

1. 检验记录表

隧道工程检验记录表见表3-122～表3-124。

表 3-122(检验记录表 16)　　隧道开挖地质监测记录表

承包单位：××集团有限公司××公路工程 A2 标段项目经理部　　合同号：A2

监理单位：××工程咨询有限公司××公路工程 A2 标段监理部　　编　号：

隧道名称、桩号		桃花源隧道左线 ZK7＋000～ZK7＋020		
断面桩号、编号		ZK7＋020	调查日期	××年×月×日
断面尺寸		20m²	埋　深	220m
监测断面围岩状况	岩层的岩性及状态	花岗岩		
	结构特征及完整状况	完　整		
	开挖后的稳定状况	稳　定		
	地下水量和水质	无		
	不良地质及特殊地质	无		
设计围岩类别		Ⅴ		
超前探测情况		超前探孔长 6.0m，未发现异常		
施工采用围岩类别		Ⅴ		
工程措施		严格按施工方案施工		
自检说明： 符合设计规范及《验评标准》的要求。 施工员：××× ××年×月×日		监理评语： 符合设计规范及《验评标准》的要求。 监理员：××× ××年×月×日		

施工负责人：×××　　质量检查员：×××　　监理工程师：×××

表 3-123(检验记录表 17)　　　隧道监控测量记录表

承包单位:××集团有限公司××公路工程 A2 标段项目经理部　　　合同号:A2

监理单位:××工程咨询有限公司××公路工程 A2 标段监理部　　　编　号:

隧道名称、桩号	桃花源隧道左线 ZK7＋000～ZK7＋020				测点桩号	ZK7＋020					备　注
开挖日期	××年×月×日				初读日期	××年×月×日					
测点号	1		2		记　要		3		4		
日期时间	测　值	计算值	测　值	计算值	测　值	计算值	测　值	计算值	测　值	计算值	
8：00AM	12498mm	12500mm	12498mm	12498mm							
12：00AM	12496mm	12500mm	12498mm	12498mm							
16：00PM	12498mm	12500mm	12496mm	12498mm							
20：00PM	12496mm	12500mm	12496mm	12498mm							

自检说明：	监理评语：
符合设计规范及《验评标准》的要求。	符合设计规范及《验评标准》的要求。
施工员：×××	监理员：×××
××年×月×日	××年×月×日

施工负责人：×××　　　质量检查员：×××　　　监理工程师：×××

表 3-124(检验记录表 18)　　　　隧道总体检验记录表

承包单位：××集团有限公司××公路工程 A2 标段项目经理部　　　　合同号：A2

监理单位：××工程咨询有限公司××公路工程 A2 标段监理部　　　　编　号：

隧道名称、桩号	桃花源隧道左线 ZK7＋020	检查断面桩号	ZK7＋020	围岩类型	Ⅴ

内拱顶(0 点)标高检查	设计(m)	实测(m)	偏差(mm)
	202.200	**202.195**	**−5**

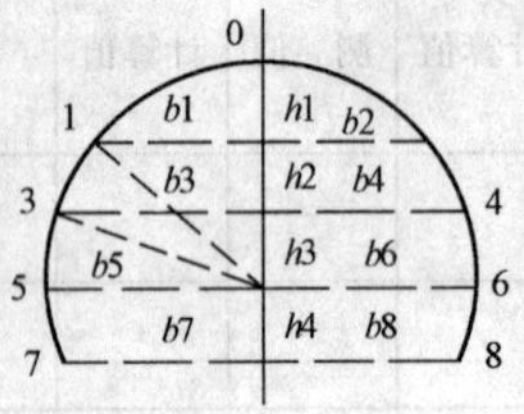

取点示意图

净空检查 点位	设计(cm) h	设计(cm) b	实测(cm) h	实测(cm) b	偏差(mm)
1	**20020**	**1050**	**20018**	**1049**	**22**
2	**20020**	**1050**	**20017**	**1048**	**36**
3	**19820**	**1250**	**19818**	**1248**	**28**
4	**19820**	**1250**	**19818**	**1249**	**22**
5	**19620**	**1450**	**19617**	**1448**	**36**
6	**19620**	**1450**	**19618**	**1449**	**22**
7	**19420**	**1250**	**19420**	**1250**	**0**
8	**19420**	**1250**	**19420**	**1250**	**0**

行车道宽度			隧道偏位(mm)		路中心线与隧道中心线衔接(mm)		边坡坡度			仰坡坡度		
设计(cm)	实测(cm)	偏差(mm)	允许偏差	实测偏差	允许偏差	实测偏差	设计	实测	偏差	设计	实测	偏差
1250	**1251**	**＋10**	**20**	**18**	**20**	**16**	**1.5**	**1.52**	**0.02**	**1.5**	**1.52**	**0.02**
1250	**1250**	**0**	**20**	**16**	**20**	**16**	**1.5**	**1.52**	**0.02**	**1.5**	**1.52**	**0.02**

外观质量	

自检说明：

符合设计规范及《验评标准》的要求。

施工员：×××

××年×月×日

监理评语：

符合设计规范及《验评标准》的要求。

监理员：×××

××年×月×日

施工负责人：×××　　　　质量检查员：×××　　　　监理工程师：×××

3. 质量检验报告单

质量检验报告单见表 3-125～表 3-132。

表 3-125(检验表 95)　　　　隧道总体质量检验报告单

承包单位：××集团有限公司××公路工程 A2 标段项目经理部　　　　合同号：A2

监理单位：××工程咨询有限公司××公路工程 A2 标段监理部　　　　编　号：

工程名称		桃花源隧道左线	施工时间	××年×月×日
桩号及部位		ZK6＋000～ZK8＋000 隧道总体	检验时间	××年×月×日
项次	检查项目	规定值或允许偏差	检验结果	检验频率和方法
1	车行道(mm)	±10	符合《验评标准》	尺量：每 20m(曲线)或 50m(直线)检查一次
2	净总宽(mm)	不小于设计	符合设计要求	尺量：每 20m(曲线)或 50m(直线)检查一次
3△	隧道净高(mm)	不小于设计	符合设计要求	水准仪：每 20m(曲线)或 50m(直线)测一个断面，每断面测拱顶和两拱腰 3 点
4	轴线偏差(mm)	20	符合《验评标准》	全站仪或其他测量仪器：每 20m(曲线)或 50m(直线)检查 1 处
5	路线中心线与隧道中心线的衔接(mm)	20	符合《验评标准》	分别将引道中心线和隧道中心线延长至两侧洞口，比较其平面位置
6	边坡、仰坡	不大于设计	符合设计要求	坡度板：检查 10 处

自检说明：	监理评语：
符合设计规范及《验评标准》的要求。	符合设计规范及《验评标准》的要求。
施工员：×××	监理员：×××
××年×月×日	××年×月×日

施工负责人：×××　　　　质量检查员：×××　　　　监理工程师：×××

表 3-126(检验表 96) **洞身开挖质量检验报告单**

承包单位:××集团有限公司××公路工程 A2 标段项目经理部 合同号:A2

监理单位:××工程咨询有限公司××公路工程 A2 标段监理部 编 号:

<table>
<tr><td colspan="3">工程名称</td><td>桃花源隧道左线</td><td>施工时间</td><td>××年×月×日</td></tr>
<tr><td colspan="3">桩号及部位</td><td>ZK7+000～ZK7+020 洞身开挖</td><td>检验时间</td><td>××年×月×日</td></tr>
<tr><td>项次</td><td colspan="2">检查项目</td><td>规定值或允许偏差
(mm)</td><td>检验结果</td><td>检验频率和方法</td></tr>
<tr><td rowspan="3">1△</td><td rowspan="3">拱部
超挖</td><td>破碎岩、土
(Ⅰ、Ⅱ类围岩)</td><td>平均 100,
最大 150</td><td>符合《验评标准》</td><td rowspan="3">水准仪或断面仪:每 20m 一个断面</td></tr>
<tr><td>中硬岩、软岩
(Ⅲ、Ⅳ、Ⅴ类围岩)</td><td>平均 150,
最大 250</td><td>符合《验评标准》</td></tr>
<tr><td>硬岩
(Ⅵ类围岩)</td><td>平均 100,
最大 200</td><td>符合《验评标准》</td></tr>
<tr><td rowspan="2">2</td><td rowspan="2">边墙
宽度</td><td>每 侧</td><td>+100,−0</td><td>符合《验评标准》</td><td rowspan="2">尺量:每 20m 检查一处</td></tr>
<tr><td>全 宽</td><td>+200,−0</td><td>符合《验评标准》</td></tr>
<tr><td>3</td><td colspan="2">边墙、仰拱、隧底超挖</td><td>平均 100</td><td>符合《验评标准》</td><td>水准仪:每 20m 检查 3 处</td></tr>
<tr><td></td><td colspan="2"></td><td></td><td></td><td></td></tr>
<tr><td></td><td colspan="2"></td><td></td><td></td><td></td></tr>
<tr><td></td><td colspan="2"></td><td></td><td></td><td></td></tr>
<tr><td></td><td colspan="2"></td><td></td><td></td><td></td></tr>
<tr><td></td><td colspan="2"></td><td></td><td></td><td></td></tr>
<tr><td></td><td colspan="2"></td><td></td><td></td><td></td></tr>
<tr><td colspan="4">自检说明:

符合设计规范及《验评标准》的要求。

施工员:×××

××年×月×日</td><td colspan="2">监理评语:

符合设计规范及《验评标准》的要求。

监理员:×××

××年×月×日</td></tr>
</table>

施工负责人:××× 质量检查员:××× 监理工程师:×××

表 3-127(检验表 97)　　(钢纤维)喷射混凝土支护质量检验报告单

承包单位:××集团有限公司××公路工程 A2 标段项目经理部　　合同号:A2

监理单位:××工程咨询有限公司××公路工程 A2 标段监理部　　编　号:

工程名称	桃花源隧道左线	施工时间	××年×月×日
桩号及部位	ZK7＋000～ZK7＋020 (钢纤维)喷射混凝土支护	检验时间	××年×月×日

项次	检查项目	规定值或允许偏差	检验结果	检验频率和方法
1△	喷射混凝土强度(MPa)	在合格标准内	符合《验评标准》	
2△	喷层厚度(mm)	平均厚度≥设计厚度; 检查点的 60%≥设计厚度; 最小厚度≥0.5 设计厚度,且≥50	符合《验评标准》	凿孔法或雷达检测仪:每 10m 检查一个断面,每个断面从拱顶中线起每 3m 检查 1 点
3△	空洞检测	无空洞,无杂物	符合《验评标准》	凿孔法或雷达检测仪:每 10m 检查一个断面,每个断面从拱顶中线起每 3m 检查 1 点

自检说明:	监理评语:
符合设计规范及《验评标准》的要求。	符合设计规范及《验评标准》的要求。
施工员:×××	监理员:×××
××年×月×日	××年×月×日

施工负责人:×××　　质量检查员:×××　　监理工程师:×××

表 3-128(检验表 98)　　锚杆支护质量检验报告单

承包单位:××集团有限公司××公路工程 A2 标段项目经理部　　合同号:A2

监理单位:××工程咨询有限公司××公路工程 A2 标段监理部　　编　号:

工程名称		桃花源隧道左线	施工时间	××年×月×日
桩号及部位		ZK7＋000～ZK7＋020 锚杆支护	检验时间	××年×月×日
项次	检查项目	规定值或允许偏差	检验结果	检验频率和方法
1△	锚杆数量(根)	不少于设计	符合《验评标准》	按分项工程统计
2	锚杆拔力(kN)	28d 拔力平均值≥设计值,最小拔力≥0.9 设计值	符合《验评标准》	按锚杆数 1%且不小于 3 根做拔力试验
3	孔位(mm)	±50	符合《验评标准》	尺量:检查锚杆数的 10%
4	钻孔深度(mm)	±50	符合《验评标准》	尺量:检查锚杆数的 10%
5	孔径(mm)	砂浆锚杆:大于杆体直径＋15;其他锚杆:符合设计要求	符合《验评标准》	尺量:检查锚杆数的 10%
6	锚杆垫板	与岩面紧贴	符合《验评标准》	检查锚杆数的 10%

自检说明:	监理评语:
符合设计规范及《验评标准》的要求。	符合设计规范及《验评标准》的要求。
施工员:×××	监理员:×××
××年×月×日	××年×月×日

施工负责人:×××　　质量检查员:×××　　监理工程师:×××

表 3-129(检验表 99) **钢筋网支护质量检验报告单**

承包单位:××集团有限公司××公路工程 A2 标段项目经理部 合同号:A2

监理单位:××工程咨询有限公司××公路工程 A2 标段监理部 编 号:

工程名称		桃花源隧道左线	施工时间	××年×月×日
桩号及部位		ZK7+000~ZK7+020 钢筋网支护	检验时间	××年×月×日
项次	检查项目	规定值或允许偏差(mm)	检验结果	检验频率和方法
1△	网格尺寸	±10	符合《验评标准》	尺量:每 $50m^2$ 检查 2 个网眼
2	钢筋保护层厚度	≥10	符合《验评标准》	凿孔检查:检查 5 点
3	与受喷岩面的间隙	≤30	符合《验评标准》	尺量:检查 10 点
4	网的长、宽	±10	符合《验评标准》	尺量

自检说明:	监理评语:
符合设计规范及《验评标准》的要求。	符合设计规范及《验评标准》的要求。
施工员:×××	监理员:×××
××年×月×日	××年×月×日

施工负责人:××× 质量检查员:××× 监理工程师:×××

表 3-130(检验表 100)　　混凝土衬砌质量检验报告单

承包单位：××集团有限公司××公路工程 A2 标段项目经理部　　合同号：A2

监理单位：××工程咨询有限公司××公路工程 A2 标段监理部　　编　号：

工程名称		桃花源隧道左线	施工时间	××年×月×日
桩号及部位		ZK7＋000～ZK7＋020 混凝土衬砌	检验时间	××年×月×日
项次	检查项目	规定值或允许偏差	检验结果	检验频率和方法
1△	混凝土强度(MPa)	在合格标准内	符合《验评标准》	
2△	衬砌厚度(mm)	不小于设计值	符合《验评标准》	激光断面仪或地质雷达：每 40m 检查一个断面
3	墙面平整度(mm)	5	符合《验评标准》	2m 直尺：每 40m 每侧检查 5 处
自检说明： 符合设计规范及《验评标准》的要求。 施工员：××× ××年×月×日			监理评语： 符合设计规范及《验评标准》的要求。 监理员：××× ××年×月×日	

施工负责人：×××　　质量检查员：×××　　监理工程师：×××

表 3-131(检验表 101)　　钢支撑支护质量检验报告单

承包单位:××集团有限公司××公路工程 A2 标段项目经理部　　合同号:A2

监理单位:××工程咨询有限公司××公路工程 A2 标段监理部　　编　号:

<table>
<tr><td colspan="2">工程名称</td><td colspan="2">桃花源隧道左线</td><td>施工时间</td><td>××年×月×日</td></tr>
<tr><td colspan="2">桩号及部位</td><td colspan="2">ZK7+000～ZK7+020 钢支撑支护</td><td>检验时间</td><td>××年×月×日</td></tr>
<tr><td>项次</td><td colspan="2">检查项目</td><td>规定值或允许偏差</td><td>检验结果</td><td>检验频率和方法</td></tr>
<tr><td>1△</td><td colspan="2">安装间距(mm)</td><td>50</td><td>符合《验评标准》</td><td>尺量:每榀检查</td></tr>
<tr><td>2</td><td colspan="2">保护层厚度(mm)</td><td>≥20</td><td>符合《验评标准》</td><td>凿孔检查:每榀自拱顶每 3m 检查一点</td></tr>
<tr><td>3</td><td colspan="2">倾斜度(°)</td><td>±2</td><td>符合《验评标准》</td><td>测量仪器检查每榀倾斜度</td></tr>
<tr><td rowspan="2">4</td><td rowspan="2">安装偏差(mm)</td><td>横向</td><td>±50</td><td>符合《验评标准》</td><td rowspan="2">尺量:每榀检查</td></tr>
<tr><td>竖向</td><td>不低于设计标高</td><td>符合设计要求</td></tr>
<tr><td>5</td><td colspan="2">拼装偏差(mm)</td><td>±3</td><td>符合《验评标准》</td><td>尺量:每榀检查</td></tr>
<tr><td></td><td colspan="2"></td><td></td><td></td><td></td></tr>
<tr><td></td><td colspan="2"></td><td></td><td></td><td></td></tr>
<tr><td></td><td colspan="2"></td><td></td><td></td><td></td></tr>
<tr><td></td><td colspan="2"></td><td></td><td></td><td></td></tr>
<tr><td></td><td colspan="2"></td><td></td><td></td><td></td></tr>
<tr><td></td><td colspan="2"></td><td></td><td></td><td></td></tr>
<tr><td colspan="4">自检说明:

符合设计规范及《验评标准》的要求。

施工员:×××

××年×月×日</td><td colspan="2">监理评语:

符合设计规范及《验评标准》的要求。

监理员:×××

××年×月×日</td></tr>
</table>

施工负责人:×××　　质量检查员:×××　　监理工程师:×××

表 3-132(检验表 102)　　衬砌钢筋质量检验报告单

承包单位:××集团有限公司××公路工程 A2 标段项目经理部　　合同号:A2

监理单位:××工程咨询有限公司××公路工程 A2 标段监理部　　编　号:

<table>
<tr><td colspan="4">工程名称</td><td>桃花源隧道左线</td><td>施工时间</td><td>××年×月×日</td></tr>
<tr><td colspan="4">桩号及部位</td><td>ZK7＋000～ZK7＋020 衬砌钢筋</td><td>检验时间</td><td>××年×月×日</td></tr>
<tr><td>项次</td><td colspan="3">检查项目</td><td>规定值或允许偏差</td><td>检验结果</td><td>检验频率和方法</td></tr>
<tr><td>1△</td><td colspan="3">主筋间距(mm)</td><td>±10</td><td>符合《验评标准》</td><td>尺量:每 20m 检查 5 点</td></tr>
<tr><td>2</td><td colspan="3">两层钢筋间距(mm)</td><td>±5</td><td>符合《验评标准》</td><td>尺量:每 20m 检查 5 点</td></tr>
<tr><td>3</td><td colspan="3">箍筋间距(mm)</td><td>±20</td><td>符合《验评标准》</td><td>尺量:每 20m 检查 5 点</td></tr>
<tr><td rowspan="4">4</td><td rowspan="4">绑扎搭接长度</td><td rowspan="2">受拉</td><td>HPB235 级钢筋</td><td>30d</td><td>符合《验评标准》</td><td rowspan="4">尺量:每 20m 检查 3 个接头</td></tr>
<tr><td>HRB335 级钢筋</td><td>35d</td><td>符合《验评标准》</td></tr>
<tr><td rowspan="2">受压</td><td>HPB235 级钢筋</td><td>20d</td><td>符合《验评标准》</td></tr>
<tr><td>HRB335 级钢筋</td><td>25d</td><td>符合《验评标准》</td></tr>
<tr><td>5</td><td>钢筋加工</td><td colspan="2">钢筋长度(mm)</td><td>－10,＋5</td><td>符合《验评标准》</td><td>尺量:每 20m 检查 2 根</td></tr>
<tr><td></td><td colspan="3"></td><td></td><td></td><td></td></tr>
<tr><td></td><td colspan="3"></td><td></td><td></td><td></td></tr>
<tr><td></td><td colspan="3"></td><td></td><td></td><td></td></tr>
<tr><td></td><td colspan="3"></td><td></td><td></td><td></td></tr>
<tr><td></td><td colspan="3"></td><td></td><td></td><td></td></tr>
<tr><td></td><td colspan="3"></td><td></td><td></td><td></td></tr>
<tr><td colspan="5">自检说明:

符合设计规范及《验评标准》的要求。

施工员:×××

××年×月×日</td><td colspan="2">监理评语:

符合设计规范及《验评标准》的要求。

监理员:×××

××年×月×日</td></tr>
</table>

施工负责人:×××　　质量检查员:×××　　监理工程师:×××

《质量检验报告单》(表 3-125～表 3-132)填写说明:

(1)工程名称:填写单位工程(子单位工程)名称,如桃花源隧道左线。

(2)桩号及部位:填写分项工程名称。如 ZK7＋000～ZK7＋020 洞身开挖。

(3)检验结果:根据检验记录的计算结果如实填写。当检验记录合格率为 100%或质量评定为合格时,在检验结果栏填写符合《验评标准》、符合设计要求或直接填写“合格”。不再填写其他数据,因为检验记录里面已经记录的很全面了。

(4)检验频率和方法:根据《验评标准》的要求填写。

第七节 交通安全设施施工资料

一、一般规定

交通安全设施包括：标志，标线、突起路标，护栏、轮廓标，防眩设施，隔离栅、防落网等分部工程。

交通标志由标志面、标志底板、支柱和基础、紧固件组成。视线诱导标由反射器、立柱、支架、底板、连接件、突起路标等构件组成。构件一般由工厂加工，运至现场安装。波形梁护栏由波形梁、立柱和高强连接螺栓组成。隔离栅由编制金属网（或钢板网）、刺铁丝、立柱、水泥基础墩组成。标志底板、面板、支柱等构件一般由工厂加工制作，现场安装。

施工资料以分项工程为单元进行组卷，若资料较少时，构件合格证、构件质量委托检验报告和施工检验记录可合为一卷归档。

二、交通安全设施施工资料的内容

交通安全设施施工资料的内容见表 3-133。

表 3-133　桥梁工程施工资料的内容

序号	类　别	资料编号	资料名称
1	各种标志牌制作安装检查记录	监表 11	《中间交工证书》
		监表 05	《检验申请批复单》
		检验表 103	《交通标志质量检验报告单》
2	标线检查资料施工记录	监表 11	《中间交工证书》
		监表 05	《检验申请批复单》
		检验表 104	《路面标线质量检验报告单》
3	防撞护栏、隔离栅及附属设施施工、检查	监表 11	《中间交工证书》
		监表 05	《检验申请批复单》
		检验表 105	《波形梁钢护栏质量检验报告单》
		检验表 106	《混凝土护栏质量检验报告单》
		检验表 107	《缆索护栏质量检验报告单》
		检验表 108	《防眩设施质量检验报告单》
		检验表 109	《隔离栅和防落网质量检验报告单》

三、交通安全设施施工资料常用表格填写范例

交通安全设施施工资料常用表格填写范例见表 3-134～表 3-140。

表 3-134(检验表 103)　　　　交通标志质量检验报告单

承包单位:××集团有限公司××公路工程 A2 标段项目经理部　　　　合同号:A2

监理单位:××工程咨询有限公司××公路工程 A2 标段监理部　　　　编　号:

<table>
<tr><td colspan="2">工程名称</td><td>标　　志</td><td>施工时间</td><td>××年×月×日</td></tr>
<tr><td colspan="2">桩号及部位</td><td>K11+000～K12+000 左侧交通标志</td><td>检验时间</td><td>××年×月×日</td></tr>
<tr><td>项次</td><td>检查项目</td><td>规定值或允许偏差</td><td>检验结果</td><td>检验频率和方法</td></tr>
<tr><td rowspan="2">1</td><td>标志板外形尺寸(mm)</td><td>±5。当边长尺寸大于 1.2m 时允许偏差为边长的±0.5%;三角形内角应为 60°±5°</td><td>符合《验评标准》</td><td rowspan="2">钢卷尺、万能角尺、卡尺:检查 100%</td></tr>
<tr><td>标志底板厚度(mm)</td><td>不小于设计</td><td>符合设计要求</td></tr>
<tr><td>2</td><td>标志汉字、数字、拉丁字的字体及尺寸(mm)</td><td>应符合规定字体,基本字高不小于设计</td><td>符合设计要求</td><td>字体与标准字体对照,字高用钢卷尺:检查 10%</td></tr>
<tr><td>3△</td><td>标志面反光膜等级及逆反射系数($cd \cdot lx^{-1} \cdot m^{-2}$)</td><td>反光膜等级符合设计。逆反射系数值不低于《公路交通标志板技术条件》(JT/T279)规定</td><td>符合《技术条件》</td><td>反光膜等级用目测初定。便携式测定仪:检查 100%</td></tr>
<tr><td>4</td><td>标志板下缘至路面净空高度及标志板内缘距路边缘距离(mm)</td><td>+100,0</td><td>符合《验评标准》</td><td>用直尺、水平尺或经纬仪:检查 100%</td></tr>
<tr><td>5</td><td>立柱竖直度(mm/m)</td><td>±3</td><td>符合《验评标准》</td><td>垂线、直尺:检查 100%</td></tr>
<tr><td>6△</td><td>标志金属构件镀层厚度(μm)</td><td>标志桩、横梁≥78,紧固件≥50</td><td>符合《验评标准》</td><td>测厚仪:检查 100%</td></tr>
<tr><td>7</td><td>标志基础尺寸(mm)</td><td>+100,−50</td><td>符合《验评标准》</td><td>钢尺、直尺:检查 100%</td></tr>
<tr><td>8</td><td>基础混凝土强度(MPa)</td><td>在合格标准内</td><td>符合《验评标准》</td><td>基础施工同时做试件每处 1 组(3 件):检查 100%</td></tr>
<tr><td colspan="3">自检说明:

符合设计规范及《验评标准》的要求。

施工员:×××

××年×月×日</td><td colspan="2">监理评语:

符合设计规范及《验评标准》的要求。

监理员:×××

××年×月×日</td></tr>
</table>

施工负责人:×××　　　　质量检查员:×××　　　　监理工程师:×××

表 3-135(检验表 104)　　　　路面标线质量检验报告单

承包单位：××集团有限公司××公路工程 A2 标段项目经理部　　　　合同号：A2

监理单位：××工程咨询有限公司××公路工程 A2 标段监理部　　　　编　号：

工程名称		标　线		施工时间	××年×月×日
桩号及部位		K11＋000～K12＋000		左侧路面标线检验时间	××年×月×日
项次	检查项目		规定值或允许偏差	检验结果	检验频率和方法
1	标线线段长度(mm)	6000	±50	符合《验评标准》	钢卷尺：抽检 10%
		4000	±40	符合《验评标准》	
		3000	±30	符合《验评标准》	
		1000～2000	±20	符合《验评标准》	
2	标线宽度(mm)	400～450	＋15，0	符合《验评标准》	钢尺：抽检 10%
		150～200	＋8，0	符合《验评标准》	
		100	＋5，0	符合《验评标准》	
3△	标线厚度(mm)	常温型(0.12～0.2)	－0.03，＋0.10	符合《验评标准》	湿膜厚度计：干膜用水平尺、塞尺或用卡尺，抽检 10%
		加热型(0.20～0.4)	－0.05，＋0.15	符合《验评标准》	
		热熔型(1.0～4.50)	－0.10，＋0.50	符合《验评标准》	
4	标线横向偏差(mm)		±30	符合《验评标准》	钢卷尺：抽检 10%
5	标线纵向间距(mm)	9000	±45	符合《验评标准》	钢卷尺：抽检 10%
		6000	±30	符合《验评标准》	
		4000	±20	符合《验评标准》	
		3000	±15	符合《验评标准》	
6	标线剥落面积		检查总面积的 0～3%	符合《验评标准》	4 倍放大镜：目测检查
7△	反光标线逆反射系数($cd \cdot lx^{-1} \cdot m^{-2}$)		白色标线≥150 黄色标线≥100	符合《验评标准》	反光标线逆反射系数测量仪：抽检 10%
自检说明： 符合设计规范及《验评标准》的要求。 施工员：××× ××年×月×日				监理评语： 符合设计规范及《验评标准》的要求。 监理员：××× ××年×月×日	

施工负责人：×××　　　　质量检查员：×××　　　　监理工程师：×××

表 3-136(检验表 105)　　　　波形梁钢护栏质量检验报告单

承包单位：××集团有限公司××公路工程 A2 标段项目经理部　　　　合同号：A2

监理单位：××工程咨询有限公司××公路工程 A2 标段监理部　　　　编　号：

工程名称		护　栏	施工时间	××年×月×日
桩号及部位		K11＋000～K12＋000 左侧波形梁钢护栏	检验时间	××年×月×日
项次	检查项目	规定值或允许偏差	检验结果	检验频率和方法
1△	波形梁板基底金属厚度(mm)	±0.16	符合《验评标准》	板厚千分尺：抽检 5%
2△	立柱壁厚(mm)	4.5±0.25	符合《验评标准》	测厚仪、千分尺：抽检 5%
3△	镀(涂)层厚度(μm)	符合设计	符合《验评标准》	测厚仪：抽检 10%
4	拼接螺栓(45 号钢) 抗拉强度(MPa)	≥600	符合《验评标准》	抽样做拉力试验：每批 3 组
5	立柱埋入深度(mm)	符合设计规定	符合《验评标准》	过程检查，直尺：抽检 10%
6	立柱外边缘距路 肩边线距离(mm)	±20	符合《验评标准》	直尺：抽检 10%
7	立柱中距(mm)	±50	符合《验评标准》	钢卷尺：抽检 10%
8△	立柱竖直度(mm)	±10	符合《验评标准》	垂线、直尺：抽检 10%
9△	横梁中心高度(mm)	±20	符合《验评标准》	直尺：抽检 10%
10△	护栏顺直度(mm/m)	±5	符合《验评标准》	拉线、直尺：抽检 10%
自检说明： 符合设计规范及《验评标准》的要求。 施工员：××× ××年×月×日			监理评语： 符合设计规范及《验评标准》的要求。 监理员：××× ××年×月×日	

施工负责人：×××　　　　质量检查员：×××　　　　监理工程师：×××

表 3-137(检验表 106) 混凝土护栏质量检验报告单

承包单位:××集团有限公司××公路工程 A2 标段项目经理部 合同号:A2

监理单位:××工程咨询有限公司××公路工程 A2 标段监理部 编 号:

<table>
<tr><td colspan="2">工程名称</td><td colspan="2">护 栏</td><td>施工时间</td><td>××年×月×日</td></tr>
<tr><td colspan="2">桩号及部位</td><td colspan="2">K11+000~K12+000
左侧混凝土护栏</td><td>检验时间</td><td>××年×月×日</td></tr>
<tr><td>项次</td><td colspan="2">检查项目</td><td>规定值或允许偏差</td><td>检验结果</td><td>检验频率和方法</td></tr>
<tr><td>1△</td><td colspan="2">护栏混凝土强度(MPa)</td><td>在合格标准内</td><td>符合《验评标准》</td><td></td></tr>
<tr><td>2</td><td colspan="2">地基压实度(%)</td><td>符合设计要求</td><td>符合设计要求</td><td>现场检查</td></tr>
<tr><td rowspan="3">3</td><td rowspan="3">护栏断面尺寸(mm)</td><td>高度</td><td>±10</td><td>符合《验评标准》</td><td rowspan="3">直尺、钢卷尺:抽检 10%</td></tr>
<tr><td>顶宽</td><td>±5</td><td>符合《验评标准》</td></tr>
<tr><td>底宽</td><td>±5</td><td>符合《验评标准》</td></tr>
<tr><td>4</td><td colspan="2">基础平整度(mm)</td><td>10</td><td>符合《验评标准》</td><td>水平尺:检查 100%</td></tr>
<tr><td>5△</td><td colspan="2">轴线横向偏位(mm)</td><td>±20 或符合设计要求</td><td>符合设计要求</td><td>直尺、钢卷尺:抽检 10%</td></tr>
<tr><td>6</td><td colspan="2">基础厚度(mm)</td><td>±10%H</td><td>符合《验评标准》</td><td>过程检查,直尺:检查 100%</td></tr>
<tr><td></td><td colspan="2"></td><td></td><td></td><td></td></tr>
<tr><td></td><td colspan="2"></td><td></td><td></td><td></td></tr>
<tr><td></td><td colspan="2"></td><td></td><td></td><td></td></tr>
<tr><td></td><td colspan="2"></td><td></td><td></td><td></td></tr>
<tr><td></td><td colspan="2"></td><td></td><td></td><td></td></tr>
<tr><td colspan="4">自检说明:

符合设计规范及《验评标准》的要求。

施工员:×××

××年×月×日</td><td colspan="2">监理评语:

符合设计规范及《验评标准》的要求。

监理员:×××

××年×月×日</td></tr>
</table>

施工负责人:××× 质量检查员:××× 监理工程师:×××

表 3-138(检验表 107)　　缆索护栏质量检验报告单

承包单位:××集团有限公司××公路工程 A2 标段项目经理部　　合同号:A2

监理单位:××工程咨询有限公司××公路工程 A2 标段监理部　　编　号:

<table>
<tr><td colspan="2">工程名称</td><td colspan="2">护　栏</td><td>施工时间</td><td>××年×月×日</td></tr>
<tr><td colspan="2">桩号及部位</td><td colspan="2">K11+000～K12+000
左侧缆索护栏</td><td>检验时间</td><td>××年×月×日</td></tr>
<tr><td>项次</td><td colspan="2">检查项目</td><td>规定值或允许偏差</td><td>检验结果</td><td>检验频率和方法</td></tr>
<tr><td rowspan="2">1</td><td colspan="2">缆索直径(mm)</td><td>18±0.5</td><td>符合《验评标准》</td><td rowspan="2">卡尺:抽检 10%</td></tr>
<tr><td colspan="2">单丝直径(mm)</td><td>2.86(+0.10,−0.02)</td><td>符合《验评标准》</td></tr>
<tr><td>2△</td><td colspan="2">初张力(kN)</td><td>±5%</td><td>符合《验评标准》</td><td>过程检查,张拉计:抽检 10%</td></tr>
<tr><td>3</td><td colspan="2">最下一根缆索的高度(mm)</td><td>±20</td><td>符合《验评标准》</td><td>直尺:抽检 10%</td></tr>
<tr><td>4△</td><td colspan="2">立柱壁厚(mm)</td><td>±0.10</td><td>符合《验评标准》</td><td>千分尺:抽检 10%</td></tr>
<tr><td>5</td><td colspan="2">立柱埋入深度(mm)</td><td>符合设计要求</td><td>符合设计要求</td><td>过程检查:抽检 10%</td></tr>
<tr><td>6△</td><td colspan="2">立柱竖直度(mm/m)</td><td>±10</td><td>符合《验评标准》</td><td>垂线、直尺:抽检 10%</td></tr>
<tr><td>7</td><td colspan="2">立柱中距(mm)</td><td>±50</td><td>符合《验评标准》</td><td>直尺:抽检 10%</td></tr>
<tr><td rowspan="4">8△</td><td rowspan="4">镀锌层厚度
(μm)</td><td>立　柱</td><td>≥85</td><td>符合《验评标准》</td><td rowspan="4">测厚仪:抽检 10%</td></tr>
<tr><td>索端锚具</td><td>≥50</td><td>符合《验评标准》</td></tr>
<tr><td>紧固件</td><td>≥50</td><td>符合《验评标准》</td></tr>
<tr><td>镀锌钢丝</td><td>≥33</td><td>符合《验评标准》</td></tr>
<tr><td>9</td><td colspan="2">混凝土基础尺寸(mm)</td><td>符合设计规定</td><td>符合设计要求</td><td>过程检查,直尺:检查 100%</td></tr>
<tr><td>10△</td><td colspan="2">混凝土强度(MPa)</td><td>在合格标准内</td><td>符合《验评标准》</td><td>基础施工同时做试件,每个工作班 1 组(3 件),检查试件的强度,抽检 100%</td></tr>
<tr><td colspan="4">自检说明:

符合设计规范及《验评标准》的要求。

施工员:×××

××年×月×日</td><td colspan="2">监理评语:

符合设计规范及《验评标准》的要求。

监理员:×××

××年×月×日</td></tr>
</table>

施工负责人:×××　　质量检查员:×××　　监理工程师:×××

表 3-139(检验表 108)　　　　防眩设施质量检验报告单

承包单位：××集团有限公司××公路工程 A2 标段项目经理部　　　　合同号：A2

监理单位：××工程咨询有限公司××公路工程 A2 标段监理部　　　　编　号：

工程名称		防眩设施	施工时间	××年×月×日
桩号及部位		K11＋000～K12＋000 左侧防眩设施	检验时间	××年×月×日
项次	检查项目	规定值或允许偏差	检验结果	检验频率和方法
1△	安装高度(mm)	±10	符合《验评标准》	钢卷尺：抽检 5%
2	镀(涂)层厚度(μm)	符合设计要求	符合设计	涂层测厚仪：抽检 5%
3	防眩板宽度(mm)	±5	符合《验评标准》	直尺：抽检 5%
4	防眩板设置间距(mm)	±10	符合《验评标准》	钢卷尺：抽检 10%
5	竖直度(mm/m)	±5	符合《验评标准》	垂线、直尺：抽检 10%
6△	顺直度(mm/m)	±8	符合《验评标准》	拉线、直尺：抽检 10%

自检说明：	监理评语：
符合设计规范及《验评标准》的要求。	符合设计规范及《验评标准》的要求。
施工员：×××	监理员：×××
××年×月×日	××年×月×日

施工负责人：×××　　　　质量检查员：×××　　　　监理工程师：×××

表 3-140(检验表 109) **隔离栅和防落网质量检验报告单**

承包单位:××集团有限公司××公路工程 A2 标段项目经理部 合同号:A2

监理单位:××工程咨询有限公司××公路工程 A2 标段监理部 编 号:

工程名称		隔离栅	施工时间	××年×月×日
桩号及部位		K11+000~K12+000 左侧隔离栅	检验时间	××年×月×日
项次	检查项目	规定值或允许偏差	检验结果	检验频率和方法
1	高度(mm)	±15	符合《验评标准》	钢卷尺:每 100 根测 2 根
2	镀(涂)层厚度(μm)	符合设计	符合设计要求	测厚仪:抽检 5%
3	网面平整度(mm/m)	±2	符合《验评标准》	直尺、塞尺:抽检 5%
4	立柱埋深(mm)	符合设计	符合设计要求	直尺:过程检查,抽检 10%
5	立柱中距(mm)	±30	符合《验评标准》	钢卷尺:每 100 根测 2 根
6	混凝土强度(MPa)	在合格标准内	符合《验评标准》	基础施工同时做试件,每个工作班 1 组(3 件),检查试件的强度,抽检 10%
7	立柱竖直度(mm/m)	±8	符合《验评标准》	直尺、垂线:每 100 根测 2 根

自检说明:	监理评语:
符合设计规范及《验评标准》的要求。	符合设计规范及《验评标准》的要求。
施工员:×××	监理员:×××
××年×月×日	××年×月×日

施工负责人:××× 质量检查员:××× 监理工程师:×××

《质量检验报告单》(表 3-134～表 3-140)填写说明:

(1)工程名称:填写单位工程(子单位工程)名称,如 K11＋000～K12＋000 标志。

(2)桩号及部位:填写分项工程名称。如 K11＋000～K12＋000 左侧波形梁护栏。

(3)检验结果:根据检验记录的计算结果如实填写。当检验记录合格率为 100％或质量评定为合格时,在检验结果栏填写符合《验评标准》、符合设计要求或直接填写“合格”。不再填写其他数据,因为检验记录里面已经记录的很全面了。

(4)检验频率和方法:根据《验评标准》的要求填写。

第四章　公路工程评定资料

第一节　公路工程质量评定要求

公路工程质量评定应按照交通部《公路工程质量检验评定标准》(JTG F80/1—2004、JTG F80/2—2004)和交通部公路发[2004]446 号文《关于贯彻执行公路工程竣交工验收办法有关事宜的通知》的规定进行。

一、一般评定

(1)工程质量检验评定以分项工程为单元,采用 100 分制进行。在分项工程评分的基础上,逐级计算各相应分部工程、单位工程、单项工程和建设项目的评分值。

(2)工程质量评定等级分为合格与不合格,应按分项、分部、单位工程、单项工程和建设项目逐级评定。

(3)施工单位应对各分项工程按《验评标准》所列基本要求、实测项目和外观鉴定进行自检,按《分项工程质量检验评定表》及相关施工技术规范提交真实、完整的自检资料,对工程质量进行自评。

(4)工程监理单位应按规定要求对工程质量进行独立抽检,对施工单位自评资料进行签认,对工程质量进行评定。

(5)建设单位根据对工程质量的检查及平时掌握的情况,对工程监理单位所做的工程质量评分等级进行审定。

(6)质量监督部门、质量检测机构可依据评定标准对公路工程质量进行检测评定。

二、公路工程质量评分

1. 分项工程质量评分

分项工程质量检验内容包括基本要求、实测项目、外观鉴定和质量保证资料 4 个部分。只有在其使用的原材料、半成品、成品及施工工艺符合基本要求的规定,且无严重外观缺陷和质量保证资料真实并基本齐全时,才能对分项工程进行检验评定。

涉及结构安全和使用功能的重要实测项目为关键项目,在分项工程的实测项目中以"△"标识,其合格率不得低于 90%(属于工厂加工制造的桥梁金属构件不低于 95%,机电工程为 100%),且检测值不得超过规定极值,否则必须进行返工处理。

实测项目的规定值是指任一单个检测值都不能突破的极限值,不符合要求时该实测项目为不合格。

采用《验评标准》附录 B 至附录 I 所列方法进行评定的关键项目,不符合要求时则该分项工程评为不合格。

分项工程的评分值满分为 100 分,按实测项目采用加权平均法计算。存在外观缺陷或资料不全时,应予减分。

$$分项工程得分=\frac{\sum(检查项目得分\times 权值)}{\sum 检查项目权值}$$

分项工程评分值＝分项工程得分－外观缺陷减分－资料不全减分

(1)基本要求项目。分项工程所列基本要求，对施工质量优劣具有关键作用，应按基本要求对工程进行认真检查。经检查不符合基本要求规定时，不得进行工程质量的检验和评定。

(2)实测项目计分。对规定检查项目采用现场抽样方法，按照规定频率和下列计分方法对分项工程的施工质量直接进行检测计分。

检查项目除按数理统计方法评定的项目以外，均应按单点（组）测定值是否符合标准要求进行评定，并按合格率计分。

$$检查项目合格率=\frac{检查合格的点（组）数}{该检查项目的全部检查点（组）数}\times 100\%$$

$$检查项目得分=检查项目合格率\times 100$$

(3)外观缺陷减分。对工程外表状况应逐项进行全面检查，如发现外观缺陷，应进行减分。对于较严重的外观缺陷，施工单位须采取措施进行整修处理。

(4)资料不全减分。分项工程的施工资料和图表残缺，缺乏最基本的数据，或有伪造涂改者，不予检查和评定。资料不全者应予减分，减分幅度可按质量保证资料各款要求检查，视资料不全情况，每款减1～3分。

2．分部工程和单位工程质量评分

分部工程和单位工程采用加权平均值计算法确定相应的评分值。

$$分部（单位）工程评分值=\frac{\sum[分项（分部）工程评分值\times 相应权值]}{\sum 分项（分部）工程权值}$$

3．单项工程和建设项目工程质量评分

单项工程和建设项目质量评分值按交通部令[2004]第3号《公路工程竣（交）工验收办法》计算。

4．质量保证资料

施工单位应有完整的施工原始记录、试验数据、分项工程自检数据等质量保证资料，并进行整理分析，负责提交齐全、真实和系统的施工资料和图表。工程监理单位负责提交齐全、真实和系统的监理资料。质量保证资料应包括以下6个方面：

(1)所用原材料、半成品和成品质量检验结果。

(2)材料配比、拌合加工控制检验和试验数据。

(3)地基处理、隐蔽工程施工记录和大桥、隧道施工监控资料。

(4)各项质量控制指标的试验记录和质量检验汇总图表。

(5)施工过程中遇到的非正常情况记录及其对工程质量影响分析。

(6)施工过程中如发生质量事故，经处理补救后，达到设计要求的认可证明文件。

三、公路工程质量等级评定

1．分项工程质量等级评定

分项工程评分值不小于75分者为合格，小于75分者为不合格；机电工程，属于工厂加工制作的桥梁金属构件不小于90分者为合格，小于90分者为不合格。

评定为不合格的分项工程，经加固、补强或返工、调测，满足设计要求后，可以重新评定其质量等级，但计算分部工程评分值时按其复评分值的90%计算。

2．分部工程质量等级评定

所属各分项工程全部合格，则该分部工程评定为合格；所属任一分项工程不合格，则该分部工程为不合格。

3. 单位工程质量等级评定

所属各分部工程全部合格，则该单位工程评定为合格；所属任一分部工程不合格，则该单位工程为不合格。

4. 单项工程和建设项目质量等级评定

单项工程和建设项目所含单位工程全部合格，其工程质量等级评定为合格；所属任一单位工程不合格，则单项工程和建设项目为不合格。

第二节　公路分项工程质量评定

一、路基各分项工程质量评定

1. 土方路基分项工程质量检验评定

土方路基分项工程质量检验评定见表4-1。

表4-1　　土方路基分项工程质量检验评定表

分项工程名称：土方路基　　所属分部工程名称：路基土石方工程

所属建设项目：　　工程部位：K11+000～K12+000

施工单位：××集团有限责任公司　　监理单位：××国际工程咨询有限公司

××公路工程项目经理部　　××公路监理部

基本要求	对路基范围内进行了彻底清除和碾压，符合规范和设计要求；路基填料符合规范和设计规定；分层填筑压实；每层表面平整、路拱合适、排水良好；有临时排水系统，不积水。															
	项次	检查项目	规定值或允许偏差	实测值或实测偏差值										质量评定			
				1	2	3	4	5	6	7	8	9	10	平均值、代表值	合格率(%)	权值	得分
实测项目	1△	压实度	≥96，极值91												100	3	100
	2△	弯沉(0.01mm)	不大于设计要求值												100	3	100
	3	纵断高程(mm)	+10，−15												100	2	100
	4	中线偏位(mm)	50												100	2	100
	5	宽　度(mm)	符合设计要求												100	2	100
	6	平整度(mm)	15												100	2	100
	7	横　坡(%)	±0.3												100	1	100
	8	边　坡	符合设计要求												100	1	100
	合　计															16	100

外观鉴定	外观不够整齐、美观	减分	2	监理意见	同意施工单位的评定 签字：××× ××年×月×日
质量保证资料	资料齐全、完整、真实	减分	0		
工程质量等级评定	评分：98			质量等级：合格	

检验负责人：×××　　检测：×××　　记录：×××

复核：×××　　××年×月×日

2. 石方路基分项工程质量检验评定

石方路基分项工程质量检验评定见表 4-2。

表 4-2　　石方路基分项工程质量检验评定表

分项工程名称：石方路基　　所属分部工程名称：路基土石方工程

所属建设项目：　　工程部位：K10＋000～K11＋000

施工单位：××集团有限责任公司
××公路工程项目经理部　　监理单位：××国际工程咨询有限公司
××公路监理部

<table>
<tr><td>基本要求</td><td colspan="18">石方路堑采用光爆法开挖，爆破后险石、松石及时清理，边坡安全、稳定；填石空隙用石碴、石屑嵌压稳定；石料最大尺寸符合规范规定；采用振动压路机分层碾压，填筑层顶面石块稳定；20t 以上压路机振压两遍无明显标高差异；路基表面整修平整。</td></tr>
<tr><td rowspan="13">实测项目</td><td rowspan="2">项次</td><td colspan="2" rowspan="2">检查项目</td><td rowspan="2">规定值或允许偏差</td><td colspan="10">实测值或实测偏差值</td><td colspan="4">质量评定</td></tr>
<tr><td>1</td><td>2</td><td>3</td><td>4</td><td>5</td><td>6</td><td>7</td><td>8</td><td>9</td><td>10</td><td>平均值、代表值</td><td>合格率（%）</td><td>权值</td><td>得分</td></tr>
<tr><td>1</td><td colspan="2">压实度</td><td>层厚和碾压遍数符合要求</td><td></td><td></td><td></td><td></td><td></td><td></td><td></td><td></td><td></td><td></td><td></td><td>100</td><td>3</td><td>100</td></tr>
<tr><td>2</td><td colspan="2">纵断高程（mm）</td><td>＋10，－20</td><td></td><td></td><td></td><td></td><td></td><td></td><td></td><td></td><td></td><td></td><td></td><td>100</td><td>2</td><td>100</td></tr>
<tr><td>3</td><td colspan="2">中线偏位（mm）</td><td>50</td><td></td><td></td><td></td><td></td><td></td><td></td><td></td><td></td><td></td><td></td><td></td><td>100</td><td>2</td><td>100</td></tr>
<tr><td>4</td><td colspan="2">宽　度（mm）</td><td>符合设计要求</td><td></td><td></td><td></td><td></td><td></td><td></td><td></td><td></td><td></td><td></td><td></td><td>100</td><td>2</td><td>100</td></tr>
<tr><td>5</td><td colspan="2">平整度（mm）</td><td>20</td><td></td><td></td><td></td><td></td><td></td><td></td><td></td><td></td><td></td><td></td><td></td><td>100</td><td>2</td><td>100</td></tr>
<tr><td>6</td><td colspan="2">横　坡（%）</td><td>±0.3</td><td></td><td></td><td></td><td></td><td></td><td></td><td></td><td></td><td></td><td></td><td></td><td>100</td><td>1</td><td>100</td></tr>
<tr><td rowspan="2">7</td><td rowspan="2">边　坡</td><td>坡　度</td><td>符合设计要求</td><td></td><td></td><td></td><td></td><td></td><td></td><td></td><td></td><td></td><td></td><td rowspan="2"></td><td rowspan="2">100</td><td rowspan="2">1</td><td rowspan="2">100</td></tr>
<tr><td>平顺度</td><td>符合设计要求</td><td></td><td></td><td></td><td></td><td></td><td></td><td></td><td></td><td></td><td></td></tr>
<tr><td></td><td colspan="2"></td><td></td><td></td><td></td><td></td><td></td><td></td><td></td><td></td><td></td><td></td><td></td><td></td><td></td><td></td><td></td></tr>
<tr><td></td><td colspan="2"></td><td></td><td></td><td></td><td></td><td></td><td></td><td></td><td></td><td></td><td></td><td></td><td></td><td></td><td></td><td></td></tr>
<tr><td colspan="4">合　计</td><td colspan="10"></td><td colspan="2"></td><td>13</td><td>100</td></tr>
<tr><td colspan="3">外观鉴定</td><td colspan="6">路基边线不够直顺</td><td colspan="2">减分 2</td><td rowspan="2" colspan="2">监理意见</td><td rowspan="2" colspan="6">同意施工单位的评定
签字：×××
××年×月×日</td></tr>
<tr><td colspan="3">质量保证资料</td><td colspan="6">资料齐全、完整、真实</td><td colspan="2">减分 0</td></tr>
<tr><td colspan="3">工程质量等级评定</td><td colspan="8">评分：98</td><td colspan="8">质量等级：合格</td></tr>
</table>

检验负责人：×××　　检测：×××　　记录：×××

复核：×××　　××年×月×日

3. 管节预制分项工程质量检验评定

管节预制分项工程质量检验评定见表 4-3。

表 4-3　　**管节预制分项工程质量检验评定表**

分项工程名称：**管节预制**　　所属分部工程名称：**排水工程**

所属建设项目：　　工程部位：**K11＋000～K12＋000**

施工单位：**××集团有限责任公司**　　监理单位：**××国际工程咨询有限公司**

××公路工程项目经理部　　**××公路监理部**

	项次	检查项目	规定值或允许偏差	实测值或实测偏差值											质量评定		
基本要求	所用水泥、砂、石、水、外加剂和掺合料的质量和规格符合规范的要求，按规定的配合比施工；混凝土符合耐久性设计要求；无漏筋和空洞现象。																
				1	2	3	4	5	6	7	8	9	10	平均值、代表值	合格率(%)	权值	得分
实测项目	1△	混凝土强度(MPa)	在合格标准内												**100**	**3**	**100**
实测项目	2	内　径(mm)	不小于设计值												**100**	**2**	**100**
实测项目	3	壁　厚(mm)	不小于设计壁厚－3												**100**	**2**	**100**
实测项目	4	顺直度	矢度不大于0.2%管节长												**100**	**1**	**100**
实测项目	5	长　度(mm)	＋5，－0												**100**	**1**	**100**
实测项目																	
实测项目																	
实测项目																	
实测项目																	
	合　计															**9**	**100**

外观鉴定	**混凝土表面不够平整**	减分 **2**	监理意见	**同意施工单位的评定** 签字：××× ××年×月×日
质量保证资料	**资料齐全、完整、真实**	减分 **0**		
工程质量等级评定	评分：**98**		质量等级：**合格**	

检验负责人：×××　　检测：×××　　记录：×××

复核：×××　　××年×月×日

4. 管道基础及管节安装分项工程质量检验评定

管道基础及管节安装分项工程质量检验评定见表 4-4。

表 4-4　管道基础及管节安装分项工程质量检验评定表

分项工程名称：管道基础及管节安装　　所属分部工程名称：排水工程

所属建设项目：　　工程部位：K11＋000～K12＋000

施工单位：××集团有限责任公司
××公路工程项目经理部　　监理单位：××国际工程咨询有限公司
××公路监理部

基本要求	管材无裂隙、破损；管节铺设时，混凝土强度达到了 5MPa 以上要求；管节铺设平顺、稳固，管底坡度无反坡现象；管节接头处流水面高差小于 5mm；管内无泥土、砖石、砂浆等杂物；管口内缝砂浆平整密实，无裂缝、空鼓现象；抹带前，管口已洗刷干净，管口表面平整密实、无裂缝。

	项次	检查项目		规定值或允许偏差	实测值或实测偏差值											质量评定		
					1	2	3	4	5	6	7	8	9	10	平均值、代表值	合格率(%)	权值	得分
实测项目	1△	混凝土抗压强度或砂浆强度(MPa)		在合格标准内												100	3	100
	2	管轴线偏位(mm)		15												100	2	100
	3	管内底高程(mm)		±10												100	2	100
	4	基础厚度(mm)		不小于设计												100	1	100
	5	管座	肩宽(mm)	＋10，－5												100	1	100
			肩高(mm)	±10														
	6	抹带	宽　度	不小于设计												100	2	100
			厚　度	不小于设计														
	合　计																11	100

外观鉴定	基础混凝土表面不够平整密实	减分	2	监理意见	同意施工单位的评定 签字：××× ××年×月×日
质量保证资料	资料齐全、完整、真实	减分	0		
工程质量等级评定	评分：98			质量等级：合格	

检验负责人：×××　　检测：×××　　记录：×××

复核：×××　　××年×月×日

5. 浆砌排水沟分项工程质量检验评定

浆砌排水沟分项工程质量检验评定见表 4-5。

表 4-5　　浆砌排水沟分项工程质量检验评定表

分项工程名称：浆砌排水沟　　所属分部工程名称：排水工程

所属建设项目：　　工程部位：K11＋000～K12＋000

施工单位：××集团有限责任公司
××公路工程项目经理部　　监理单位：××国际工程咨询有限公司
××公路监理部

<table>
<tr><td>基本要求</td><td colspan="17">砌体砂浆配合比准确，砌缝内砂浆均匀饱满，勾缝密实；浆砌片石质量和规格符合设计要求；基础中缩缝与墙身对齐；砌体抹面平整、压光、直顺，无裂缝、空鼓现象。</td></tr>
<tr><td rowspan="11">实测项目</td><td rowspan="2">项次</td><td rowspan="2">检查项目</td><td rowspan="2">规定值或允许偏差</td><td colspan="10">实测值或实测偏差值</td><td colspan="4">质量评定</td></tr>
<tr><td>1</td><td>2</td><td>3</td><td>4</td><td>5</td><td>6</td><td>7</td><td>8</td><td>9</td><td>10</td><td>平均值、代表值</td><td>合格率(%)</td><td>权值</td><td>得分</td></tr>
<tr><td>1△</td><td>砂浆强度(MPa)</td><td>在合格标准内</td><td></td><td></td><td></td><td></td><td></td><td></td><td></td><td></td><td></td><td></td><td></td><td>100</td><td>3</td><td>100</td></tr>
<tr><td>2</td><td>轴线偏位(mm)</td><td>50</td><td></td><td></td><td></td><td></td><td></td><td></td><td></td><td></td><td></td><td></td><td></td><td>100</td><td>1</td><td>100</td></tr>
<tr><td>3</td><td>沟底高程(mm)</td><td>±15</td><td></td><td></td><td></td><td></td><td></td><td></td><td></td><td></td><td></td><td></td><td></td><td>100</td><td>2</td><td>100</td></tr>
<tr><td>4</td><td>墙面直顺度或坡度(mm)</td><td>30 或符合设计要求</td><td></td><td></td><td></td><td></td><td></td><td></td><td></td><td></td><td></td><td></td><td></td><td>100</td><td>1</td><td>100</td></tr>
<tr><td>5</td><td>断面尺寸(mm)</td><td>±30</td><td></td><td></td><td></td><td></td><td></td><td></td><td></td><td></td><td></td><td></td><td></td><td>100</td><td>2</td><td>100</td></tr>
<tr><td>6</td><td>铺砌厚度(mm)</td><td>不小于设计</td><td></td><td></td><td></td><td></td><td></td><td></td><td></td><td></td><td></td><td></td><td></td><td>100</td><td>1</td><td>100</td></tr>
<tr><td>7</td><td>基础垫层宽、厚(mm)</td><td>不小于设计</td><td></td><td></td><td></td><td></td><td></td><td></td><td></td><td></td><td></td><td></td><td></td><td>100</td><td>1</td><td>100</td></tr>
<tr><td></td><td></td><td></td><td></td><td></td><td></td><td></td><td></td><td></td><td></td><td></td><td></td><td></td><td></td><td></td><td></td><td></td></tr>
<tr><td></td><td></td><td></td><td></td><td></td><td></td><td></td><td></td><td></td><td></td><td></td><td></td><td></td><td></td><td></td><td></td><td></td></tr>
<tr><td colspan="3">合　计</td><td colspan="14" style="text-align:right">11　100</td></tr>
<tr><td colspan="2">外观鉴定</td><td colspan="3">沟底内有杂物</td><td>减分</td><td>2</td><td rowspan="2">监理意见</td><td colspan="10" rowspan="2">同意施工单位的评定
签字：×××
××年×月×日</td></tr>
<tr><td colspan="2">质量保证资料</td><td colspan="3">资料齐全、完整、真实</td><td>减分</td><td>0</td></tr>
<tr><td colspan="2">工程质量等级评定</td><td colspan="8">评分：98</td><td colspan="8">质量等级：合格</td></tr>
</table>

检验负责人：×××　　检测：×××　　记录：×××

复核：×××　　××年×月×日

6. 涵洞总体分项工程质量检验评定

涵洞总体分项工程质量检验评定见表 4-6。

表 4-6　　涵洞总体分项工程质量检验评定表

分项工程名称：涵洞总体　　所属分部工程名称：涵洞工程

所属建设项目：　　工程部位：K9 ＋000

施工单位：××集团有限责任公司　　监理单位：××国际工程咨询有限公司

××公路工程项目经理部　　××公路监理部

基本要求	涵洞施工严格按照设计图纸、施工规范和有关技术操作规程要求；各接缝、沉降缝位置正确；填缝无空鼓、开裂、漏水现象；涵洞内无垃圾、杂物。															
实测项目	项次	检查项目	规定值或允许偏差（mm）	实测值或实测偏差值										质量评定		
				1	2	3	4	5	6	7	8	9	10	平均值、代表值	合格率（%）	权值	得分
	1	轴线偏位	暗涵 50												100	2	100
	2△	流水面高程	±20												100	3	100
	3	涵底铺砌厚度	＋40，－10												100	1	100
	4	长度	＋100，－50												100	1	100
	5△	孔径	±20												100	3	100
	6	净高	暗涵±50												100	1	100
	合　计															11	100

外观鉴定	外露混凝土表面不够平整，颜色不一致	减分	3	监理意见	同意施工单位的评定 签字：××× ××年×月×日
质量保证资料	资料齐全、完整、真实	减分	0		
工程质量等级评定		评分：97		质量等级：合格	

检验负责人：×××　　检测：×××　　记录：×××

复核：×××　　××年×月×日

二、路面各分项工程质量评定

1. 水泥混凝土面层分项工程质量检验评定

水泥混凝土面层分项工程质量检验评定见表4-7。

表4-7 **水泥混凝土面层分项工程质量检验评定表**

分项工程名称:水泥混凝土面层　　所属分部工程名称:路面工程

所属建设项目:　　工程部位:K11＋000～K12＋000

施工单位:××集团有限责任公司
××公路工程项目经理部　　监理单位:××国际工程咨询有限公司
××公路监理部

基本要求	基层质量合格;水泥等各种材料符合设计要求;施工配合比为最佳配合比;接缝的施工及传力杆、拉杆的设置符合设计要求;抗滑构造深度、养生符合施工规范要求。																
实测项目	项次	检查项目	规定值或允许偏差	实测值或实测偏差值										质量评定			
				1	2	3	4	5	6	7	8	9	10	平均值、代表值	合格率(%)	权值	得分
	1△	弯拉强度(MPa)	在合格标准内												100	3	100
	2△	板厚度(mm)	代表值－5,合格值－10												100	3	100
	3	平整度(mm)	5												100	2	100
	4	抗滑构造深度(mm)	0.7～1.1												100	2	100
	5	相邻板高差(mm)	2												100	2	100
	6	纵、横缝顺直度(mm)	10												100	1	100
	7	中线平面偏位(mm)	20												100	1	100
	8	路面宽度(mm)	±20												100	1	100
	9	纵断高程(mm)	±10												100	1	100
	10	横坡(%)	±0.15												100	1	100
	合　计															17	100

外观鉴定	路面侧石不够直顺,曲线不够圆滑	减分	2	监理意见	同意施工单位的评定 签字:××× ××年×月×日
质量保证资料	资料齐全、完整、真实	减分	0		
工程质量等级评定	评分:98		质量等级:合格		

检验负责人:×××　　检测:×××　　记录:×××

复核:×××　　××年×月×日

2. 沥青混凝土面层分项工程质量检验评定

沥青混凝土面层分项工程质量检验评定见表4-8。

表4-8　　沥青混凝土面层分项工程质量检验评定表

分项工程名称:沥青混凝土面层　　所属分部工程名称:路面工程

所属建设项目:　　工程部位:K11 +000～K12+000

施工单位:××集团有限责任公司
××公路工程项目经理部　　监理单位:××国际工程咨询有限公司
××公路监理部

基本要求	沥青混合料的矿料质量及矿料级配符合设计要求和施工规范的规定;基层碾压密实,表面干燥、清洁、无浮土;平整度和路拱符合设计要求。																
	项次	检查项目	规定值或允许偏差	实测值或实测偏差值											质量评定		
				1	2	3	4	5	6	7	8	9	10	平均值、代表值	合格率(%)	权值	得分
实测项目	1△	压实度(%)	96												100	3	100
	2△	平整度(mm)	5												100	2	100
	3	弯沉值(0.01mm)	符合设计要求												100	2	100
	4	渗水系数	300mL/min												100	2	100
	5	抗　滑	符合设计要求												100	2	100
	6	厚度(mm)	代表值的-10%,合格值的-20%												100	3	100
	7	中线平面偏位(mm)	20												100	1	100
	8	纵断高程(mm)	±15												100	1	100
	9	路面宽度(mm)	±20												100	1	100
	10	横坡(%)	±0.3												100	1	100
	合　计															18	100

外观鉴定	面层与路缘石不够密贴顺接,有积水现象	减分	2	监理意见	同意施工单位的评定 签字:××× ××年×月×日
质量保证资料	资料齐全、完整、真实	减分	0		
工程质量等级评定	评分:98		质量等级:合格		

检验负责人:×××　　检测:×××　　记录:×××

复核:×××　　××年×月×日

3. 水泥砂砾基层分项工程质量检验评定

水泥砂砾基层分项工程质量检验评定见表 4-9。

表 4-9　　水泥砂砾基层分项工程质量检验评定表

分项工程名称：**6%水泥砂砾基层**　　所属分部工程名称：**路面工程**

所属建设项目：　　工程部位：**K11 ＋000～K12＋000**

施工单位：**××集团有限责任公司**　　监理单位：**××国际工程咨询有限公司**

××公路工程项目经理部　　**××公路监理部**

				实测值或实测偏差值										质量评定			
基本要求	**粒料符合设计和施工规范的要求；摊铺时无离析现象；碾压检查合格后养生及时。**																
	项次	检查项目	规定值或允许偏差	1	2	3	4	5	6	7	8	9	10	平均值、代表值	合格率(%)	权值	得分
实测项目	1△	压实度(%)	98												**100**	**3**	**100**
	2	平整度(mm)	8												**100**	**2**	**100**
	3	纵断高程(mm)	＋5，－10												**100**	**1**	**100**
	4	宽度(mm)	符合设计要求												**100**	**1**	**100**
	5△	厚度(mm)	代表值－8，合格值－15												**100**	**2**	**100**
	6	横坡(%)	±0.3												**100**	**1**	**100**
	7△	强度(MPa)	符合设计要求												**100**	**3**	**100**
	合　计															**13**	**100**

外观鉴定	**表面不够平整密实**	减分	**2**	监理意见	**同意施工单位的评定** 签字：××× ××年×月×日
质量保证资料	**资料齐全、完整、真实**	减分	**0**		
工程质量等级评定	评分：**98**			质量等级：**合格**	

检验负责人：×××　　检测：×××　　记录：×××

复核：×××　　××年×月×日

三、桥梁各分项工程质量评定

1. 桥梁总体分项工程质量检验评定

桥梁总体分项工程质量检验评定见表 4-10。

表 4-10　　桥梁总体分项工程质量检验评定表

分项工程名称：**桥梁总体**　　所属分部工程名称：**总体桥面系和附属工程**

所属建设项目：　　工程部位：**K11 +000 大桥**

施工单位：**××集团有限责任公司**　　监理单位：**××国际工程咨询有限公司**

××公路工程项目经理部　　**××公路监理部**

<table>
<tr><td>基本要求</td><td colspan="16">桥梁施工严格按照设计图纸、施工技术规范和有关技术操作规程要求进行；桥下净空不小于设计要求。</td></tr>
<tr><td rowspan="11">实测项目</td><td rowspan="2">项次</td><td rowspan="2">检查项目</td><td rowspan="2">规定值或允许偏差(mm)</td><td colspan="10">实测值或实测偏差值</td><td colspan="4">质量评定</td></tr>
<tr><td>1</td><td>2</td><td>3</td><td>4</td><td>5</td><td>6</td><td>7</td><td>8</td><td>9</td><td>10</td><td>平均值、代表值</td><td>合格率(%)</td><td>权值</td><td>得分</td></tr>
<tr><td>1</td><td>桥面中线偏位</td><td>20</td><td></td><td></td><td></td><td></td><td></td><td></td><td></td><td></td><td></td><td></td><td></td><td>100</td><td>2</td><td>100</td></tr>
<tr><td>2</td><td>桥宽</td><td>±10</td><td></td><td></td><td></td><td></td><td></td><td></td><td></td><td></td><td></td><td></td><td></td><td>100</td><td>2</td><td>100</td></tr>
<tr><td>3</td><td>桥长</td><td>+300，−100</td><td></td><td></td><td></td><td></td><td></td><td></td><td></td><td></td><td></td><td></td><td></td><td>100</td><td>1</td><td>100</td></tr>
<tr><td>4</td><td>引道中心线与桥梁中心线的衔接</td><td>20</td><td></td><td></td><td></td><td></td><td></td><td></td><td></td><td></td><td></td><td></td><td></td><td>100</td><td>2</td><td>100</td></tr>
<tr><td>5</td><td>桥头高程衔接</td><td>±3</td><td></td><td></td><td></td><td></td><td></td><td></td><td></td><td></td><td></td><td></td><td></td><td>100</td><td>2</td><td>100</td></tr>
<tr><td></td><td></td><td></td><td></td><td></td><td></td><td></td><td></td><td></td><td></td><td></td><td></td><td></td><td></td><td></td><td></td><td></td></tr>
<tr><td></td><td></td><td></td><td></td><td></td><td></td><td></td><td></td><td></td><td></td><td></td><td></td><td></td><td></td><td></td><td></td><td></td></tr>
<tr><td></td><td></td><td></td><td></td><td></td><td></td><td></td><td></td><td></td><td></td><td></td><td></td><td></td><td></td><td></td><td></td><td></td></tr>
<tr><td colspan="14">合　计</td><td></td><td>9</td><td>100</td></tr>
<tr><td colspan="2">外观鉴定</td><td colspan="3">踏步不够顺直</td><td colspan="2">减分 2</td><td rowspan="2" colspan="2">监理意见</td><td rowspan="2" colspan="8">同意施工单位的评定
签字：×××
××年×月×日</td></tr>
<tr><td colspan="2">质量保证资料</td><td colspan="3">资料齐全、完整、真实</td><td colspan="2">减分 0</td></tr>
<tr><td colspan="3">工程质量等级评定</td><td colspan="6">评分：98</td><td colspan="8">质量等级：合格</td></tr>
</table>

检验负责人：×××　　检测：×××　　记录：×××

复核：×××　　××年×月×日

2. 钢筋安装分项工程质量检验评定

钢筋安装分项工程质量检验评定见表4-11。

表 4-11　　钢筋安装分项工程质量检验评定表

分项工程名称：**钢筋安装**　　　　所属分部工程名称：**总体桥面系和附属工程**

所属建设项目：　　　　工程部位：**K11 ＋000 大桥**

施工单位：**××集团有限责任公司**　　　　监理单位：**××国际工程咨询有限公司**

××公路工程项目经理部　　　　**××公路监理部**

基本要求	**钢筋、机械连接器、焊条等的品种、规格和技术性能符合国家现行标准规定和设计要求；钢筋根数满足设计要求。**

	项次	检查项目	规定值或允许偏差(mm)	实测值或实测偏差值 1	2	3	4	5	6	7	8	9	10	平均值、代表值	质量评定 合格率(%)	权值	得分
实测项目	1△	受力钢筋间距	±5												**100**	**3**	**100**
	2	横向水平钢筋间距	±10												**100**	**2**	**100**
	3	钢筋骨架尺寸	长±10，宽±5												**100**	**1**	**100**
	4	弯起钢筋位置	±20												**100**	**2**	**100**
	5△	保护层厚度	±3												**100**	**3**	**100**
	合计															**11**	**100**

外观鉴定	**钢筋表面局部有铁锈和焊渣**	减分	**2**	监理意见	**同意施工单位的评定** 签字：××× ××年×月×日
质量保证资料	**资料齐全、完整、真实**	减分	**0**		
工程质量等级评定	评分：**98**			质量等级：**合格**	

检验负责人：×××　　　　检测：×××　　　　记录：×××

复核：×××　　　　××年×月×日

3. 钻孔灌注桩分项工程质量检验评定

钻孔灌注桩分项工程质量检验评定见表4-12。

表4-12　　钻孔灌注桩分项工程质量检验评定表

分项工程名称：钻孔灌注桩　　所属分部工程名称：基础及下部构造

所属建设项目：　　工程部位：K11 +000 大桥

施工单位：××集团有限责任公司
××公路工程项目经理部　　监理单位：××国际工程咨询有限公司
××公路监理部

基本要求	桩身混凝土所用材料的质量和规格符合规范要求；孔径、孔深、孔位和沉淀层厚度满足设计要求；水下混凝土连续灌注，无夹层和断桩。																
	项次	检查项目	规定值或允许偏差	实测值或实测偏差值										质量评定			
				1	2	3	4	5	6	7	8	9	10	平均值、代表值	合格率(%)	权值	得分
实测项目	1△	混凝土强度(MPa)	在合格标准内												100	3	100
	2	桩位(mm)	100												100	2	100
	3△	孔深(m)	不小于设计												100	3	100
	4△	孔径(mm)	不小于设计												100	3	100
	5	钻孔倾斜度(mm)	1%桩长，且不大于500												100	1	100
	6△	沉淀厚度(mm)	符合设计规定												100	2	100
	7	钢筋骨架底面高程(mm)	±50												100	1	100
	合计															15	100

外观鉴定	桩顶面不够平整	减分	2	监理意见	同意施工单位的评定 签字：××× ××年×月×日
质量保证资料	资料齐全、完整、真实	减分	0		
工程质量等级评定	评分：98			质量等级：合格	

检验负责人：×××　　检测：×××　　记录：×××

复核：×××　　××年×月×日

4. 承台分项工程质量检验评定

承台分项工程质量检验评定见表4-13。

表4-13　　承台分项工程质量检验评定表

分项工程名称：承台　　所属分部工程名称：基础及下部构造

所属建设项目：　　工程部位：K11 ＋000 大桥

施工单位：××集团有限责任公司　　监理单位：××国际工程咨询有限公司

××公路工程项目经理部　　××公路监理部

	项次	检查项目	规定值或允许偏差	实测值或实测偏差值 1	2	3	4	5	6	7	8	9	10	质量评定 平均值、代表值	合格率(%)	权值	得分
基本要求	承台混凝土所用材料的质量和规格符合规范要求；无漏筋和空洞现象。																
实测项目	1△	混凝土强度(MPa)	在合格标准内												100	3	100
	2	断面尺寸(mm)	±30												100	2	100
	3	顶面高程(mm)	±20												100	2	100
	4	轴线偏位(mm)	15												100	3	100
	合　计															10	100

外观鉴定	混凝土表面不够平整	减分	2	监理意见	同意施工单位的评定 签字：××× ××年×月×日
质量保证资料	资料齐全、完整、真实	减分	0		
工程质量等级评定	评分：98		质量等级：合格		

检验负责人：×××　　检测：×××　　记录：×××

复核：×××　　××年×月×日

5. 墩、台身分项工程质量检验评定

墩、台身分项工程质量检验评定见表 4-14。

表 4-14　　墩、台身分项工程质量检验评定表

分项工程名称：**墩台身**　　所属分部工程名称：**基础及下部构造**

所属建设项目：　　工程部位：**K11 ＋000 大桥**

施工单位：**××集团有限责任公司**　　监理单位：**××国际工程咨询有限公司**

××公路工程项目经理部　　**××公路监理部**

基本要求	**混凝土所用材料的质量和规格符合规范要求；无漏筋和空洞现象。**

	项次	检查项目	规定值或允许偏差	实测值或实测偏差值 1	2	3	4	5	6	7	8	9	10	质量评定 平均值、代表值	合格率（%）	权值	得分
实测项目	1△	混凝土强度（MPa）	在合格标准内												**100**	**3**	**100**
实测项目	2	断面尺寸（mm）	±20												**100**	**2**	**100**
实测项目	3	竖直度或斜度（mm）	0.3%H且不大于 20												**100**	**1**	**100**
实测项目	4	顶面高程（mm）	±10												**100**	**2**	**100**
实测项目	5△	轴线偏位（mm）	10														
实测项目	6	节段间错台（mm）	5														
实测项目	7	大面积平整度（mm）	5														
实测项目	8	预埋件位置（mm）	10														
实测项目																	
实测项目																	
实测项目																	
	合计															**8**	**100**

外观鉴定	**混凝土表面不够平整**	减分	**2**	监理意见	**同意施工单位的评定** 签字：××× ××年×月×日
质量保证资料	**资料齐全、完整、真实**	减分	**0**		
工程质量等级评定	评分：**98**			质量等级：**合格**	

检验负责人：×××　　检测：×××　　记录：×××

复核：×××　　××年×月×日

6. 墩、台帽或盖梁分项工程质量检验评定

墩、台帽或盖梁分项工程质量检验评定见表 4-15。

表 4-15　　墩、台帽或盖梁分项工程质量检验评定

分项工程名称：**墩台帽或盖梁**　　所属分部工程名称：**基础及下部构造**

所属建设项目：　　工程部位：**K11 +000 大桥**

施工单位：**××集团有限责任公司**
××公路工程项目经理部

监理单位：**××国际工程咨询有限公司**
××公路监理部

基本要求	混凝土所用材料的质量和规格符合规范要求；无漏筋和空洞现象。															
	项次	检查项目	规定值或允许偏差	实测值或实测偏差值										质量评定		
				1	2	3	4	5	6	7	8	9	10	平均值、代表值	合格率(%)	权值	得分
实测项目	1△	混凝土强度(MPa)	在合格标准内												**100**	**3**	**100**
	2	断面尺寸(mm)	±20												**100**	**2**	**100**
	3△	轴线偏位(mm)	10												**100**	**2**	**100**
	4△	顶面高程(mm)	±10												**100**	**1**	**100**
	5	支座垫石预留位置(mm)	10												**100**	**1**	**100**
	合　计															**9**	**100**

外观鉴定	**混凝土表面不够平整**	减分 **2**	监理意见	**同意施工单位的评定** 签字：××× ××年×月×日
质量保证资料	**资料齐全、完整、真实**	减分 **0**		
工程质量等级评定		评分：**98**		质量等级：**合格**

检验负责人：×××　　检测：×××　　记录：×××

复核：×××　　××年×月×日

7. 梁(板)预制分项工程质量检验评定

梁(板)预制分项工程质量检验评定见表 4-16。

表 4-16　　梁(板)预制分项工程质量检验评定表

分项工程名称:**梁(板)预制**　　所属分部工程名称:**上部构造预制和安装**

所属建设项目:　　工程部位:**K11 +000 大桥**

施工单位:**××集团有限责任公司**
××公路工程项目经理部　　监理单位:**××国际工程咨询有限公司**
××公路监理部

基本要求	混凝土所用材料的质量和规格符合规范要求;无漏筋和空洞现象。																
	项次	检查项目	规定值或允许偏差	实测值或实测偏差值										质量评定			
				1	2	3	4	5	6	7	8	9	10	平均值、代表值	合格率(%)	权值	得分
实测项目	1△	混凝土强度(MPa)	在合格标准内												100	3	100
	2	梁(板)长度(mm)	+5,−10												100	1	100
	3	宽度(mm)	±20												100	1	100
	4△	高度(mm)	±5												100	1	100
	5△	断面尺寸(mm)	+5,−0												100	2	100
	6	平整度(mm)	5												100	1	100
	7	横系梁及预埋件位置(mm)	5												100	1	100
	合　计															10	100

外观鉴定	混凝土表面不够平整	减分	2	监理意见	同意施工单位的评定 签字:××× ××年×月×日
质量保证资料	资料齐全、完整、真实	减分	0		
工程质量等级评定	评分:98			质量等级:合格	

检验负责人:×××　　检测:×××　　记录:×××

复核:×××　　××年×月×日

8. 梁(板)安装分项工程质量检验评定

梁(板)安装分项工程质量检验评定见表4-17。

表4-17　　梁(板)安装分项工程质量检验评定表

分项工程名称：梁(板)安装　　所属分部工程名称：上部构造预制和安装

所属建设项目：　　工程部位：K11 +000大桥

施工单位：××集团有限责任公司　　监理单位：××国际工程咨询有限公司

××公路工程项目经理部　　××公路监理部

				实测值或实测偏差值										质量评定			
基本要求	梁在吊移出预制底座时，混凝土的强度满足设计所要求的吊装强度；梁在安装时，支撑结构的强度符合设计要求；两梁之间接缝填充材料的规格和强度符合设计要求。																
	项次	检查项目	规定值或允许偏差	1	2	3	4	5	6	7	8	9	10	平均值、代表值	合格率(%)	权值	得分
实测项目	1△	支座中心偏位(mm)	5												100	3	100
	2	倾斜度(%)	1.2												100	2	100
	3	梁(板)顶面纵向高程(mm)	+8,−5												100	2	100
	4	相邻梁(板)顶面高差(mm)	8												100	1	100
		合　计														8	100

外观鉴定	混凝土表面不够平整	减分	2	监理意见	同意施工单位的评定 签字：××× ××年×月×日
质量保证资料	资料齐全、完整、真实	减分	0		
工程质量等级评定	评分：98			质量等级：合格	

检验负责人：×××　　检测：×××　　记录：×××

复核：×××　　××年×月×日

四、隧道各分项工程质量评定

1. 隧道总体分项工程质量检验评定

隧道总体分项工程质量检验评定见表4-18。

表4-18　隧道总体分项工程质量检验评定表

分项工程名称：隧道总体　　所属分部工程名称：总体

所属建设项目：　　工程部位：右线隧道

施工单位：××集团有限责任公司　　监理单位：××国际工程咨询有限公司

××公路工程项目经理部　　××公路监理部

基本要求	洞口设置符合设计要求；洞内外排水系统符合设计要求，无淤积、堵塞。																
	项次	检查项目	规定值或允许偏差(mm)	实测值或实测偏差值										质量评定			
				1	2	3	4	5	6	7	8	9	10	平均值、代表值	合格率(%)	权值	得分
实测项目	1	车行道	±10												100	2	100
	2	净总宽	不小于设计												100	2	100
	3△	隧道净高	不小于设计												100	3	100
	4	轴线偏差	20												100	2	100
	5	路线中心线与隧道中心线的衔接	20												100	2	100
	6	边坡、仰坡	不大于设计												100	1	100
	合计															12	100

外观鉴定	洞内有渗水现象	减分	2	监理意见	同意施工单位的评定 签字：××× ××年×月×日
质量保证资料	资料齐全、完整、真实	减分	0		
工程质量等级评定	评分：98			质量等级：合格	

检验负责人：×××　　检测：×××　　记录：×××

复核：×××　　××年×月×日

2. 洞身开挖分项工程质量检验评定

洞身开挖分项工程质量检验评定见表4-19。

表4-19　　洞身开挖分项工程质量检验评定表

分项工程名称:洞身开挖　　所属分部工程名称:洞身开挖

所属建设项目:　　工程部位:右线隧道

施工单位:××集团有限责任公司 ××公路工程项目经理部　　监理单位:××国际工程咨询有限公司 ××公路监理部

基本要求	不良地质段开挖前,已按要求做好预加固、预支护															
实测项目	项次	检查项目	规定值或允许偏差(mm)	实测值或实测偏差值										质量评定			
				1	2	3	4	5	6	7	8	9	10	平均值、代表值	合格率(%)	权值	得分
	1△	拱部超挖	平均100,最大150												95	3	95
	2	边墙宽度	+100,−0												100	2	100
	3	边墙、仰拱、隧底超挖	平均100												100	1	100
	合计															6	98.3

外观鉴定	无外观缺陷	减分	0	监理意见	同意施工单位的评定 签字:××× ××年×月×日
质量保证资料	资料齐全、完整、真实	减分	0		
工程质量等级评定	评分:98.3				质量等级:合格

检验负责人:×××　　检测:×××　　记录:×××

复核:×××　　××年×月×日

3. 钢纤维喷射混凝土支护分项工程质量检验评定

钢纤维喷射混凝土支护分项工程质量检验评定见表 4-20。

表 4-20　　钢纤维喷射混凝土支护分项工程质量检验评定表

分项工程名称：**钢纤维喷射混凝土支护**　　所属分部工程名称：**洞身衬砌**

所属建设项目：　　工程部位：**右线隧道**

施工单位：**××集团有限责任公司**　　监理单位：**××国际工程咨询有限公司**

××公路工程项目经理部　　**××公路监理部**

基本要求	**材料满足规范和设计要求；喷射前，岩面已经清洁，并做好排水措施；钢纤维抗拉强度不低于 380MPa。**																
	项次	检查项目	规定值或允许偏差	实测值或实测偏差值										质量评定			
				1	2	3	4	5	6	7	8	9	10	平均值、代表值	合格率(%)	权值	得分
实测项目	1△	喷射混凝土强度(MPa)	在合格标准内												**100**	**3**	**100**
	2△	喷层厚度(mm)	平均厚度≥设计厚度；检查点的 60%≥设计厚度；最小厚度≥0.5 设计厚度，且≥50												**100**	**3**	**100**
	3△	空洞检测	无空洞，无杂物												**100**	**3**	**100**
		合　计														**9**	**100**

外观鉴定	**局部存在钢筋外漏现象**	减分 **2**	监理意见	**同意施工单位的评定** 签字：×××
质量保证资料	**资料齐全、完整、真实**	减分 **0**		××年×月×日
工程质量等级评定	评分：**98**		质量等级：**合格**	

检验负责人：×××　　检测：×××　　记录：×××

复核：×××　　××年×月×日

4. 混凝土衬砌分项工程质量检验评定

混凝土衬砌分项工程质量检验评定见表 4-21。

表 4-21 **混凝土衬砌分项工程质量检验评定表**

分项工程名称：**混凝土衬砌**　　所属分部工程名称：**洞身衬砌**

所属建设项目：　　工程部位：**右线隧道**

施工单位：**××集团有限责任公司**
××公路工程项目经理部　　监理单位：**××国际工程咨询有限公司**
××公路监理部

				实测值或实测偏差值										质量评定			
基本要求	**所用材料的质量和规格满足规范和设计要求；拱墙背后的空隙已经回填密实。**																
实测项目	项次	检查项目	规定值或允许偏差	1	2	3	4	5	6	7	8	9	10	平均值、代表值	合格率(%)	权值	得分
	1△	混凝土强度(MPa)	在合格标准内												**100**	**3**	**100**
	2△	衬砌厚度(mm)	不小于设计值												**100**	**3**	**100**
	3	墙面平整度(mm)	5												**100**	**1**	**100**
	合　计															**7**	**100**

外观鉴定	**局部存在蜂窝麻面现象**	减分	**2**	监理意见	**同意施工单位的评定** 签字：××× ××年×月×日
质量保证资料	**资料齐全、完整、真实**	减分	**0**		
工程质量等级评定	评分：**98**			质量等级：**合格**	

检验负责人：×××　　检测：×××　　记录：×××

复核：×××　　××年×月×日

5. 衬砌钢筋分项工程质量检验评定

衬砌钢筋分项工程质量检验评定见表 4-22。

表 4-22　　　**衬砌钢筋分项工程质量检验评定表**

分项工程名称：衬砌钢筋　　　　所属分部工程名称：洞身衬砌

所属建设项目：　　　　工程部位：右线隧道

施工单位：××集团有限责任公司　　　　监理单位：××国际工程咨询有限公司

××公路工程项目经理部　　　　××公路监理部

基本要求	钢筋的品种、规格、形状、尺寸、数量、接头位置符合设计要求和相关标准的规定。															
实测项目 项次	检查项目	规定值或允许偏差	实测值或实测偏差值											质量评定		
			1	2	3	4	5	6	7	8	9	10	平均值、代表值	合格率(%)	权值	得分
1△	主筋间距	±10												100	3	100
2△	两层钢筋间距	±5												100	3	100
3	绑扎搭接长度 受拉 HPB235级钢筋	30*d*												100	1	100
3	绑扎搭接长度 受拉 HRB335级钢筋	35*d*														
3	绑扎搭接长度 受压 HPB235级钢筋	20*d*														
3	绑扎搭接长度 受压 HRB335级钢筋	25*d*														
4	钢筋加工 钢筋长度(mm)	−10,+5														
合计															7	100

外观鉴定	个别钢筋存在锈蚀现象	减分 2	监理意见：同意施工单位的评定 签字：××× ××年×月×日
质量保证资料	资料齐全、完整、真实	减分 0	
工程质量等级评定	评分：98	质量等级：合格	

检验负责人：×××　　　　检测：×××　　　　记录：×××

复核：×××　　　　××年×月×日

第三节　公路分部工程质量评定

一、路基各分部工程质量评定

1. 路基土石方工程质量检验评定

路基土石方工程质量检验评定见表 4-23。

表 4-23　　**路基土石方分部工程质量检验评定表**

分部工程名称：**路基土石方**　　所属单位工程：**路基工程**

所属建设项目：　　工程部位：**K11＋000～K12＋000**

（桩号、墩台号、孔号）

施工单位：**××集团有限责任公司**

××公路工程项目经理部

监理单位：**××国际工程咨询有限公司**

××公路工程监理部

施工单位	分项工程					备注
	工程名称	质量评定				
		实得分	权值	加权得分	等级	
	土方路基	**98.5**	**2**	**197**	**合格**	
	软土路基	**98.5**	**2**	**197**	**合格**	
	合计		**4**	**394**		
质量等级	**合格**			加权平均分		**98.5**
评定意见	**所属各分项工程全部合格，该分部工程评为合格。**					

检验负责人：×××　　计算：×××　　复核：×××　　××年×月×日

2. 排水工程质量检验评定

路基排水工程质量检验评定见表 4-24。

表 4-24　　路基排水分部工程质量检验评定表

分部工程名称：排水工程　　所属单位工程：路基

所属建设项目：　　工程部位：K11＋000～K12＋000（桩号、墩台号、孔号）

施工单位：××集团有限责任公司 ××公路工程项目经理部　　监理单位：××国际工程咨询有限公司 ××公路工程监理部

施工单位	分项工程					备注
	工程名称	质量评定				
		实得分	权值	加权得分	等级	
	土　沟	98	1	98	合格	
	浆砌排水沟	98	2	196	合格	
	合　计		3	294		
质量等级	合　格			加权平均分		98
评定意见	所属各分项工程全部合格，该分部工程评为合格。					

检验负责人：×××　　计算：×××　　复核：×××　　××年×月×日

3．涵洞工程质量检验评定

路基涵洞工程质量检验评定见表4-25。

表4-25　　涵洞分部工程质量检验评定表

分部工程名称：**K9＋000涵洞**　　所属单位工程：**路基工程**

所属建设项目：　　工程部位：**K9＋000涵洞**

（桩号、墩台号、孔号）

施工单位：**××集团有限责任公司**

××公路工程项目经理部

监理单位：**××国际工程咨询有限公司**

××公路工程监理部

施工单位	子分部工程					备注
	工程名称	质量评定				
		实得分	权值	加权得分	等级	
	涵台	**96.5**	**2**	**193**	**合格**	
	管节预制	**95.5**	**2**	**193**	**合格**	
	钢筋安装	**96**	**1**	**96**	**合格**	
	管座及涵管安装	**96**	**2**	**192**	**合格**	
	涵背回填	**96.5**	**1**	**96.5**	**合格**	
	锥坡	**95.5**	**1**	**95.5**	**合格**	
	涵洞总体	**96**	**1**	**96**	**合格**	
	合计		**10**	**960**		
质量等级	**合格**			加权平均分		**96**
评定意见	**所属各分项工程全部合格，该分部工程评为合格。**					

检验负责人：×××　　计算：×××　　复核：×××　　××年×月×日

4. K11＋800 小桥质量检验评定

K11＋800 小桥工程质量检验评定见表 4-26。

表 4-26 小桥分部工程质量检验评定表

分部工程名称：K11＋800 小桥　　所属单位工程：路基工程

所属建设项目：　　工程部位：K11＋800 小桥（桩号、墩台号、孔号）

施工单位：××集团有限责任公司 ××公路工程项目经理部　　监理单位：××国际工程咨询有限公司 ××公路工程监理部

施工单位	子分部工程					备注
	工程名称	质量评定				
		实得分	权值	加权得分	等级	
	基础及下部构造	97.5	2	195	合格	
	上部构造预制和安装	97.5	2	195	合格	
	总体、桥面系和附属工程	97.5	1	195	合格	
	合计		5	487.5		
质量等级	合格			加权平均分		97.5
评定意见	所属各子分部工程全部合格，该分部工程评为合格。					

检验负责人：×××　　计算：×××　　复核：×××　　××年×月×日

5. 子分部工程质量检验评定表

(1)基础及下部构造质量检验评定见表 4-27。

表 4-27　　基础及下部构造子分部工程质量检验评定表

子分部工程名称：基础及下部构造　　　　所属单位工程：路基工程

所属建设项目：　　　　工程部位：K11＋800 小桥 0# 台

（桩号、墩台号、孔号）

施工单位：××集团有限责任公司

××公路工程项目经理部

监理单位：××国际工程咨询有限公司

××公路工程监理部

施工单位	分项工程					备注
	工程名称	质量评定				
		实得分	权值	加权得分	等级	
	扩大基础	97	1	97	合格	
	基础钢筋安装	98	1	98	合格	
	台身浇筑	97.5	2	195	合格	
	台身钢筋安装	98	1	98	合格	
	台帽浇筑	97.5	2	195	合格	
	台帽钢筋安装	98	1	98	合格	
	锥坡	97	1	97	合格	
	台背回填	97	1	97	合格	
	合计		10	975		
质量等级	合格			加权平均分		97.5
评定意见	所属各分项工程全部合格，该子分部工程评为合格。					

检验负责人：×××　　计算：×××　　复核：×××　　××年×月×日

(2)上部构造预制和安装质量检验评定见表 4-28。

表 4-28　　上部构造预制和安装子分部工程质量检验评定表

子分部工程名称：上部构造预制和安装　　所属单位工程：路基工程

所属建设项目：　　工程部位：K11＋800 小桥（桩号、墩台号、孔号）

施工单位：××集团有限责任公司 ××公路工程项目经理部　　监理单位：××国际工程咨询有限公司 ××公路工程监理部

施工单位	分项工程					备注
	工程名称	质量评定				
		实得分	权值	加权得分	等级	
	预制空心板	97	2	194	合格	
	空心板钢筋安装	98	1	98	合格	
	梁板安装	98	1	98	合格	
	合计		4	390		
质量等级	合格			加权平均分		97.5
评定意见	所属各分项工程全部合格，该子分部工程评为合格。					

检验负责人：×××　　计算：×××　　复核：×××　　××年×月×日

(3)总体、桥面系和附属工程质量检验评定见表 4-29。

表 4-29　　总体、桥面系和附属工程子分部工程质量检验评定表

子分部工程名称：总体、桥面系和附属工程　　所属单位工程：路基工程

所属建设项目：　　工程部位：K11＋800 小桥（桩号、墩台号、孔号）

施工单位：××集团有限责任公司 ××公路工程项目经理部　　监理单位：××国际工程咨询有限公司 ××公路工程监理部

施工单位	分项工程					备注
	工程名称	质量评定				
		实得分	权值	加权得分	等级	
	桥梁总体	98	2	196	合格	
	桥面铺装	97	2	194	合格	
	桥面铺装钢筋安装	97.5	1	97.5	合格	
	混凝土防撞护栏	97	1	97	合格	
	混凝土防撞护栏钢筋安装	98	1	98	合格	
	桥头搭板	97	1	97	合格	
	桥头搭板钢筋安装	98	1	98	合格	
	合计		9	877.5		
质量等级	合格			加权平均分		97.5
评定意见	所属各分项工程全部合格，该子分部工程评为合格。					

检验负责人：×××　　计算：×××　　复核：×××　　××年×月×日

二、路面分部工程质量评定

路面分部工程质量评定见表 4-30。

表 4-30　　路面分部工程质量检验评定表

分部工程名称：路面工程　　所属单位工程：路面工程

所属建设项目：　　工程部位：K11＋000～K12＋000

（桩号、墩台号、孔号）

施工单位：××集团有限责任公司　　监理单位：××国际工程咨询有限公司

××公路工程项目经理部　　××公路工程监理部

施工单位	分项工程					备注
	工程名称	质量评定				
		实得分	权值	加权得分	等级	
	水泥砂砾底基层	96	1	96	合格	
	水泥砂砾基层	97.5	2	195	合格	
	水泥混凝土面层	96.5	2	193	合格	
	路肩	97	1	97	合格	
	合计		6	582		
质量等级	合格			加权平均分		97
评定意见	所属各分项工程全部合格，该分部工程评为合格。					

检验负责人：×××　　计算：×××　　复核：×××　　××年×月×日

三、桥梁各分部工程质量评定

1. 基础及下部构造质量检验评定

基础及下部构造质量检验评定见表4-31。

表4-31 基础及下部构造分部工程质量检验评定表

分部工程名称：基础及下部构造　　所属单位工程：桥梁工程

所属建设项目：　　工程部位：K11＋000大桥（桩号、墩台号、孔号）

施工单位：××集团有限责任公司 ××公路工程项目经理部　　监理单位：××国际工程咨询有限公司 ××公路工程监理部

施工单位	子分部工程					备注
	工程名称	质量评定				
		实得分	权值	加权得分	等级	
	$0^{\#}$台基础及下部构造	97	1	97	合格	
	$1^{\#}$墩基础及下部构造	96	1	96	合格	
	$2^{\#}$墩基础及下部构造	97	1	97	合格	
	$3^{\#}$墩基础及下部构造	96.5	1	96.5	合格	
	$4^{\#}$墩基础及下部构造	97	1	97	合格	
	$5^{\#}$墩基础及下部构造	96	1	96	合格	
	$6^{\#}$墩基础及下部构造	97	1	97	合格	
	$7^{\#}$墩基础及下部构造	96	1	96	合格	
	$8^{\#}$台基础及下部构造	96	1	96	合格	
	合计		9	868.5		
质量等级	合格			加权平均分		96.5
评定意见	所属各子分部工程全部合格，该分部工程评为合格。					

检验负责人：×××　　计算：×××　　复核：×××　　××年×月×日

2. 上部构造预制和安装质量检验评定

上部构造预制和安装质量检验评定见表 4-32。

表 4-32　　上部构造预制和安装工程质量检验评定表

分部工程名称：上部构造预制和安装　　所属单位工程：桥梁工程

所属建设项目：　　工程部位：K11＋000 大桥（桩号、墩台号、孔号）

施工单位：××集团有限责任公司 ××公路工程项目经理部　　监理单位：××国际工程咨询有限公司 ××公路工程监理部

施工单位	子分部工程					备注
	工程名称	质量评定				
		实得分	权值	加权得分	等级	
	$1^{\#}$孔上部构造预制和安装	96	1	96	合格	
	$2^{\#}$孔上部构造预制和安装	95	1	95	合格	
	$3^{\#}$孔上部构造预制和安装	96	1	96	合格	
	$4^{\#}$孔上部构造预制和安装	95	1	95	合格	
	$5^{\#}$孔上部构造预制和安装	96	1	96	合格	
	$6^{\#}$孔上部构造预制和安装	95	1	95	合格	
	$7^{\#}$孔上部构造预制和安装	96	1	96	合格	
	$8^{\#}$孔上部构造预制和安装	95	1	95	合格	
	合计		8	764		
质量等级	合格			加权平均分		95.5
评定意见	所属各子分部工程全部合格，该分部工程评为合格。					

检验负责人：×××　　计算：×××　　复核：×××　　××年×月×日

3. 总体桥面系和附属工程质量检验评定

总体桥面系和附属工程质量检验评定见表4-33。

表 4-33　　总体桥面系和附属分部工程质量检验评定表

分部工程名称：总体桥面系和附属工程　　所属单位工程：桥梁工程

所属建设项目：　　工程部位：K11＋000大桥

（桩号、墩台号、孔号）

施工单位：××集团有限责任公司

××公路工程项目经理部

监理单位：××国际工程咨询有限公司

××公路工程监理部

<table>
<tr><td>施工单位</td><td colspan="5">分 项 工 程</td><td rowspan="3">备 注</td></tr>
<tr><td rowspan="12"></td><td rowspan="2">工程名称</td><td colspan="4">质量评定</td></tr>
<tr><td>实得分</td><td>权 值</td><td>加权得分</td><td>等 级</td></tr>
<tr><td>桥梁总体</td><td>96.5</td><td>2</td><td>193</td><td>合格</td><td></td></tr>
<tr><td>桥面铺装</td><td>95.5</td><td>2</td><td>193</td><td>合格</td><td></td></tr>
<tr><td>桥面铺装钢筋</td><td>96.5</td><td>1</td><td>96.5</td><td>合格</td><td></td></tr>
<tr><td>支座安装</td><td>95.5</td><td>1</td><td>95.5</td><td>合格</td><td></td></tr>
<tr><td>伸缩缝安装</td><td>96.5</td><td>1</td><td>96.5</td><td>合格</td><td></td></tr>
<tr><td>混凝土防撞护栏</td><td>95.5</td><td>1</td><td>95.5</td><td>合格</td><td></td></tr>
<tr><td>混凝土防撞护栏钢筋安装</td><td>96.5</td><td>1</td><td>96.5</td><td>合格</td><td></td></tr>
<tr><td>桥头搭板</td><td>95.5</td><td>1</td><td>95.5</td><td>合格</td><td></td></tr>
<tr><td>桥头搭板钢筋安装</td><td>96</td><td>1</td><td>96.5</td><td>合格</td><td></td></tr>
<tr><td></td><td></td><td></td><td></td><td></td><td></td></tr>
<tr><td colspan="2">合 计</td><td>11</td><td>1056</td><td></td><td></td></tr>
<tr><td>质量等级</td><td colspan="3">合　　格</td><td colspan="2">加权平均分</td><td>96</td></tr>
<tr><td>评定意见</td><td colspan="6">所属各分项工程全部合格，该分部工程评为合格。</td></tr>
</table>

检验负责人：×××　　计算：×××　　复核：×××　　××年×月×日

4. 子分部工程质量检验评定表

(1)0# 台基础及下部构造质量检验评定见表 4-34。

表 4-34　　0# 台基础及下部构造子分部工程质量检验评定表

子分部工程名称：0# 台基础及下部构造　　所属单位工程：桥梁工程

所属建设项目：　　工程部位：K11＋000 大桥 0# 台（桩号、墩台号、孔号）

施工单位：××集团有限责任公司 ××公路工程项目经理部　　监理单位：××国际工程咨询有限公司 ××公路工程监理部

施工单位	分项工程					备注
	工程名称	质量评定				
		实得分	权值	加权得分	等级	
	钻孔灌注桩	97.5	2	195	合格	
	钻孔灌注桩钢筋安装	96.5	1	96.5	合格	
	承台浇筑	97.5	1	97.5	合格	
	承台钢筋安装	97	1	97	合格	
	台身浇筑	96.5	2	193	合格	
	台身钢筋安装	97	1	97	合格	
	台帽浇筑	96.5	2	193	合格	
	台帽钢筋安装	97	1	97	合格	
	盖梁浇筑	97.5	2	195	合格	
	盖梁钢筋安装	96.5	1	96.5	合格	
	锥　坡	97.5	1	97.5	合格	
	台背回填	96.5	1	96.5	合格	
	挡　块	97.5	1	97.5	合格	
	支座垫石	97	1	97	合格	
	合　计		18	1746		
质量等级	合　格			加权平均分		97
评定意见	所属各分项工程全部合格，该子分部工程评为合格。					

检验负责人：×××　　计算：×××　　复核：×××　　××年×月×日

(2)1#孔上部构造预制和安装质量检验评定见表4-35。

表 4-35　　1#孔上部构造预制和安装子分部工程质量检验评定表

子分部工程名称：**1#孔上部构造预制和安装**　　所属单位工程：**路基工程**

所属建设项目：　　工程部位：**K11+000大桥1#孔**

(桩号、墩台号、孔号)

施工单位：**××集团有限责任公司**

××公路工程项目经理部

监理单位：**××国际工程咨询有限公司**

××公路工程监理部

施工单位	分项工程					备注
	工程名称	质量评定				
		实得分	权值	加权得分	等级	
	预制T型梁	**96.5**	**2**	**193**	**合格**	
	空心板钢筋安装	**96**	**1**	**96**	**合格**	
	预应力筋的加工和张拉	**95.5**	**2**	**191**	**合格**	
	T型梁安装	**96**	**1**	**96**	**合格**	
	合计		**6**	**576**		
质量等级	**合格**			加权平均分		**96**
评定意见	**所属各分项工程全部合格，该子分部工程评为合格。**					

检验负责人：×××　　计算：×××　　复核：×××　　××年×月×日

四、隧道各分部工程质量评定

1. 隧道洞口质量检验评定

隧道洞口质量检验评定见表 4-36。

表 4-36　　隧道洞口分部工程质量检验评定表

分部工程名称：隧道洞口　　所属单位工程：隧道工程

所属建设项目：　　工程部位：右线隧道

（桩号、墩台号、孔号）

施工单位：××集团有限责任公司

××公路工程项目经理部

监理单位：××国际工程咨询有限公司

××公路工程监理部

施工单位	分项工程					备注
	工程名称	质量评定				
		实得分	权值	加权得分	等级	
	洞口开挖	96.5	1	96.5	合格	
	洞口边仰坡防护	95.5	1	95.5	合格	
	洞门和翼墙的浇(砌)筑	96.5	1	96.5	合格	
	截水沟	95.5	1	95.5	合格	
	洞口排水沟	96	1	96	合格	
	合计		5	480		
质量等级	合格			加权平均分		96
评定意见	所属各分项工程全部合格，该分部工程评为合格。					

检验负责人：×××　　计算：×××　　复核：×××　　××年×月×日

2. 洞身衬砌质量检验评定

洞身衬砌质量检验评定见表 4-37。

表 4-37　　洞身衬砌分部工程质量检验评定表

分部工程名称：洞身衬砌　　所属单位工程：隧道工程

所属建设项目：　　工程部位：右线隧道（桩号、墩台号、孔号）

施工单位：××集团有限责任公司 ××公路工程项目经理部　　监理单位：××国际工程咨询有限公司 ××公路工程监理部

施工单位	分项工程					备注
	工程名称	质量评定				
		实得分	权值	加权得分	等级	
	（钢纤维）喷射混凝土支护	96.5	1	96.5	合格	
	锚杆支护	95.5	1	95.5	合格	
	钢筋网支护	96.5	1	96.5	合格	
	仰拱	95.5	1	95.5	合格	
	混凝土衬砌	96	2	96	合格	
	钢支撑	96.5	1	96.5	合格	
	衬砌钢筋	95.5	1	95.5	合格	
	合计		8	768		
质量等级	合格			加权平均分	96	
评定意见	所属各分项工程全部合格，该分部工程评为合格。					

检验负责人：×××　　计算：×××　　复核：×××　　××年×月×日

五、交通安全设施各分部工程质量评定

护栏、轮廓标质量检验评定见表 4-38。

表 4-38　护栏、轮廓称分部工程质量检验评定表

分部工程名称：护栏、轮廓标　　所属单位工程：交通安全设施

所属建设项目：　　工程部位：YK7＋000～K12＋000（桩号、墩台号、孔号）

施工单位：××集团有限责任公司 ××公路工程项目经理部　　监理单位：××国际工程咨询有限公司 ××公路工程监理部

施工单位	分项工程					备注
	工程名称	质量评定				
		实得分	权值	加权得分	等级	
	波形梁护栏	95.5	2	191	合格	
	缆索护栏	95	2	190	合格	
	混凝土护栏	94.5	2	199	合格	
	轮廓标	95	1	95	合格	
	合计		7	665		
质量等级	合格			加权平均分		95
评定意见	所属各分项工程全部合格，该分部工程评为合格。					

检验负责人：×××　　计算：×××　　复核：×××　　××年×月×日

第四节　公路单位工程质量评定

一、路基工程质量评定

1. 单位工程质量检验评定

路基工程质量检验评定见表 4-39。

表 4-39　　**路基单位工程质量检验评定表**

单位工程名称：**路基工程**　　所属建设项目：

线路名称：　　工程地点、桩号：**YK7＋000～K12＋000**

施工单位：**××集团有限责任公司**　　监理单位：**××国际工程咨询有限公司**

××公路工程项目经理部　　**××公路工程监理部**

施工单位	子单位工程					备注
	工程名称	质量评定				
		实得分	权值	加权得分	等级	
	ZK6＋800～ZK8＋000 路基工程	**98**	**1**	**98**	**合格**	
	ZK8＋000～ZK9＋000 路基工程	**98.5**	**1**	**98.5**	**合格**	
	YK7＋000～YK8＋000 路基工程	**97.5**	**1**	**97.5**	**合格**	
	YK8＋000～YK9＋000 路基工程	**97**	**1**	**97**	**合格**	
	K9＋000～K10＋000 路基工程	**98**	**1**	**98**	**合格**	
	K10＋000～K11＋000 路基工程	**98.5**	**1**	**98.5**	**合格**	
	K11＋000～K12＋000 路基工程	**98**	**1**	**98**	**合格**	
	合计		**7**	**685.5**		
质量等级	**合格**			加权平均分		**98**
评定意见	**所属各子单位工程全部合格，该单位工程评为合格。**					

检验负责人：×××　　计算：×××　　复核：×××　　××年×月×日

2. 子单位工程质量检验评定表

路基子单位工程质量检验评定见表 4-40。

表 4-40　　路基子单位工程质量检验评定表

子单位工程名称：K11＋000～K12＋000 路基工程　　所属建设项目：

线路名称：　　工程地点、桩号：K11＋000～K12＋000

施工单位：××集团有限责任公司
××公路工程项目经理部　　监理单位：××国际工程咨询有限公司
××公路工程监理部

施工单位	分部工程					备注
	工程名称	质量评定				
		实得分	权值	加权得分	等级	
	路基土石方工程	98.5	2	197	合格	
	排水工程	98	1	98	合格	
	K11＋800 小桥	97.5	2	195	合格	
	合计		5	490		
质量等级	合格			加权平均分		98
评定意见	所属各分部工程全部合格，该子单位工程评为合格。					

检验负责人：×××　　计算：×××　　复核：×××　　××年×月×日

二、路面工程质量评定

路面工程质量检验评定见表4-41。

表4-41　　路面单位工程质量检验评定表

单位工程名称：路面工程　　所属建设项目：

线路名称：　　工程地点、桩号：YK7＋000～K12＋000

施工单位：××集团有限责任公司　　监理单位：××国际工程咨询有限公司

××公路工程项目经理部　　××公路工程监理部

施工单位	分部工程					备注
	工程名称	质量评定				
		实得分	权值	加权得分	等级	
	ZK6＋800～ZK8＋000 路面工程	97	2	194	合格	
	ZK8＋000～ZK9＋000 路面工程	96	2	192	合格	
	YK7＋000～YK8＋000 路面工程	96.5	2	193	合格	
	YK8＋000～YK9＋000 路面工程	96	2	192	合格	
	K9＋000～K10＋000 路面工程	97	2	194	合格	
	K10＋000～K11＋000 路面工程	96	2	192	合格	
	K11＋000～K12＋000 路面工程	97	2	194	合格	
	合计		14	1351		
质量等级	合格			加权平均分		96.5
评定意见	所属各分部工程全部合格，该单位工程评为合格。					

检验负责人：×××　　计算：×××　　复核：×××　　××年×月×日

三、桥梁工程质量评定

桥梁工程质量检验评定见表4-42。

表4-42　　桥梁单位工程质量检验评定表

单位工程名称：桥梁工程　　所属建设项目：

线路名称：　　工程地点、桩号：K11＋000大桥

施工单位：××集团有限责任公司　　监理单位：××国际工程咨询有限公司

××公路工程项目经理部　　××公路工程监理部

施工单位	分部工程					备注
	工程名称	质量评定				
		实得分	权值	加权得分	等级	
	基础及下部构造	96.5	2	193	合格	
	上部构造预制和安装	95.5	2	191	合格	
	总体桥面系和附属工程	96	1	96	合格	
	合计		5	480		
质量等级	合格			加权平均分		96
评定意见	所属各分部工程全部合格，该单位工程评为合格。					

检验负责人：×××　　计算：×××　　复核：×××　　××年×月×日

四、隧道工程质量评定

隧道工程质量检验评定见表4-43。

表4-43　　隧道单位工程质量检验评定表

单位工程名称：隧道工程　　所属建设项目：

线路名称：　　工程地点、桩号：右线隧道

施工单位：××集团有限责任公司　　监理单位：××国际工程咨询有限公司

××公路工程项目经理部　　××公路工程监理部

施工单位	分部工程					备注
	工程名称	质量评定				
		实得分	权值	加权得分	等级	
	隧道总体	96	1	96	合格	
	明洞	96	1	96	合格	
	洞口工程	96	1	96	合格	
	洞身开挖	96	1	96	合格	
	洞身衬砌	96	1	96	合格	
	防排水	96	1	96	合格	
	隧道路面	96	1	96	合格	
	装饰	96	1	96	合格	
	辅助施工措施	96	1	96	合格	
	合计		9	964		
质量等级	合格			加权平均分		96
评定意见	所属各分部工程全部合格，该单位工程评为合格。					

检验负责人：×××　　计算：×××　　复核：×××　　××年×月×日

五、交通安全设施质量评定

交通安全设施质量检验评定见表4-44。

表4-44　交通安全设施单位工程质量检验评定表

单位工程名称：交通安全设施　　所属建设项目：

线路名称：　　工程地点、桩号：YK7＋000～K12＋000

施工单位：××集团有限责任公司　××公路工程项目经理部

监理单位：××国际工程咨询有限公司　××公路工程监理部

施工单位	分部工程					备注
	工程名称	质量评定				
		实得分	权值	加权得分	等级	
	标　志	98	2	98	合格	
	标线、突起路标	98	1	98	合格	
	护栏、轮廓标	98	2	98	合格	
	防眩设施	98	1	98	合格	
	隔离栅、防落网	98	1	98	合格	
	合　计		7	686		
质量等级	合　格			加权平均分		98
评定意见	所属各分部工程全部合格，该单位工程评为合格。					

检验负责人：×××　计算：×××　复核：×××　××年×月×日

第五章　公路工程决算和审计文件

第一节　竣工决算文件

决算文件分为财务决算和工程决算两部分。财务决算和工程决算能够分别从不同的侧面反映建设单位在项目管理过程中费用支出的情况，也能够反映工程财务管理情况和资金使用状况。决算是确定工程实际造价，也是投资执行期投资控制的最终程序。

一、财务决算

财务决算由业主（代表）按交通部及国家有关规定编制。

二、工程决算

工程决算由项目法人负责按照交通部颁布的《关于发布公路建设项目工程决算编制办法的通知》（交公路发[2004]507号）所规定的工程决算编制办法进行。

工程决算由勘测设计费、征地拆迁费、设计单位管理费、工程监理费、工程质量监督费、工程科研费和建筑安装工程费等组成。

工程决算在工程项目进入试运营后就要安排进行编制，在竣工验收前编制完成。

建设项目工程决算由业主（代表）负责编制。其内容包括编制说明、建设项目决算汇总表和各合同段工程决算。

三、公路工程决算文件编制范例

××××公路工程竣工决算

编制单位：××××高速公路发展有限责任公司

编制日期：××年×月×日

建设项目竣工决算编制说明

一、工程概况：工程名称、地点、建设规模及主要技术标准。

二、完成的主要工程数量：路基土石方（万 m^3）、沥青混凝土路面（km^2）、大中桥及小桥（m/座）、涵洞（m/道）、通道（m/道）、分离式立交（m/处）、互通式立交（m/处）、隧道（m/处）、安全防护设施（延米）、服务区、收费站（处）、通信设施等。

三、主要技术经济指标（万元/km）。

项　目	概　算	实际造价
路基工程		
路面工程		
桥梁工程		
隧道工程		
房　建		
交通安全设施		
监控、通信、收费系统		

四、主要材料计划量和实际消耗量。

五、批准概算与工程实际造价比较，投资控制情况分析。

××××公路工程竣工决算汇总表

货币单位：人民币元　　　　第　页共　页

编号	费用名称	签约合同价	计量支付（不含变更）	工程变更（+/-）	工程索赔	实际支付合　计	备　注
	总合计						
1	勘测设计费						
2	征地拆迁费						
3	建设单位管理费						
4	工程监理费						
5	工程质量监督费						
6	工程科研费						
7	一合同段工作量						
8	二合同段工作量						
9	三合同段工作量						
10	四合同段工作量						
11	五合同段工作量						
12	六合同段工作量						

编制：　　　　校核：　　　　业主（代表）：　　　　总监：

××××公路
××××合同段工程竣工决算

承包单位:××××集团有限公司
监理单位:××国际工程咨询有限公司
编制单位:××年×月×日

合同段竣工决算编制说明

一、工程概况:工程名称、地点、建设规模及主要技术标准。

二、完成的主要工程数量:路基土石方(万 m^3)、沥青混凝土路面(km^2)、大中桥及小桥(m/座)、涵洞(m/道)、通道(m/道)、分离式立交(m/处)、互通式立交(m/处)、隧道(m/处)、安全防护设施(延米)、服务区、收费站(处)、通信设施等。

三、主要材料计划量和实际消耗量。

四、合同价与工程实际造价比较。

××××公路××××合同段竣工决算汇总表

货币单位:人民币元　　　　第　页　共　页

编号	费用名称	签约合同价	计量支付（不含变更）	工程变更（＋／－）	工程索赔	实际支付合计	备注
	总合计						
1	100章　总则						
2	200章　路基工程						
3	300章　路面工程						
4	400章　桥梁工程						
5	500章　隧道工程						
6	600章　排水与涵洞工程						
7	700章　防护工程						
8	800章　沿线设施和其他工程						
9	工程索赔						

编制:　　　　校核:　　　　项目经理:　　　　驻地监理工程师:

××××公路××××合同段竣工决算表

第100章　　　　货币单位:人民币元　　　　第　页　共　页

项	目	次	细目名称	单位	签约合同价			计量支付(不含变更)			工程变更(＋/－)			实际支付合计		备注
					工程量	单价（元）	金额（元）	工程量	单价（元）	金额（元）	工程量	单价（元）	金额（元）	工程量	金额（元）	
			总合计	元												
一			竣工文件整理	全套												
二			临时占地	亩·年												
三			临时便道													
	1		沿路基便道	km												
	2		进场便道	km												
	3		便桥	座												
四			监理工程师的设施	每合同段												
五			工程保险	每合同段												

项目经理:　　　　编制:　　　　校核:　　　　驻地监理工程师:

××××公路××××合同段竣工决算表

第200章　　　　货币单位:人民币元　　　　第　页共　页

项	目	次	细目名称	单位	签约合同价			计量支付(不含变更)			工程变更(+/-)			实际支付合计		备注
					工程量	单价(元)	金额(元)	工程量	单价(元)	金额(元)	工程量	单价(元)	金额(元)	工程量	金额(元)	
			总合计	元												
一			清除与掘除	m												
二			拆除旧路面													
	1		碎(砾)石路面	m												
	2		沥青路面	m												
	3		水泥路面	m												
三			拆除结构物													
	1		钢筋混凝土结构	m												
	2		混凝土结构	m												
	3		砖、石及其他砌体结构	m												
四			路基挖方													
	1		土　方	m^3												
	2		石　方	m^3												
	3		弃方运距增(减)	km												
	4		弃方运距增(减)临时便道	km												
	5		土方(线外工程)	m^3												
	6		石方(线外工程)	m^3												
	7		挖淤泥	m^3												
五			路基填方													
	1		填　土	m^3												
	2		填　石	m^3												
	3		填粉煤灰	m^3												
	4		填风化岩粒料	m^3												
	5		借土填方运距增(减)临时便道	km												
	6		借土填方运距增(减)	km												
	7		填土(线外工程)	m^3												
	8		填石(线外工程)	m^3												
六			不良地基处理													
	1		砂砾垫层	m^3												
	2		抛石处理	m^3												
	3		土工织物	m^2												
	4		袋装砂井	m												
	5		塑料排水板	m												
	6		粉喷桩	m												

项目经理:　　　　编制:　　　　校核:　　　　驻地监理工程师:

××××公路××××合同段竣工决算表

第300章　　货币单位:人民币元　　第　页 共　页

项	目	次	细目名称	单位	签约合同价			计量支付(不含变更)			工程变更(+/-)			实际支付合计		备注
					工程量	单价(元)	金额(元)	工程量	单价(元)	金额(元)	工程量	单价(元)	金额(元)	工程量	金额(元)	
			总合计	元												
一			水泥稳定碎石上基层													
	1		厚度16cm	m^2												
	2		厚度16cm(线外工程)	m^2												
	3		厚度18cm	m^2												
	4		厚度18cm(线外工程)	m^2												
二			水泥稳定砂(砾)掺碎石下基层													
	1		厚度16cm	m^2												
	2		厚度16cm(线外工程)	m^2												
	3		厚度18cm	m^2												
	4		厚度18cm(线外工程)	m^2												
三			水泥稳定砂(砾)掺碎石底基层													
	1		厚度16cm	m^2												
	2		厚度16cm(线外工程)	m^2												
	3		厚度18cm	m^2												
	4		厚度18cm(线外工程)	m^2												
四			水泥稳定砂砾(底基层)													
	1		厚度16cm	m^2												
	2		厚度16cm(线外工程)	m^2												
	3		厚度18cm	m^2												
	4		厚度18cm(线外工程)	m^2												
五			级配碎石垫层													
	1		厚度8cm	m^2												
	2		厚度15cm	m^2												
六			碎石底基层													
	1		厚度8cm	m^2												
	2		厚度10cm	m^2												
	3		厚度15cm	m^2												

续表

项	目	次	细目名称	单位	签约合同价			计量支付(不含变更)			工程变更(+/−)			实际支付合计		备注
					工程量	单价(元)	金额(元)	工程量	单价(元)	金额(元)	工程量	单价(元)	金额(元)	工程量	金额(元)	
七			M7.5砂浆片石基层													
	1		厚度20cm(线外工程)	m^2												
	2		厚度30cm(线外工程)	m^2												
八			水泥混凝土面层													
	1		厚度____cm	m^2												
	2		C30小石子混凝土面层厚度____cm(线外工程)	m^2												
九			沥青混凝土面层													
	1		沥青混凝土面层													
		1	厚度____cm(上面层)	m^2												
		2	厚度____cm(中面层)	m^2												
		3	厚度____cm(下面层)	m^2												
	2		透　层	m^2												
	3		粘　层	m^2												
	4		下封层	m^2												
十			路　肩													
	1		土路肩	m												
	2		水泥混凝土硬化路肩	m												
十一			路缘石													
	1		(混凝土)立缘石	m												
	2		(石)立缘石	m												
	3		(混凝土)平缘石	m												
	4		(石)平缘石	m												
十二			路面排水设施													
	1		中央分隔带处理	m												
		1	分隔带换土	m												
		2	分隔带预制块铺砌	m												
		3	潜碟式流水槽	m												
	2		泄水槽	道												

项目经理：　　　　编制：　　　　校核：　　　　驻地监理工程师：

××××公路××××合同段竣工决算表

第 400 章　　货币单位：人民币元　　第　页　共　页

项	目	次	细目名称	单位	签约合同价			计量支付(不含变更)			工程变更(+/-)			实际支付合计		备注
					工程量	单价(元)	金额(元)	工程量	单价(元)	金额(元)	工程量	单价(元)	金额(元)	工程量	金额(元)	
			总合计	元												
一			桥梁载荷试验	座次												
二			台背填料	m^3												
三			拱上填料	m^3												
四			桥头搭板	m												
五			基础挖方													
	1		土　方	m^3												
	2		石　方	m^3												
六			钻孔灌注桩(土质)													
	1		ϕ100cm	m												
	2		ϕ120cm	m												
	3		ϕ150cm	m												
	4		ϕ160cm	m												
	5		ϕ180cm	m												
七			钻孔灌注桩(石质)													
	1		ϕ100cm	m												
	2		ϕ120cm	m												
	3		ϕ150cm	m												
	4		ϕ160cm	m												
	5		ϕ180cm	m												
八			混凝土基础及承台													
	1		C15 片石混凝土	m^3												
	2		C20 片石混凝土	m^3												
	3		C15 混凝土	m^3												
	4		C20 混凝土	m^3												
	5		C25 混凝土	m^3												
	6		C30 混凝土	m^3												
九			混凝土下部结构													
	1		C20 混凝土	m^3												
	2		C25 混凝土	m^3												
	3		C30 混凝土	m^3												
	4		C35 混凝土	m^3												
十			混凝土上部结构													
	1		C25 混凝土	m^3												

续表

项	目	次	细目名称	单位	签约合同价			计量支付(不含变更)			工程变更(+/-)			实际支付合计		备注
					工程量	单价(元)	金额(元)	工程量	单价(元)	金额(元)	工程量	单价(元)	金额(元)	工程量	金额(元)	
	2		C30 混凝土	m^3												
	3		C40 混凝土	m^3												
	4		C50 混凝土	m^3												
十一			钢　筋	t												
十二			预应力钢材													
	1		钢　丝	t												
	2		钢绞线	t												
十三			砌体基础													
	1		M5 浆砌片石	m^3												
	2		M7.5 浆砌片石	m^3												
十四			砌体墩台、翼墙等													
	1		M5 浆砌片石	m^3												
	2		M5 浆砌块石	m^3												
	3		M7.5 浆砌片石	m^3												
	4		M7.5 浆砌块石	m^3												
	5		M10 浆砌片石	m^3												
	6		M10 浆砌块石	m^3												
十五			砌体拱圈													
十六			砌体拱上结构													
	1		M7.5 浆砌片石	m^3												
	2		M7.5 浆砌块石	m^3												
十七			其他附属工程(锥坡、河床铺砌等)砌体													
	1		厚____cm　M5 浆砌片石	m^3												
	2		厚____cm　M7.5 浆砌片石	m^3												
	3		浆砌片石裙墙或导流工程	m^3												
十八			普通橡胶支座													
	1		150mm×200mm×21mm	个												
	2		150mm×200mm×42mm	个												
	3		150mm×200mm×63mm	个												
	4		150mm×250mm×63mm	个												

续表

项	目	次	细目名称	单位	签约合同价			计量支付(不含变更)			工程变更(+/-)			实际支付合计		备注
					工程量	单价(元)	金额(元)	工程量	单价(元)	金额(元)	工程量	单价(元)	金额(元)	工程量	金额(元)	
	5		150mm×550mm×135mm	个												
	6		450mm×550mm×78mm	个												
	7		450mm×800mm×78mm	个												
	8		GYZϕ150mm×28mm	个												
	9		GYZϕ200mm×35mm	个												
	10		GYZϕ200mm×42mm	个												
	11		GYZϕ450mm×75mm	个												
	12		GYZϕ450mm×87mm	个												
	13		GYZϕ650mm×100mm	个												
	14		GYZϕ700mm×100mm	个												
	15		GYZϕ800mm×115mm	个												
十九			四氟滑板橡胶支座													
	1		150mm×200mm×31mm	个												
	2		150mm×250mm×51mm	个												
	3		150mm×250mm×63mm	个												
	4		150mm×550mm×110mm	个												
	5		150mm×550mm×147mm	个												
	6		150mm×400mm×80mm	个												
	7		150mm×450mm×50mm	个												
	8		GYZϕ200mm×37mm	个												
	9		GYZϕ200mm×44mm	个												
	10		GYZϕ350mm×65mm	个												
	11		GYZϕ375mm×77mm	个												
	12		GYZϕ400mm×66mm	个												
	13		GYZϕ400mm×88mm	个												
	14		GYZϕ525mm×102mm	个												
二十			盆式橡胶支座													
	1		GPZ2000SX	个												
	2		GPZ2500DX	个												
	3		GPZ2500SX	个												
	4		GPZ2500GD	个												
	5		GPZ4000GD	个												
	6		GPZ4000DX	个												
	7		GPZ5000GD	个												

续表

项	目	次	细目名称	单位	签约合同价			计量支付(不含变更)			工程变更(+/-)			实际支付合计		备注
					工程量	单价(元)	金额(元)	工程量	单价(元)	金额(元)	工程量	单价(元)	金额(元)	工程量	金额(元)	
	8		GPZ5000SX	个												
	9		GJZ1000	个												
	10		GYZF4D450×87	个												
二十一			球冠橡胶支座													
	1		150×35 球冠支座	个												
	2		200×49 球冠支座	个												
	3		250×56 球冠支座	个												
二十二			伸缩缝													
	1		板式橡胶伸缩缝	m												
	2		毛勒伸缩缝													
		1	XF-80 型伸缩缝	m												
		2	XF-160 型伸缩缝	m												
	3		预切缝(微量伸缩缝)	m												
二十三			沥青混凝土桥面铺装													
	1		厚____cm 沥青混凝土	m^2												
二十四			水泥混凝土桥面铺装													
	1		C25 混凝土	m^2												
	2		C30 混凝土	m^2												
	3		C40 混凝土	m^2												
	4		C50 混凝土	m^2												
二十五			护　栏													
	1		钢筋混凝土护栏	m												
	2		波形护栏	m												
	3		天桥防落网	m												
二十六			通　道													
	1		1—4m	m												
	2		1—6m	m												
	3		1—8m	m												
	4		1—10m	m												
二十七			小　桥													
	1		1—6m	m												
	2		1—8m	m												
	3		1—10m	m												

项目经理：　　　　编制：　　　　校核：　　　　驻地监理工程师：

××××公路××××合同段竣工决算表

第500章　　货币单位:人民币元　　第　页　共　页

项	目	次	细目名称	单位	签约合同价			计量支付(不含变更)			工程变更(+/-)			实际支付合计		备注
					工程量	单价(元)	金额(元)	工程量	单价(元)	金额(元)	工程量	单价(元)	金额(元)	工程量	金额(元)	
			总合计	元												
一			洞口与明洞工程													
	1		洞口、明洞开挖													
		1	土　方	m^3												
		2	石　方	m^3												
		3	弃方超运	$m^3\cdot km$												
	2		防水与排水													
		1	M____浆砌片石截水沟	m^3												
		2	无纺布	m^2												
	3		洞口坡面防护													
		1	M____浆砌片石	m^3												
		2	C____喷射混凝土	m^3												
		3	种植草皮	m^2												
	4		洞门建筑													
		1	C____混凝土	m^3												
		2	M____浆砌粗料石(块石)	m^3												
	5		明洞衬砌													
		1	C____混凝土	m^3												
		2	HPB235级钢筋	t												
		3	HRB335级钢筋	t												
	6		遮光棚(板)													
		1	C____混凝土	m^3												
		2	HPB235级钢筋	t												
		3	HRB335级钢筋	t												
	7		洞顶回填													
		1	回填土石方	m^3												
二			洞身开挖													
	1		洞身开挖													
		1	土　方	m^3												
		2	石　方	m^3												
		3	弃方超运	$m^3\cdot km$												
	2		超前支护													
		1	锚杆(规格)	m												

续表

项	目	次	细目名称	单位	签约合同价			计量支付(不含变更)			工程变更(+/-)			实际支付合计		备注
					工程量	单价(元)	金额(元)	工程量	单价(元)	金额(元)	工程量	单价(元)	金额(元)	工程量	金额(元)	
		2	管棚(规格)	m												
		3	注浆小导管(规格)	m												
		4	型钢(规格型号)	t												
		5	木　材	m^3												
	3		锚喷支护													
		1	C____喷射混凝土	m^3												
		2	注浆锚杆(规格)	m												
		3	锚杆(规格)	m												
		4	钢筋网	t												
		5	钢格栅	t												
三			洞身衬砌													
	1		洞身衬砌													
		1	C____混凝土	m^3												
		2	C____防水混凝土	m^3												
		3	M____浆砌粗料石(块石)	m^3												
		4	HPB235 级钢筋	t												
		5	HRB335 级钢筋	t												
	2		仰拱、铺底混凝土	m^3												
	3		边沟电缆沟混凝土	m^3												
	4		洞　门	个												
	5		洞内装饰	m^2												
	6		洞内路面													
		1	基　层	m^2												
		2	面　层	m^2												
四			防水与排水													
	1		防水层	m^2												
	2		止水带	m												
	3		压注水泥浆液	t												
	4		压注水泥—水玻璃液	t												
	5		压浆钻孔 ϕ____mm	m												
	6		排水管 ϕ____mm	m												
五			监控量测													

项目经理：　　　　　　编制：　　　　　　校核：　　　　　　驻地监理工程师：

××××公路××××合同段竣工决算表

第600章　　　　货币单位:人民币元　　　　第　页　共　页

项	目	次	细目名称	单位	签约合同价			计量支付(不含变更)			工程变更(+/-)			实际支付合计		备注
					工程量	单价(元)	金额(元)	工程量	单价(元)	金额(元)	工程量	单价(元)	金额(元)	工程量	金额(元)	
			总合计	元												
一			涵　洞													
	1		盖板涵													
		1	1—2m	m												
		2	1—3m	m												
		3	1—4m	m												
	2		圆管涵													
		1	1—ϕ500mm	m												
		2	1—ϕ750mm	m												
		3	1—ϕ1000mm	m												
		4	1—ϕ1500mm	m												
		5	1—ϕ2000mm	m												
		6	1—ϕ3000mm	m												
	3		倒虹吸													
		1	1—ϕ500mm	m												
		2	1—ϕ750mm	m												
二			边　沟													
	1		浆砌片石(无盖板)	m												
	2		浆砌片石(无盖板,线外工程)	m												
	3		浆砌片石(有盖板)	m												
	4		浆砌片石(有盖板,线外工程)	m												
三			排水沟													
	1		浆砌片石	m												
四			截水沟													
	1		浆砌片石	m												
五			渗水管													
	1		ϕ80mm　PVC管	m												
	2		ϕ150mm　PVC管	m												
六			排水管													
	1		1—ϕ500mm	m												
	2		1—ϕ1000mm	m												
七			集水井													
	1		集水井	个												
八			跌水与急流槽													
	1		浆砌片石	m^3												
九			泄水槽	道												

项目经理:　　　　编制:　　　　校核:　　　　驻地监理工程师:

××××公路××××合同段竣工决算表

第700章　　　　　　　　　　货币单位：人民币元　　　　　　　　　　第　页共　页

项	目	次	细目名称	单位	签约合同价			计量支付（不含变更）			工程变更（＋/－）			实际支付合计		备注
					工程量	单价（元）	金额（元）	工程量	单价（元）	金额（元）	工程量	单价（元）	金额（元）	工程量	金额（元）	
			总合计	元												
一			砌体挡墙													
	1		墙　身													
		1	浆砌片石	m^3												
		2	浆砌粗料石（块石）	m^3												
	2		基　础													
		1	浆砌片石	m^3												
	3		帽　石													
		1	浆砌料石	m^3												
		2	浆砌块石	m^3												
二			浆砌护坡													
	1		浆砌片石基础	m^3												
	2		浆砌坡面													
		1	浆砌片石	m^3												
		2	浆砌块石	m^3												
三			坡面防护													
	1		浆砌片石骨架护坡	m^2												
	2		浆砌护面墙	m^3												
	3		锚杆＋钢筋网片＋喷混凝土护坡													
		1	钻　孔	m												
		2	锚　杆	m												
		3	钢筋网片	t												
		4	喷射混凝土	m^3												
	4		锚杆网格骨架喷混凝土护坡	m^2												

项目经理：　　　　　　　　　　编制：　　　　　　　　校核：　　　　　　　驻地监理工程师：

××××公路××××合同段竣工决算表

第800章　　货币单位：人民币元　　第　页共　页

项	目	次	细目名称	单位	签约合同价			计量支付(不含变更)			工程变更(+/-)			实际支付合计		备注
					工程量	单价(元)	金额(元)	工程量	单价(元)	金额(元)	工程量	单价(元)	金额(元)	工程量	金额(元)	
			总合计	元												
一			收费岛、收费棚基础													
	1		混凝土													
		1	C15混凝土	m^3												
		2	C20混凝土	m^3												
		3	C25混凝土	m^3												
		4	C30混凝土	m^3												
	2		钢　筋	t												
二			地下通道													
	1		通　道													
		1	通　道	m												
		2	钢护柱	根												
三			电缆预埋管道													
	1		硅　管													
		1	24孔硅管	m												
		2	15孔硅管	m												
		3	12孔硅管	m												
		4	6孔硅管	m												
	2		钢　管													
		1	8孔 ϕ100钢管	m												
		2	5孔 ϕ100钢管	m												
		3	4孔 ϕ100钢管	m												
		4	2孔 ϕ100钢管	m												
		5	1孔 ϕ100钢管	m												
		6	1孔 ϕ50钢管	m												
	3		电缆过桥附属设施													
		1	过桥托架	套												
四			通信人孔													
	1		直能人孔	个												
	2		分歧人孔	个												
	3		手　孔	个												
五			紧急电话平台													
		1	紧急电话平台	个												

项目经理：　　编制：　　校核：　　驻地监理工程师：

××××公路工程变更及增加费用一览表

第______合同段

变更令	变更内容之简要说明	批准机关	批准文号	估计增加费用（人民币元）				变更工程实际增加费用（人民币元）			备　注
				单　位	单　价	数　量	费　用	上期累计	本期完成	本期累计	
合　计											

驻地监理工程师：　　　　制表：　　　　校核：　　　　项目经理：

××××公路工程变更及增加费用一览表

第______合同段　　　　截止日期：___年___月___日

编　　号	申请日期及文号	索赔延期内容概述	处理结果（人民币元）	答复文号	备　　注
合　　计					

驻地监理工程师：　　　　制表：　　　　校核：　　　　项目经理：

附：索赔来往文件及记录资料表

劳动力、主要材料实际消耗一览表

第　页共　页

序号	名称	单位	数量						
			路基工程	路面工程	桥梁工程	隧道工程	互通立交	其他工程	小计
1	土建工	日							
2	机械工	工日							
3	原木	m^3							
4	锯材	m^3							
5	钢绞线	t							
6	高强钢丝	t							
7	圆钢筋	t							
8	螺纹钢筋	t							
9	型钢	t							
10	水泥								
	32.5	t							
	32.5R	t							
	42.5	t							
	42.5R	t							
	52.5	t							
	52.5R	t							
11	沥青								
	进口沥青	t							
	国产沥青	t							

填表人：　　　　　　　　　　项目经理：　　　　　　　　　　驻地监理工程师：

机械台班消耗一览表

第 页 共 页

序 号	项目名称	规格型号	单 位	数 量	备 注
1	推土机		台班		
2	平地机		台班		
3	挖掘机		台班		
4	装载机		台班		
5	自卸汽车		台班		
6	压路机		台班		
7	水泥混凝土搅拌机		台班		
8	吊 车		台班		
9	沥青拌合站		台班		
10	稳定土拌合站		台班		
11	路面摊铺机		台班		

填表人： 项目经理： 驻地监理工程师：

备注：根据实际施工采用的各种规格型号的机械分别填报。

第二节　项目审计文件的组成

项目审计文件(工程决算审计报告)由下列几部分组成:

一、工程概况

(1)概述工程名称、起讫桩号、途径主要控制点、工程设计标准、工程数量、造价和工期。

(2)建设单位、设计单位名称;监理单位名称及监理范围。

(3)承包单位名称、承包工程范围。

二、审查单位及依据、程序

(1)审查单位及参加人员。

(2)审查依据。

(3)审查程序。

三、审核结论

审核结论主要反映送审造价、审定造价。

四、分析差异原因

(1)工程量方面是否有多计、重计现象。

(2)材料价格取值是否有偏高问题。

(3)有无不执行合同协议书及招标专用文本规定多计取工程费用问题。

(4)有无工程变更数量不准确、执行单价偏高等问题。

(5)关于工程造价方面的其他问题。

附件:1. 工程造价咨询核定表(略)

2. 竣工决算书(略)

3. 原工程量清单(略)

4. 其他有关资料(略)

第三节　支 付 报 表

一、工程量清单

1. 工程量清单及工程量清单说明

监理工程师必须熟悉技术规范、工程量清单及工程量清单说明的内容,掌握工程具体项目的工作范围和内容、计量方式和方法。

(1)工程量清单数量。工程量清单数量是合同图纸给定的数量,计量时应以实际完成并经监理工程师确认的数量为准。

(2)工程量清单单价说明。监理工程师应要求承包人按照合同规定的内容与时间,报送单价的来源及其构成。

(3)工程量清单的变动。监理工程师按合同规定办理工程变更时,应对工程量清单按下列方式进行相应的修改和补充:

1)变更工程数量,清单细目内容及单价不变。

2)工程性质变更引起单价变化，原清单细目内容及数量不变。

3)清单细目内容、单价、数量全部变更(包括项目整个被取消)。

4)新增工程，即清单细目、单价、数量全部是增列的。

2. 工程量清单的使用

(1)有具体工程单位的清单栏目：

1)监理工程师必须按工程量清单标明的单价和实际计量的工程数量办理。

2)实际计量的工程数量与工程量清单给定的数量相比，自然增减幅度在合同规定的范围内，按工程量清单标明的单价和实际计量的工程数量办理。

3)工程数量自然增减幅度，超出合同规定幅度，应按合同的有关具体规定办理。

(2)以细目为单位的清单栏目。监理工程师应根据实际情况确定细目计量划分比例。

(3)暂估数量的清单栏目。监理工程师必须严格控制工程数量。

(4)暂定金额的清单栏目：

1)监理工程师应根据实际情况，部分动用、全部动用或根本不动用该项费用。

2)实际费用超出清单限额，宜通过工程变更办理。

(5)以时间为单位的清单栏目。监理工程师必须根据工程实施的具体情况严格掌握。

二、工程计量

1. 工程计量的规定

(1)计量范围：

1)工程量清单及修订的工程量清单的内容。

2)合同文件规定的各项费用支付。

(2)主要计量依据：

1)工程量清单及说明。

2)合同图纸。

3)工程变更令及修订的工程量清单。

4)合同条件。

5)技术规范。

6)有关计量的补充协议。

7)《索赔时间/金额审批表》。

(3)计量原则：

1)不符合合同文件要求的工程，不得计量。

2)按合同文件所规定的方法、范围、内容、单位计量。

3)按监理工程师同意的计量方法计量。

2. 工程计量的方式

(1)工程达到规定的计量单位时，监理工程师应审查承包人提供计量所需的资料，并与其共同计量。

监理工程师必须对计量结果做出准确的记录，并将记录的副本抄送给承包人。

(2)监理工程师可根据工程特殊情况增加计量次数，但应提前向承包人发出通知，写明监理工程师准备何时对何工程进行何种计量。

(3)监理工程师对承包人增加计量次数的申请，应要求其提前填写计量申请单，写明要求计量的原因，计量的工程部位和计量的时间。

3. 工程计量的程序和主要文件

(1)计量通知或申请。工程需要计量,监理工程师应审查承包人提出的计量申请或向承包人发出计量通知。

(2)审查有关文件资料。监理工程师必须检查承包人为计量准备的有关资料,发现问题或资料不全,应退还承包人,暂不进行计量,或计量后暂不予支付。

(3)填写中间计量表。《中间计量表》必须清楚真实的填写计量结果,对承包人在合同规定的时间内提出的异议,监理工程师应进一步检查计量记录,将复议后的结果通知承包人。

(4)主要文件:

1)《中间计量表》。

2)《工程分项开工申请批复单》。

3)《检验申请批复单》。

4)工程质量检验表及有关的质量评定意见。

5)《工程变更令》。

6)《中间交工证书》。

三、工程支付

1. 前期支付

(1)动员预付款:

1)监理工程师收到并确认承包人与业主签订的合同协议,履约保函及动员预付款保函之后,应按照合同规定,签发动员预付款金额的支付证明。

2)监理工程师应通过《中期支付证书》,对动员预付款按合同规定的方法予以扣回。

(2)履约保函:

1)监理工程师收到并确认承包人提供的履约保函后,应按合同规定签发相当履约保函一定百分比金额的支付证明。

2)监理工程师签发《工程缺陷责任终止证书》后,应签发解除承包人履约担保责任的证明。

(3)保险:

1)监理工程师必须根据合同规定的保险范围审验承包人的各项保险证明。并按照合同规定,签发相当保险额一定百分比金额的支付证明。

2)监理工程师应及时从支付证明中,扣除业主代替承包人办理保险所支付的费用。

2. 中期支付

(1)工程款。监理工程师必须对《中间计量表》审查无误后签发《中期支付证书》。

(2)暂定金。监理工程师应根据实际需要动用暂定金,并在下列手续完备之后,签发暂定金支付证明:

1)审批承包人提交的相应工程的施工组织计划。

2)审批承包人提交的对应其施工组织计划所需要的工费、材料费、机械费、设备费及计算说明。

3)与业主和承包人就暂定金的支付进行协商。

4)审核有关动用暂定金的凭证。

(3)计日工。监理工程师可指令按计日工完成特殊的、较小的变更工程或附加工程。同时应要求承包人提交该项工程的下列报表:

1)用工清单。

2)材料清单。

3)机械、设备清单。

4)费用清单,包括其付款凭证。

监理工程师审查上述资料时,应注意:未经监理工程师同意不得加班;未经监理工程师认可的材料不得使用;发生故障和闲置的机械、设备不得计入;并根据工程量清单计日工的价格及其合同中规定的费率,签发有关的支付证明。

(4)材料设备预付款:

1)监理工程师必须在下列要求满足后,签发支付材料设备的预付款证明:

①材料设备将被用于永久性工程。

②材料设备已运抵工地现场或监理工程师认可的承包人的生产场地。

③材料设备的质量和存放均满足合同要求。

④承包人向监理工程师提交材料设备的订货单或收据。

监理工程师签发材料设备预付款支付证明,不是对该材料设备的质量批准。

2)监理工程师签发材料设备预付款支付证明时,应注意:

①累计支付材料设备预付款的金额不应超过合同剩余工作量。

②累计支付材料设备预付款的材料设备数量,不应超过工程所需的实际总数量。

③预付款材料设备的品种应与工程计划进度相符合。

④已支付材料设备预付款的材料设备,所有权归业主。

3)材料用于永久性工程后,监理工程师必须通过《中期支付证书》将材料设备预付款予以扣回。

(5)工程变更:

1)监理工程师签发变更工程支付证明,必须以工程变更令及其修改的工程量清单为依据。

2)监理工程师收到《中间计量单》并审查无误后,应依照工程变更令所确定的支付原则,参照其修订的工程量清单,办理支付。

(6)保留金:

1)监理工程师对保留金的扣留应按合同有关规定办理。

2)如果承包人在第一个《中期支付证书》前,提交了一份由业主认可银行出具的银行保函,监理工程师可不再替业主从《中期支付证书》中扣留保留金。

3)保留金的退还一般应分两次进行。

监理工程师颁发全部工程的交接证书后,按合同规定的退还比例签发支付证明。如果颁发的仅是部分工程的交接证书,按该部分工程占整个工程的百分比例计退。

监理工程师签发缺陷责任终止证书后,签发退还剩余保留金的支付证明。如果颁发的缺陷责任证书仅是部分工程的缺陷责任证书,监理工程师应继续扣留与完成剩余工作所需费用比例相当的保留金。

(7)索赔:

1)监理工程师必须依据《索赔时间/金额审批表》,签发索赔支付证明。

2)索赔金额支付必须按合同有关规定及《索赔时间/金额审批表》所确定的执行。

(8)价格调整:

1)监理工程师必须根据合同规定的价格调整方式,通过《中期支付证书》办理因价格调整引起的费用支付。

2)如果合同没有规定具体的调整方法,监理工程师应与业主、承包人协商后,决定进行价格调整的具体方法。

(9)迟付款利息。监理工程师确认业主收到监理工程师签发的支付证书后,没有在合同规定的时间内向承包人付款,应签发迟付款利息的支付证明。

(10)对指定分包人支付:

1)监理工程师应通过承包人对指定分包人进行支付。

2)监理工程师可要求承包人出示指定分包人得到承包人付款的证明。

3)承包人无正当理由拒绝向指定分包人付款,监理工程师必须帮助业主从《中期支付证书》中扣留指定分包人应得到的款项,直接向指定分包人支付。

(11)合同中止后支付:

1)工程遇到战争、叛乱、骚乱等合同规定的特殊风险。

①监理工程师应帮助业主澄清下列内容,同业主、承包人协商后,签发合同中止证书。

②合同中止之日前,承包人已按合同完成的工程的全部费用,以及业主已支付给承包人的款额与细目。

③承包人依照合同为该工程合理订购的材料、设备及货物的费用。

④承包人雇佣的所有从事工程施工人员在合同中止时的合理遣返费。

⑤承包人机械设备撤离费。

⑥承包人为完成整个工程而合理发生的费用,而该费用未包括在其他各项支付之内。

⑦承包人应偿还业主的有关设备、材料和工程的预付款余额以及合同中止之日,按合同规定业主向承包人收回的任何其他款项。

2)承包人违约。监理工程师确认承包人违约后,应对由于承包人的过失而使业主产生和随之引起的所有费用的增加按照合同文件的规定,进行估价。在与业主和承包人协商后,签发扣除承包人上述费用的证明。

3)业主违约。当监理工程师确认业主不能继续履行合同,或因业主干涉、阻挠、拒绝监理工程师的支付证书致使承包人提出中止合同受雇时,监理工程师应澄清下述内容,同业主和承包人协商后,签发合同中止的支付证书。

①本款1)中的全部款项内容。

②由于合同中止给承包人造成的任何损失或损害的款额。

(12)工程交工支付。监理工程师收到承包人交工财务报告后,应完成对其报告中下列内容的审查,确认后向业主签发《中期支付证书》。

1)按照合同规定日期完成的全部工程的最终价值。

2)业主还应支付的任何追加款项。

3)按照合同应付给承包人的估算总额。

(13)最终支付:

1)准备工作:

①监理工程师必须处理有关工程和合同方面的一切遗留事宜:

a. 确认承包人的遗留工程及缺陷工程已完成并达到规范标准,签发该工程的支付证明。

b. 确认承包人已获得全部工程的《工程缺陷责任期终止证书》,签发解除承包人履约担保责任的证明及退回或解除承包人剩余保留金或银行保函的证明。

c. 确认已对符合合同文件规定的工程变更、时间与费用索赔、价格调整等事宜,进行了清理与审定,并签发完毕与之有关的支付证明。

②监理工程师必须澄清整个工程各个阶段的计量与支付,并完成下列工作:

a. 对所有支付的细目进行检查，防止漏项和重复。

b. 对所有的工程数量与费用计算进行的复核。

c. 对所有有争议的细目与计算进行核实，并与业主和承包人协商，确定最终的处理办法。

2)最终支付：

①最终结算清单的说明：

a. 最终支付的依据及计算办法。

b. 监理工程师确认按照合同最终应付给承包人的款项总额。

c. 考虑业主以前所付的款额及业主、承包人各自责任对支付额的影响后，业主还应付给承包人或承包人还要付给业主的余额。

②最终计算清单。由一系列清单及表格组成，并包含 a 的款项内容。

③最终结算清单的附件。由一系列图纸、计算资料、文件、发票等组成，并与 b 相对应。

四、工程支付程序

1. 中期支付程序

(1)中期支付申请。监理工程师收到承包人要求支付的申请后，必须从以下方面进行确认：

1)承包人申请中已详细列明其认为有权得到的款项。

2)申请中所涉及的表格形式经过监理工程师认可。

(2)中期支付申请的审定。监理工程师应在合同规定的时间内完成以下几个方面的审定：

1)申请的格式和内容应满足合同要求。

2)各项资料、证明文件手续齐全。

3)所有款项计算与汇总无误。

(3)签发《中期支付证书》：

1)监理工程师审核并修订承包人的支付申请后，应向业主签发《中期支付证书》，副本抄送承包人。

2)除了特殊项外(如：计日工、暂定金、费用索赔等)，监理工程师签发的《中期支付证书》中的支付数量应基本正确。

3)监理工程师应通过任何一期《中期付款证书》，对已支付工程发现的问题或已颁布的支付证书的错误进行纠正。

4)当工程支付小于合同规定的限额时，监理工程师可以不按月签发《中期支付证书》。

2. 最终支付程序

(1)最终支付申请。监理工程师应受理承包人在合同规定的时间内提交最终支付申请。

(2)最终支付申请的审定。监理工程师应在合同规定的时间内，完成对最终支付申请的审定：

1)申请的格式和内容，应满足合同规定及监理工程师的要求。

2)相应的系列结算清单，必须齐全、完整，相互关系清晰。

3)相应的系列证明资料有监理工程师的签字认可。

4)确认所有的计量与支付均没有遗漏、重复且计算准确，汇总无误。

5)发现又能够确认的费用，应及时通知承包人，并要求其提供所需的进一步资料与证明。

(3)签发最终支付证书。监理工程师应按(2)的规定审核承包人的最终支付申请，向业主签发最终支付证书，并将副本抄送承包人。

五、工程支付报表

公路工程支付报表的形式如下所示。

＿＿＿＿＿＿＿＿公路工程项目

＿＿＿＿＿公路工程支付月报(第　　合同段)

(编号：　　　　)

承包单位：

监理单位：

高级驻地监理工程师：

编制时间　　　　年　　月　　日

支表 1

工程进度表

项目名称：　　　　　　　　　　承包单位：　　　　　　　　　　合同号：

截止日期：　　　　　　　　　　监理单位：　　　　　　　　　　编　号：

业主：	开工令日期：	合同总价：
	合同期限：	暂定金额：
	合同完成日期：	工程量清单金额：
由　　至　　全长　　km	时间延长：	工程变更：
	修改合同完成日期：	估计最终金额：

清单号	名称	合同金额(元)	单价占合同价(%)	单项完成(%)	完成占合同价(%)	按月计划与实际完成(%) 年												年								
						1	2	3	4	5	6	7	8	9	10	11	12	1	2	3	4	5	6	7	8	
																										100%
																										80%
																										60%
																										40%
																										20%
																										0%
总　计						1	2	3	4	5	6	7	8	9	10	11	12	1	2	3	4	5	6	7	8	

监理工程师收到日期	实际进度	累　计	%																				
		月　计	%																				
	计划进度	累　计	%																				
		月　计	%																				

承包人：　　　　　　　　　　　　　　　　　　　　监理工程师：

支表 2

中期支付证书

项目名称：　　　　　　承包单位：　　　　　　合同号：

截止日期：　　　　　　监理单位：　　　　　　编　号：

由　　至 全长　　km													
清单号	项目内容	合同价及变更金额			到本期末完成			到上期末完成			本期完成		
		原有总金额	变更总金额	变更后总金额	金额（人民币）	人民币部分	外汇（人民币计）	金额（人民币）	人民币部分	外汇（人民币计）	金额（人民币）	人民币部分	外汇（人民币计）
100													
200													
300													
400													
500													
600													
700													
800													
900													
1000													
1100													
1200													
1300													
1400													
1500													
1600													
暂定金额													
小　计													
价格调整													
索赔金额													
违约罚金													
尺付款利息													
合　计													
动员预付款													
扣回动员预付款													
材料设备预付款													
扣回材料设备预付款													
保留金													
支　付													

承包人：　　　　　　监理工程师：　　　　　　业主：

支表 3

清单支付报表

项目名称：　　　　　　　　　　　　承包单位：　　　　　　　　　　　　合同号：

截止日期：　　　　　　　　　　　　监理单位：　　　　　　　　　　　　编　号：

项目编号	项目内容	单　位	合同数量			到本期末完成		到上期末完成		本期完成	
			原合同数量	单　价	变更后数量	数　量	金额(元)	数　量	金额(元)	数　量	金额(元)
小　计											

承包人：　　　　　　　　　　　　　　监理工程师：

支表 4

计日工支付报表

项目名称：　　　　　　　　　　　　承包单位：　　　　　　　　　　　　合同号：

截止日期：　　　　　　　　　　　　监理单位：　　　　　　　　　　　　编　号：

清单号	位置	工程项目	计日工类别和名称	单位	单价(元)	计日工数量		计日工金额						批准文号
								到本期末完成		到上期末完成		本期完成		
						到本期末完成	其中本期	数量	金额(元)	数量	金额(元)	数量	金额(元)	
小　计														

承包人：　　　　　　　　　　　　　　监理工程师：

支表 5　　　　工程变更一览表

项目名称：　　　　承包单位：　　　　合同号：

截止日期：　　　　监理单位：　　　　编　号：

清单号	变更内容	单位	合同数量（元）	单价（元）	工程量增减金额(元)(+－)								批准文号
					工程量增减(+－)		到本期末完成(+－)		到上期末完成(+－)		本期完成		
					到本期末完成	其中本期	数量	金额	数量	金额	数量	金额	
小计													

承包人：　　　　监理工程师：

支表 6　　　　价格调整汇总表

项目名称：　　　　承包单位：　　　　合同号：

截止日期：　　　　监理单位：　　　　编　号：

时间	应调价基数（元）	到本期末调价金额			到上期末调价金额			本期调价金额		
		增减金额（+－）(元)	人民币部分(元)	外币部分(人民币计)	增减金额（+－）(元)	人民币部分(元)	外币部分(人民币计)	增减金额（+－）(元)	人民币部分(元)	外币部分(人民币计)
		A	B=A×%	C=A×%	D	E=D×%	F=D×%	G	H=G×%	I=G×%
合计										

承包人：　　　　监理工程师：

支表 7

价格调整表

项目名称：　　　　承包单位：　　　　合同号：

截止日期：　　　　监理单位：　　　　编　号：

价格调整公式：

式中："0"基本价格指数

"1"现行价格指数　　　　外汇比例：

符　号	符号说明	编　号	加权系数	现行价格指数	基本价格指数	计算值
			A	B	C	A×B/C
X	非调整因子	X			100	
LL	当地劳务	a			100	
PL	设备使用和维修	b			100	
ST	钢　材	c			100	
TI	木　材	d			100	
CE	水　泥	e			100	
LM	地方材料	f			100	
OM	其他材料	g			100	
BI	沥　青	h			100	
	固定价					1
	总　计		1			$D_i=$
计算式：						

承包人：　　　　监理工程师：

年度价格指数：LCP

人民币部分应调整金额：$ADJ_2=LCP\times[(1+D_1)(1+D_2)\cdots(1+D_n)-1]$，$D_i$ 为当年度综合调价系数

支表 8 **单价变更一览表**

项目名称： 承包单位： 合同号：

截止日期： 监理单位： 编　号：

清单号	名称	单位	调整前单价(人民币元)	调整后单价(人民币元)	单价变更增减金额									批准文号
					单价增减(人民币元)	到期末完成				本期完成				
						数量	金额(人民币元)	人民币部分	外汇(人民币元)	数量	金额(人民币元)	人民币部分	外汇(人民币元)	
		A	B	C	D=C−B	E	F=E×D	G= %×F	H= %×F	I	J=I×D	K= %×J	L= %×J	M
合　计														
说　明														

承包人： 监理工程师：

支表 9

永久性材料价差金额一览表

项目名称：　　　　　　　　　　承包单位：　　　　　　　　　　合同号：
截止日期：　　　　　　　　　　监理单位：　　　　　　　　　　编　号：

序号	材料名称	单位	数量	基本价格		现行价格		价差金额（元）	材料来源	单据号	存放地点
				合计价（元）	其中：综合费（元）	合计价（元）	其中：综合费（元）				
		A	B	C	D	E	F	G=B(E−C)	H	I	J
合　计											

承包人：　　　　　　　　　　　　　　　监理工程师：

支表 10

永久性材料到达现场计量表

项目名称：　　　　　　　　　　承包单位：　　　　　　　　　　合同号：
截止日期：　　　　　　　　　　监理单位：　　　　　　　　　　编　号：

序号	材料名称	单位	数量	单价	合计价	合计价的%			材料来源	单据号	备　注
						金　额（人民币）	人民币部分	外　汇（人民币计）			
			A	B	C=A·B	D=　%C	E=　%D	F=　%D			
合　计											

承包人：　　　　　　　　　　　　　　　监理工程师：

支表 11

扣回材料设备预付款一览表

项目名称：　　　　承包单位：　　　　合同号：

截止日期：　　　　监理单位：　　　　编　号：

月份	累计垫付金额			本期垫付金额			本期末回扣金额			上期末回扣金额			本期回扣金额		
	金额（人民币元）	人民币部分	外汇（人民币计）	金额（人民币元）	人民币部分	外汇（人民币计）	金额（人民币元）	人民币部分	外汇（人民币计）	金额（人民币元）	人民币部分	外汇（人民币计）	金额（人民币元）	人民币部分	外汇（人民币计）
	A			B			C			D			E		
合计															
备注															

承包人：　　　　监理工程师：

支表 12

扣回动员预付款一览表

项目名称：　　　　承包单位：　　　　合同号：

截止日期：　　　　监理单位：　　　　编　号：

A：合同总价（人民币元）：	
B：合同总价（人民币元）：	
C：到本月末表 2“合计”栏累计完成金额（人民币元）：	
D：C>B 时的时间：	第　月
E：合同期限/月：	
F：已付动员预付款（人民币元）：	
G：月扣除动员付款：	

扣除动员预付款	总计金额（人民币元）	人民币	%（人民币元）	外汇	%（人民币计）
到上月末完成					
本月完成					
到本月末完成					

承包人：　　　　监理工程师：

支表 13

中间计量表

承包单位：

监理单位：

合同号：

编　号：

第　页共　页

支付项目编号		项目名称	
起始桩号		部　　位	
图　　号		中间交工证书号	
计量草图几何尺寸：			
计算式：			
计量单位：		工程数量	

支表 14

中间计量支付汇总表

承包单位：　　　　　　　　　　　　　　　　　　　　　　　　合同号：

监理单位：　　　　　　　　　　　　　　　　　　　　　　　　编　号：

第　页共　页

项目编号	项目名称	凭证号	单　位	数　量	单　价	金　额
本页小计						
合　计						

承包人：　　　　　　　　　　　　　　　　监理工程师：

第六章　公路工程监理资料的管理

第一节　监理资料概述

在工程项目的监理工作中，会产生大量的信息文件，主要涉及监理工作的依据文件和监理工作中形成的文件两个方面。

一、监理资料基本内容

1. 监理管理文件

(1)监理规划。

(2)监理实施细则。

(3)监理月报。

(4)监理日志、监理日记。

(5)会议纪要。

(6)监理工作总结。

2. 工程质量控制文件

(1)各类工程材料、构配件、设备报验。

(2)施工测量放线。

(3)施工试验报验。

(4)不合格项处置记录。

(5)质量问题和事故报告及处理资料。

(6)分包资质管理。

3. 工程进度计划管理文件

(1)工程动工报审表及附件。

(2)年、季、月进度计划。

(3)月工、料、机动态表。

(4)停、复工资料。

4. 合同管理文件

(1)施工监理招投标文件。

(2)建设工程委托监理合同。

(3)施工招投标文件。

(4)建设工程施工合同、分包合同、各类订货合同等。

(5)工程变更文件。

(6)合同其他事项管理。

5. 计量支付文件

(1)概预算或工程量清单。

(2)工程量报审与支付证书。

(3)预付款报审与支付证书。

(4)月工程进度款报审与签认。

(5)工程款支付申请与支付证书。

(6)工程竣工计算。

6. 交工及缺陷责任期监理资料

(1)交工及交工证书。

(2)缺陷责任期的监理资料。

7. 其他资料

(1)监理通知及回复。

(2)其他往来函件。

(3)工程照片、音像资料。

(4)监理机构及人员情况，各级监理人员的工作范围、责任划分、工作制度等。

二、监理资料编制程序

监理资料编制的程序如图 6-1 所示。

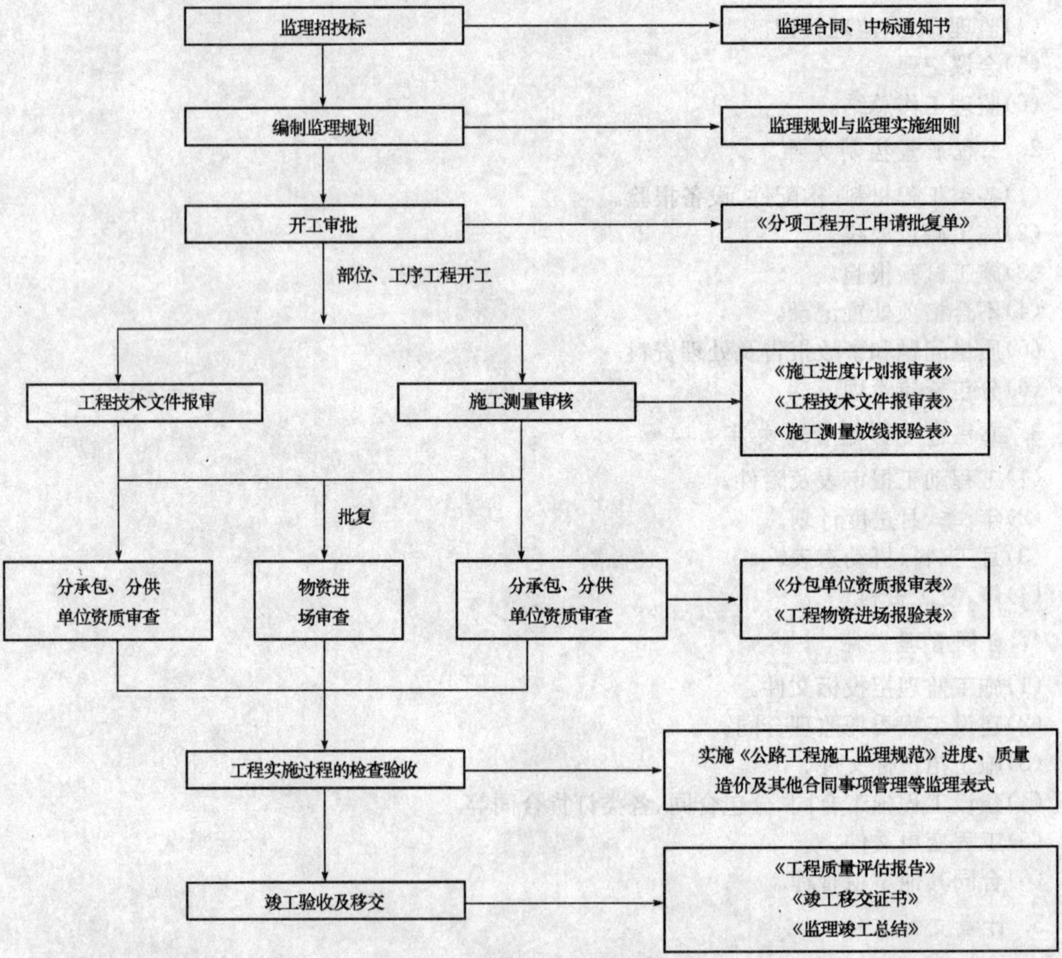

图 6-1 监理资料管理程序图

第二节　监理管理文件

一、监理规划

监理规划是指导监理工作的纲领性文件。由总监理工程师根据监理合同，在监理大纲的基础上，结合项目的具体情况组织编制，经监理单位技术负责人审核批准，在监理交底会前报送建设单位。

监理规划的内容应有针对性，做到控制目标明确、控制措施有效、工作程序合理、工作制度健全、职责分工清楚，对监理实施工作有指导作用。

1. 工程项目概况

包括工程项目名称、建设地点、建设规模、预算投资、建设工期、工程特点以及建设单位、设计单位、监理单位、承包单位、主要分包单位等内容。

2. 监理工作依据

(1)国家和地方有关工程建设的法律、法规。

(2)建设工程委托监理合同。

(3)建设单位与承包单位签订的本工程施工合同及补充协议。

(4)标准、规范及有关技术文件。

(5)本工程的工程地质、水文地质勘察报告。

(6)本工程设计文件，设计变更、工程洽商有关文件。

(7)工程量清单，工程报价单或预算书。

3. 监理范围和目标

监理范围是指监理单位所承担任务的工程项目建设监理的范围。例如：××公路工程××标段路基、桥涵、隧道工程。

监理目标是指监理单位所承担的工程项目的监理目标。包括工期控制目标、工程质量控制目标和工程造价控制目标。

4. 工程进度控制

包括总进度计划，工期控制目标的分解，进度控制程序，进度控制要点，控制进度风险的措施，进度控制的动态管理等。

5. 工程质量控制

包括质量控制目标，质量控制目标的分解，质量控制程序，质量控制要点，控制质量风险的措施，质量控制的动态管理等。

6. 工程造价控制

包括工程总造价，投资控制目标的分解，投资使用计划，投资控制程序，控制投资风险的措施，投资控制的动态管理等。

7. 合同及其他事项管理

(1)合同管理：包括合同管理的工作流程与措施，合同执行的动态管理，工程变更、索赔程序，合同争议的协调方法等。

(2)信息管理:包括信息流程图,信息分类表,信息管理的工作流程与措施等。

(3)组织协调:包括与工程项目有关的单位,协调工作程序等。

8. 监理组织机构

(1)组织形式和人员构成。

(2)监理人员的职责分工。

(3)监理人员进场计划安排。

9. 监理工作管理制度

(1)监理工作制度。图纸会审及设计审核制度,施工组织设计审核制度,工程开工申请制度,工程材料、半成品质量检验制度,分项(部)工程质量验收制度,单位工程、单项工程中间验收制度,设计变更处理制度,现场协调会及工地会议纪要签发制度,施工备忘录签发制度,施工现场紧急情况处理制度,计量支付制度,工程索赔签审制度等。

(2)监理内部工作制度。监理组织工作会议制度,对外行文审批制度,监理工作日志制度,监理旬、月报制度,档案管理制度,监理费用预算制度,信息和资料管理制度等。

二、监理实施细则

监理实施细则是在监理规划的指导下,由专业监理工程师针对项目的具体情况制定的更具有实施性和可操作性的业务文件。

1. 编制依据

(1)已批准的监理规划。

(2)与专业工程相关的标准、设计文件和技术资料。

(3)施工组织设计。

2. 主要内容

(1)专业工程的特点。

(2)监理工作流程。

(3)监理工作的控制要点及目标值。

(4)监理工作的方法及措施。

三、监理月报

监理工程师应根据工程进展情况、存在的问题每月以报告书的格式向业主和上级监理部门报告。月报所陈述的问题仅指已存在的或将对工程费用、质量及工期产生实质性影响的事件,报告使业主及上级监理部门能对工程现状有一个比较清晰的了解。报告书中对进度比原定计划落后的分项和细目,应说明延迟的原因以及为挽回这种局面已采取或将要采取的措施。月报还应报告承包人主要职员和监理工程师职员的变动情况,已完成的主要工程分项和细目等。

监理月报的编制周期为上月 26 日到本月 25 日,在下月的 5 日前发出。监理月报应真实反映工程现状和监理工作情况,做到数据准确、重点突出、语言简练,并附必要的图表和照片。

1. 工程概况

工程监理月报的正文前应附有一张工程位置图，图中应清晰地标明工程的具体位置。

工程概况通常是简短叙述合同的内容，第一份监理月报应详细提供以下资料，后期的月报可视情况适当进行增减：

(1)项目名称、贷款号及合同号；地理位置；合同段长度，起、讫桩号；线型及主要设计指标；路线及结构物所在位置的地质情况。

(2)主要结构物的类型及数量；较小结构物及道路设施。

(3)合同签订日期；承包人或联营体的名称及项目负责人；合同总造价；合同规定的工期；开工通知书发出日期及开工日期；修订的完工期(以后如有变动，可以修订)。

2. 工程质量

根据合同要求，不符合技术规范规定的工程质量均不得计量和交验。月报表中可就现场各个合同段或各个工程分项的材料、机械、人员配备实际情况结合工程质量的检验、量测结果作综合评价。

3. 工程进度

应提供工程总体进度及每个主要工程分项的实际进度和计划进度。主要分项工程包括路基土石方工程、路面工程、桥梁、隧道、排水、防护工程、交通工程及道路设施等。应按上列顺序详细说明本月份的施工情况，文字力求简要。

(1)总体进度。监理工程师应统计确定总体进度。月报的实际进度与计划进度比较，确定完成计划的百分率，并根据总体进度的实际情况说明影响总体进度的因素以及已采取或将要采取的措施。

(2)主要工程项目的进度。监理工程师根据计量结果，确定主要工程项目的实际进度，然后再与计划进度比较，确定迄今完成的百分率，找出影响工程进度的因素，应说明主要工程项目延误的原因，已采取的措施或将要采取的措施。

(3)其他工作。其他工作应包括规范中一般条目所列的工作、临时工程、计日工等的完成情况及与计划的对比情况，以及料场的建设情况，生产能力、质量及已生产的各类成品数量。

4. 支付情况

本期支付和累计支付的情况，计日工暂定金额、价格调整、费用索赔等。

5. 合同管理情况

反映工程变更、延期和费用索赔，争端与仲裁、违约，分包、转让和指定分包管理情况。

6. 监理工作动态

反映本月重要监理活动。如工地会议、现场重大监理活动等。

7. 小结

概略评述有关承包人履行合同义务的表现、存在的问题、采取的改进措施和今后工作安排的设想等。

8. 附录

工程本月所发生的相关附表、附图。

四、监理会议纪要

工地会议根据会议的召开时间、内容及参加人员的不同，分为第一次工地会议、工地会议和现场协调会等3种形式。

1. 第一次工地会议

(1)会议目的。第一次工地会议的目的，在于监理工程师对工程开工前的各项准备工作进行全面的检查，确保工程实施有一个良好的开端。

(2)会议组织。第一次工地会议宜在正式开工之前召开。第一次工地会议应由监理工程师主持，业主、承包人的授权代表必须出席会议，各方将要在工程项目中担任主要职务的部门(项目)负责人及指定分包人也应参加会议。

(3)会议内容：

1)介绍人员及组织机构。

2)介绍施工进度计划。

3)承包人陈述施工准备。

4)业主说明开工条件。

5)明确施工监理例行程序。

2. 工地会议

(1)会议目的。工地会议的目的，在于监理工程师对工程实施过程中的进度、质量、费用的执行情况进行全面检查，为正确决策提供依据，确保工程顺利进行。

(2)会议组织。工地会议应在开工后的整个施工活动期内定期举行，宜每月召开一次。工地会议应由监理工程师主持。会议参加者为高级驻地监理工程师及有关助理人员，承包人的授权代表、指定分包人及有关助理人员，业主代表及有关助理人员。

(3)会议内容。会议应按既定的例行议程进行，一般应由承包人逐项进行陈述并提出问题与建议，监理工程师应逐项组织讨论并作出决定或决议的意向。会议一般按以下议程进行讨论和研究：

1)确认上次会议记录。

2)审查工程进度。

3)审查现场情况。

4)审查工程质量。

5)审查工程费用事项。

6)审查安全事项。

7)讨论施工环境。

8)讨论延期与索赔。

9)审议工程分包。

10)其他事项。

3. 现场协调会

(1)会议目的。现场协调会的目的,在于监理工程师对日常或经常性的施工活动进行检查、协调和落实,使监理工作和施工活动密切配合。

(2)会议组织。在整个施工活动期间,应根据具体情况定期或不定期召开不同层次的施工现场协调会。会议应由监理工程师主持,承包人或代表出席,有关监理及施工人员可酌情参加。

(3)会议内容:

1)承包人报告近期的施工活动,提出近期的施工计划安排,简要陈述发生或存在的问题。

2)监理工程师就施工进度和施工质量予以简要评述,并根据承包人提出的施工活动安排,安排监理人员进行旁站监理、工序检查、抽样试验、测量验收、计量测算、缺陷处理等施工监理工作。

3)对执行施工合同的其他问题交换意见。

五、监理工作日志

监理日志以项目监理部的监理工作为记载对象,从监理工作开始起至监理工作结束止,由专人负责逐日记载。

(1)准确记录时间,如实填写气象、气温等天气情况。根据当地天气预报,结合现场实测情况,如实填写气温、气象等天气情况。天气情况记录的准确性和工程质量有直接的关系。比如:混凝土、砂浆强度在不同温度、湿度条件下的变化值有明显的区别。监理人员可以根据混凝土浇筑时的温度及今后几天的气温变化,判断是否具备拆模条件。

(2)做好工程验收、现场巡视、现场旁站等相关工作记录,真实、准确、全面地反映监理工作中的"三控、两管、一协调"等日常工作。

1)监理人员必须做好日常巡视工作,增加巡视次数、提高巡视质量。巡视结束后,按不同专业、不同施工部位进行分类整理,最后工整地书写监理日记。

2)发现问题是监理人员经验和观察力的表现,解决问题是监理人员能力和水平的体现,所以监理日记应记录好发现的问题,解决的方法以及整改的过程和程度。

3)关心安全文明施工管理,做好安全检查记录。

4)书写工整、规范用语、内容严谨,工程监理日记应能充分展现记录人对各项活动、问题及其相关影响的表达。

六、监理工作总结

施工阶段监理工作结束后,监理单位应向建设单位提交项目监理工作总结。

监理工作总结的内容包括:工程概况、监理组织机构、监理人员和投入的监理设施、监理合同履行情况、监理工作成效、施工过程中出现的问题及其处理情况和建议、工程照片等,监理工作总结应由总监理工程师主持编写并审批。

七、监理管理文件填写范例

1. 监理日报

监理日报见表 6-1。

表 6-1 监理日报

承包单位:××集团有限公司××公路工程 A2 标段项目经理部 合同号:A2

监理单位:××工程咨询有限公司××公路工程 A2 标段监理部 编　号:

工程名称	××公路工程 A2 标段			气温:	最高:28℃	最低:16℃
工程地点	K3＋000～K7＋000			气象:晴	降雨量:20%	
完成工程数量	路基土石方填筑 5000m³,桥梁基础钢筋绑扎 6t。					
人员	工种	工地分段				总数
		桩号	数量	桩号	数量	
	钢筋工	K3＋200	8	K6＋000	20	28
	混凝土	K3＋200	6	K6＋000	12	18
	模板工	K3＋200	6	K6＋000	16	22
总计						
设备名称	型号	在场数量	工作数量	停置数量	设备停置原因	备注
反铲挖掘机	PE300	3	3	0	……	
装载机	ZL50	2	2	0	……	
自卸汽车	斯太尔	14	12	2	检修	

检查和试验:

路基填筑施工正常,现场压实度抽查试验 6 次,均合格。

K6＋000　××大桥 0＃台基础模板检查验收,符合规范要求。

材料进场和储存:

K6＋000　××大桥基础钢筋进场 26t,见进场检查记录。

监理评述:

(1)各工作面施工正常,人员、机械设备及材料可满足工程正常施工要求。

(2)施工进度符合进度计划要求,施工质量满足施工规范要求。

监理员:×××　　　　监理工程师:×××

日　期:××年×月×日　　　　日　期:××年×月×日

《监理日报》填写说明：

(1)监理日报是监理日常工作的真实记录。现场监理人员应按监理日报内容填写，并由监理工程师保存。

(2)工程名称：填写《合同书》注明的工程名称。

(3)工程地点：路基、路面、隧道等线性工程填写起讫里程，桥梁、涵洞等结构物填写设计中心里程。

(4)气温、气象：根据当地天气预报如实填写。

(5)人员：应根据电工、钢筋工、混凝土工、模板工、架子工等特殊工种以及普通工人分类填写。

(6)设备名称：根据投标书、设备进场检查情况，结合日常检查情况如实填写。

(7)检查和试验：结合现场巡视、检查验收情况如实填写。

(8)材料进场和储存：根据厂家考察、进场物资验收情况填写。

(9)监理评述：根据现场巡视、工程验收、工程旁站情况对施工现场的人、机、料、法、环等因素综合评述。监理评述应能体现监理日常工作中的"三控、两管、一协调"等具体工作。

2. 工地会议纪要

工地会议纪要见表6-2。

表6-2 工地会议纪要

承包单位：××集团有限公司××公路工程A2标段项目经理部 合同号：A2

监理单位：××工程咨询有限公司××公路工程A2标段监理部 编　号：

时间：××年×月×日下午2：00

地点：××公路工程第三驻地监理工程师办公室

主持人：监理工程师(一般由总监理工程师主持)

参　加　者		
监理人员	承包人	其他人员

记录整理人：××× 本次会议纪要共 3 页

抄送：

××高速发展有限公司××高速公路管理处(业主单位)

××工程咨询有限公司(监理工程师上级单位)

××集团有限公司××公路工程项目部(施工单位)

监理工程师：××× 日　期：××年×月×日

承包人：××× 日　期：××年×月×日

《工地会议纪要》填写说明：

(1)时间：第一次工地会议宜在正式开工之前召开，并应尽可能地早期举行，最好在施工准备阶段的初、中期召开。工地会议应在开工后的整个施工活动期内定期举行，宜每月召开一次，在施工高峰期也可半月召开一次，其具体时间间隔可根据施工中存在问题的程度由监理工程师决定。

(2)主持人：工地会议由监理工程师主持。

(3)参加者：第一次工地会议由监理工程师主持，业主、承包人的授权代表必须出席会议，地方政府有关人员参加，各方将要在工程项目中担任主要职务的部门(项目)负责人及指定分包人也应参加会议。工地会议参加者应为高级驻地监理工程师及有关助理人员、承包人的授权代表、指定分包人及有关助理人员、业主代表及有关助理人员。现场协调会由监理工程师主持，承包人或代表出席，有关监理及施工人员可酌情参加。

(4)记录整理人：第一次工地会议及工地会议由监理工程师的助理人员作出记录，会后整理出会议纪要。现场协调会由各方自行记录。

(5)抄送：工地会议纪要由监理工程师签字后，分送各有关单位，并报上级监理部门一份。

(6)组卷：第一次工地会议纪要和历次工地会议纪要，按年度组卷，现场协调会会议记录以单位工程为单元组卷。

第三节 工程质量控制文件

一、工程质量控制的原则

(1)以《验评标准》等为依据，督促承包人全面实现施工合同约定的质量目标。

(2)对工程项目施工全过程实施质量控制，以质量预控为重点。

(3)对工程项目的人、机、料、法、环等因素进行全面的质量控制，监督承包人的质量管理体系、技术管理体系和质量保证体系落实到位。

(4)严格要求承包人执行有关资料、施工试验制度和设备检验制度。

(5)坚持不合格的建筑材料、构配件和设备不准在工程上使用。

(6)坚持本工序质量不合格或未进行验收不予签认，下一道工序不得施工。

二、质量控制的基本程序

在开工以前，监理工程师应向承包人提出适用对所有工程项目进行质量控制的程序及说明，以供所有监理人员、承包人的自检人员和施工人员共同遵循，使质量控制工作程序化。

1. 开工报告

在各单位工程、分部工程或分项工程开工之前，高级驻地监理工程师应要求承包人提交工程开工报告并进行审批。工程开工报告应提出工程实施计划和施工方案；依据技术规范列明本项工程的质量控制指标及检验频率和方法；说明材料、设备、劳力及现场管理人员等项的施工准备情况；提供放样测量、标准试验、施工图等必要的基础资料。

2. 工序自检报告

监理工程师应要求承包人的自检人员应按照专业监理工程师批准的工艺流程和提出的工序检查程序，在每道工序完工后首先进行自检，自检合格后，申报专业监理工程师进行检查认可。

3. 工序检查认可

专业监理工程师应紧接承包人的自检或与承包人的自检同时对每道工序完工后进行检查验收并签认，对不合格的工序应指示承包人进行缺陷修补或返工。前道工序未经检查认可，后道工序不得进行。

4. 中间交工报告

当工程的单位、分部或分项工程完工后，承包人的自检人员应再进行一次系统的自检，汇总各道工序的检查记录及测量和抽样试验的结果提出交工报告。自检资料不全的交工报告，专业监理工程师应拒绝验收。

5. 中间交工证书

专业监理工程师应对工程量清单的分项完工的单项工程进行一次系统的检查验收，必要时应作测量或抽样试验。检查合格后，提请高级驻地监理工程师签发《中间交工证书》。位经中间交工检验或检验不合格的工程，不得进行下项工程项目的施工。

三、工序质量检查程序

各专业监理工程师应在组成工程的各个单位、分部或分项工程开工之前，提出工序检查程序说明，以供现场旁站监理人员、承包人的自检人员及施工人员共同遵循。

(1)应与合同图纸和工程量清单的分项所含内容相一致。

(2)应与技术规范及监理工程师批准采用的施工方法和工艺流程相协调。

(3)应与国家或合同规定的验收标准、检验频率和检验方法相配合。

(4)工序检查程序宜采用框图的形式表示，以便直观，并应与相应的检查记录、报表、证书等相配套。

四、工程质量控制文件填写范例

1. 施工放样报验单

施工放样报验单见表 6-3。

表 6-3　　**施工放样报验单**

承包单位：××集团有限公司××公路工程 A2 标段项目经理部　　合同号：A2

监理单位：××工程咨询有限公司××公路工程 A2 标段监理部　　编　号：

<table>
<tr><td colspan="4">致(监理工程师)：

根据合同要求，业已完成 K3＋000～K7＋000 段线路中线及该段范围内桥梁、涵洞等结构物施工放样工作，清单如下，请予查验。

承包人：×××　　日　期：××年×月×日</td></tr>
<tr><td>桩号或位置</td><td>工程或部位名称</td><td>放样内容</td><td>备　注</td></tr>
<tr><td>K3＋000～K7＋000</td><td>路基工程</td><td>线路中线</td><td></td></tr>
<tr><td>K5＋200</td><td>盖板涵</td><td>中线及高程控制桩</td><td></td></tr>
<tr><td>K6＋000</td><td>×××大桥</td><td>桩基础中心坐标</td><td></td></tr>
<tr><td></td><td></td><td></td><td></td></tr>
<tr><td colspan="4">附件：测量及放样资料：
(1)放样依据。
(2)放样成果。</td></tr>
<tr><td colspan="4">监理员意见：符合设计及规范要求。</td></tr>
<tr><td colspan="4">监理工程师结论：

符合设计及规范要求。

监理工程师：×××　　日　期：××年×月×日</td></tr>
</table>

《施工放样报验单》填写说明：

(1)承包人施工测量放线完毕，自检合格后，报监理工程师复核确认。

(2)测量放线的专职测量人员应持证上岗，测量仪器应经年检合格，并在监理工程师备案。

(3)桩号或位置：路基、路面、隧道等线性工程填写起讫里程，桥梁、涵洞等结构物填写设计中心里程。

(4)工程或部位名称：单位工程定位测量填写单位工程名称，分部分项工程放样填写相应部位的名称。

(5)放样内容：指测量放线工作内容的名称。如：中线测量、高程测量等。

(6)测量及放样资料：包括放样依据和放样成果两部分。

①放样依据：指施工测量方案，建设单位提供导线控制桩，水准点等材料文件。

②放样成果：指承包人所放出中线控制桩、边桩等施工测量放线记录表。

(7)监理工程师结论：

监理工程师根据设计图纸和施工规范要求，对测量放样资料进行审查，并进行现场复测，签署结论。

2. 检验申请批复单

检验申请批复单详见表 6-4。

表 6-4　　检验申请批复单

承包单位：××集团有限公司××公路工程 A2 标段项目经理部　　合同号：A2

监理单位：××工程咨询有限公司××公路工程 A2 标段监理部　　编　号：

工程项目	××公路工程 A2 标段
工程地点及桩号	K6＋000
具体部位	××大桥 0# 台基础
检验内容	基础钢筋绑扎
要求到现场检验时间：××年 7 月 14 日上午 8：00	
承包人递交日期、时间和签字：××年 7 月 13 日上午 8：00	
监理员收件日期、时间和签字：××年 7 月 13 日上午 8：00	
监理员评论和签字： 符合设计及规范要求。 本项目可以继续进行。	质量证明附件： 1.《隐蔽工程检查记录》 2.《工序(分项)质量评定表》
监理工程师签字：××× 同意进行下道工序施工。 ××年×月×日	承包人收到日期、时间签字：××× ××年×月×日

《检验申请批复单》填写说明：

(1)监理工程师应对承包人完成每一分项工程后填报的检验申请批复单进行检验，签认合格后，承包人方能进行下道工序施工，并可作为支付依据，填写《中间计量表》。

(2)以钢筋工程为例，介绍《检验申请批复单》具体填写方法。

(3)工程项目：填写《合同书》注明的工程名称。

(4)工程地点、桩号：填写申请检验的具体位置、桩号。

(5)具体部位：填写申请检验的具体部位，一般填写分部工程名称。

(6)要求到现场检验时间：填写为保证正常施工要求，最迟检验时间。

(7)递交日期、时间、签字：承包人一般应提前 24 小时，以书面形式通知监理工程师，递交人签字。

(8)监理员收到日期、时间、签字：填写监理员实际收到时间，接收人员签字。

(9)监理员评论和签字：监理员根据设计图纸和施工规范要求进行现场检查后，如实填写。

(10)监理工程师签字：监理工程师根据监理员审查情况，决定是否进行下道工序施工。

(11)质量证明文件：根据申请检验项目具体情况填写。承包人应当在报验前先完成自检，监理工程师检验后签署监理意见。

3. 中间交工证书

中间交工证书见表 6-5。

表 6-5 **中间交工证书**

承包单位：××集团有限公司××公路工程 A2 标段项目经理部 合同号：A2

监理单位：××工程咨询有限公司××公路工程 A2 标段监理部 编 号：

下列工程已完，申请交验，以便进行下一步作业

工程内容：

K3+000～K4+000 段 1000m 路基工程路堤填筑施工已完成，申请中间交工，以便进行下道工序施工。

桩 号	K3+000～K4+000	日 期	××年×月×日	承包人签字	×××

监理工程师收件日期：××年×月×日 签字：×××

结论：

经检查，符合设计及规范要求，同意进行下道工序施工。

监理工程师：××× 日 期：××年×月×日

承包人收件日期：××年×月×日

签字：×××

《中间交工证书》填写说明：

(1)当工程的单位、分部或分项工程完工后，承包人的自检人员应再进行一次系统的自检，汇总各道工序的检查记录及测量和抽样试验的结果基础交工报告。

(2)专业监理工程师应对按工程量清单的分项完工的单项工程进行一次系统的检查验收，必要时应作测量或抽样试验。抽查合格后，提请高级驻地监理工程师签发《中间交工证书》。

4. 工程质量事故处理报告单

工程质量事故处理报告单见表 6-6。

表 6-6　　工程质量事故处理报告单

承包单位：××集团有限公司××公路工程 A2 标段项目经理部　　合同号：A2

监理单位：××工程咨询有限公司××公路工程 A2 标段监理部　　编　号：

工程名称：路基防护工程（承重式挡土墙） 时　　间：××年×月×日 桩　　号：K5＋150～K5＋200 原　　因：因不规范施工，导致该段挡土墙坍塌。
性　　质： 严重。
造成损失： 造成直接经济损失 20 万人民币元，同时导致工期滞后 20 天。
应急措施： 立即停止施工，排查隐患，并迅速封闭施工现场，确保人员安全。同时上报监理工程师、建设单位及上级主管单位。
处理意见： (1)立即停止该段挡土墙施工。 (2)封闭施工现场，组织人员撤离，排查事故隐患，确保人员安全。 (3)尽快提出质量事故报告，并报告业主。 (4)尽快上报处理方案。排除隐患后，尽快组织重新施工。
承包人：×××　　××年×月×日 监理工程师：×××　　××年×月×日

《工程质量事故处理报告单》填写说明：

(1)事故原因：包括设计原因(计算错误、构造不合理等)；施工原因(施工粗制滥造、材料、预制构配件或设备质量低劣等)以及不可抗力等。

(2)性质：指严重、特别严重、一般严重。

(3)造成损失：是指因质量事故进行返工、加固等实际损失的金额，包括人工费、材料费、机械费和一定数额的管理费。

(4)应急措施：监理工程师应立即指令承包人暂停该项工程的施工，并采取有效的安全措施。同时要求承包人尽快提出质量事故报告并报告业主。

(5)处理意见：包括现场处理情况，设计和施工的技术措施，对主要责任人的处理结果等。

1)监理工程师应组织有关人员在对质量事故现场进行审查、分析、诊断、测试或验算的基础上，对承包人提出的处理方案予以审查、修整、批准，并指令恢复该项工程施工。

2)监理工程师应对承包人提出的有争议的质量事故责任予以判定。判定时应全面审查有关施工记录，设计资料及水文地质现状，必要时还应实际检验测试。在分清技术责任时，应明确事故处理的费用数额，承担比例及支付方式。

5．分包申请报告单

分包申请报告单见表 6-7。

表 6-7　　　　**分包申请报告单**

承包单位：××集团有限公司××公路工程 A2 标段项目经理部　　　　合同号：A2

监理单位：××工程咨询有限公司××公路工程 A2 标段监理部　　　　编　号：

分包理由：

为加快工程进度，根据合同相关条款规定，由××工程有限公司施工 K3＋000～K5＋000 路基防护工程。

附件：

分包人资质、经验、能力、质量、信誉、财务、设备、主要人员经历等资料纳入填表说明。

承包人：×××　　　　日　期：××年×月×日

分包单位名称：北京××工程有限公司　　　　分包单位负责人：

项目号	分包工程名称	单　位	数　量	单　价	分包金额	占合同总金额的比例(%)
1	**K3＋000～K5＋000 路基防护工程**	**m^2**	**500**	**80**	**40000 元**	**2%**
合计					**40000 元**	**2%**

分包工程开工日期：××年×月×日

分包工程竣工日期：××年×月×日

监理工程师审批意见：

经审查，该分包工程符合合同要求，该分包人具备施工能力，同意进场施工。

日　期：××年×月×日

《分包申请报告单》填写说明：

(1)《分包申请报告单》由承包人在分包工程开工前，将分包人的资格报监理工程师审查确认。

(2)未经监理工程师确认，分包人不得进场施工。监理工程师对分包人的确认并不解除承包人应负责任。

(3)分包单位名称：按所分包单位《企业法人营业执照》全称填写。

(4)分包人资质：指按建设部第87号令颁布的《建筑业企业资质管理规定》，经建设行政主管部门进行资质审查核发的，具有相应专业承包企业资质等级和建筑业劳务分包企业资质的《建筑业企业资质证书》和《企业法人营业执照》副本。分包人资质审查内容包括：

1)分包内容必须符合施工合同的规定。

2)分包人的营业执照、企业资质等级证书、特种行业施工许可证、国外(境外)企业在国内承包工程许可证。

3)分包人的业绩。

4)分包工程内容和范围。

5)专职管理人员和特殊作业人员的资格证、上岗证。

(5)分包人经验、能力、质量、信誉等业绩材料，指分包人近三年完成的与分包工程工作内容类似工程及工程质量情况。

(6)分包工程名称：拟分包给分包人的工程项目名称。

(7)工程数量：分包工程项目的工作量(工程量)。

(8)分包金额：拟签订的分包合同中签订的金额。

第四节　工程进度计划管理文件

工程进度计划根据项目实施的不同阶段，划分为总体进度计划和年、月等阶段性进度计划。对于桥梁、隧道、立交等单位工程还应单独编制工程进度计划。工程进度控制基本程序如图 6-2 所示。

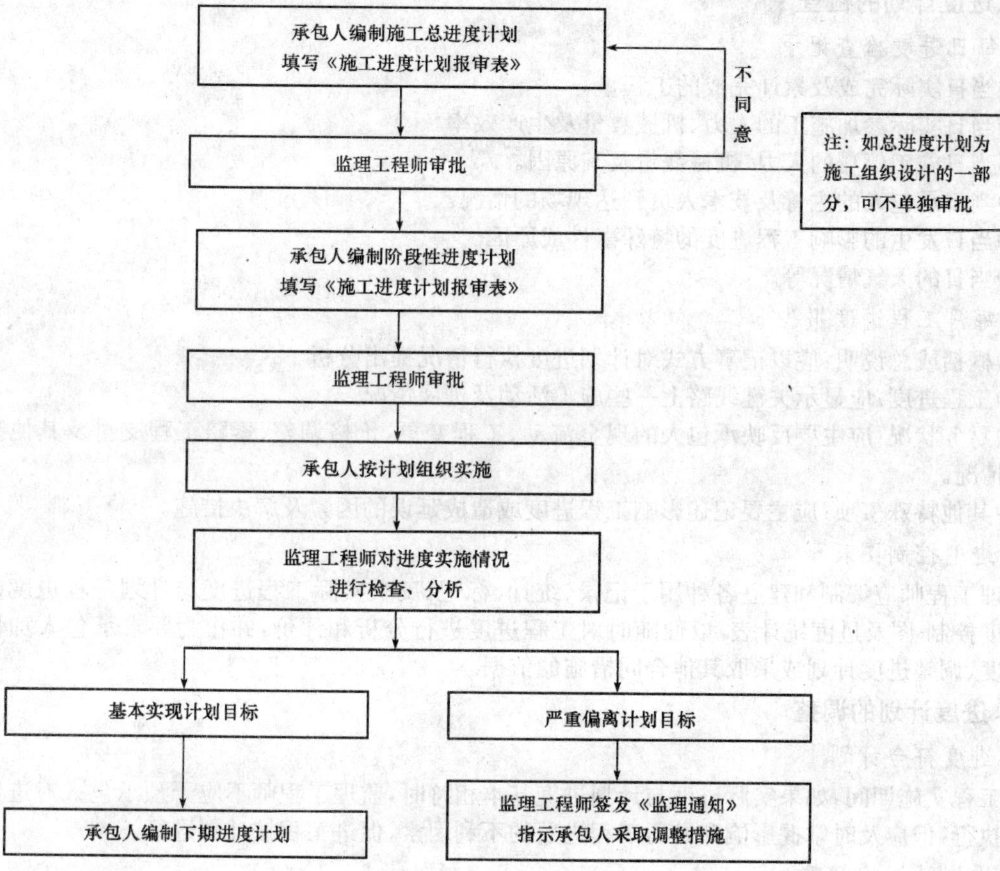

图 6-2　工程进度控制程序图

一、进度计划的审查

1. 工期和时间安排的合理性

(1)施工总工期的安排应符合合同工期。

(2)各施工阶段或单位工程(包括分部、分项工程)的施工顺序和时间安排与材料和设备的进场计划相协调。

(3)易受冰冻、低温、炎热、雨季等气候影响的工程应安排在适宜的时间，并应采取有效的预防和保护措施。

(4)对动员、清场、假日及天气影响的时间，应有充分的考虑并留有余地。

2. 施工准备的可靠性

(1)所需主要材料和设备的运送日期已有保证。

(2)主要骨干人员及施工队伍的进场日期已经落实。

(3)施工测量、材料检查及标准试验的工作已经安排。

(4)驻地建设、进场道路及供电、供水等已经解决或以有可靠的解决方案。

3. 计划目标与施工能力的适应性

(1)各阶段或单位工程计划完成的工程量及投资额应与承包人的设备和人力实际状况相适应。

(2)各项施工方案和施工方法应与承包人的施工经验和技术水平相适应。

(3)关键线路上的施工力量安排应与非关键线路上的施工力量安排相适应。

二、进度计划的检查

1. 每日进度检查记录

(1)当日实际完成及累计完成的工程量。

(2)当日实际参加施工的人力、机械数量及生产效率。

(3)当日施工停滞的人力、机械数量及其原因。

(4)当日承包人的主管及技术人员到达现场的情况。

(5)当日发生的影响工程进度的特殊事件或原因。

(6)当日的天气情况等。

2. 每月工程进度报告

(1)概括或总说明:应以记事方式对计划进度执行情况提出分析。

(2)工程进度:应显示关键线路上一些施工活动及进展情况。

(3)财务状况:应主要反映承包人的现金流动、工程变更、价格调整、索赔工程支付及其他财务支出情况。

(4)其他特殊事项:应主要记述影响工程进度或造成延误的因素及解决措施。

3. 进度控制图表

监理工程师应编制和建立各种用于记录、统计、标记、反映实际工程进度与计划工程进度差距的进度控制 图及进度统计表,以便随时对工程进度进行分析和评价,并作为要求承包人加快工程进度、调整进度计划或采取其他合同措施的依据。

三、进度计划的调整

1. 进度符合计划

在工程实施期间,如果实际进度与计划进度基本相符时,监理工程师不应干预承包人对进度计划的执行,但应及时掌握影响和妨碍工程进展的不利因素,促进工程按计划进行。

2. 进度计划的调整

监理工程师发现工程现场的安排、施工顺序或人力和设备与进度计划上的方案有较大不一致时,应要求承包人对原工程进度计划及现金流动计划予以调整,调整后的工程进度计划应符合工程现场实际,并应保证满足合同工期的要求。

3. 加快工程进度

在承包人没有取得合理延期的情况下,监理工程师认为实际工程进度过慢,将不能按照进度计划预定的竣工期完成工程时,应要求承包人采取加快的措施,以赶上工程进度计划中的阶段目标或总体目标。承包人提出和采取的加快工程进度的措施必须经过监理工程师批准。

4. 进度计划的延期

由于业主监理工程师的原因,或承包人在实施工程中遇到不可遇见或不可抗力的因素,因而使工程进度延误并批准延期后,监理工程师应要求承包人对原来的工程进度计划予以调整,并按调整后的进度计划实施工程。

5. 进度计划的延误

由于承包人的原因造成工程进度的延误,而且承包人拒绝接受监理工程师加快工程进度的指令，或虽采取了加快工程进度的措施，但仍然不能赶上预期的工程进度并将使工程在合同工期内难以完成时，监理工程师应对承包人的施工能力重新进行审查和评价，并应发出书面警告，还应向业主提出书面报告，必要时建议对工程的一部分实行强制分割或考虑更换承包人。

四、工程进度计划管理文件填写范例

1. 工程分项开工申请批复单

工程分项开工申请批复单见表6-8。

表6-8　工程分项开工申请批复单

承包单位：××集团有限公司××公路工程A2标段项目经理部　　合同号：A2

监理单位：××工程咨询有限公司××公路工程A2标段监理部　　编　号：

开工项目：K3＋000～K7＋000段路基工程
桩号：K3＋000～K7＋000
建议开工日期：××年×月×日
计划完工日期：××年×月×日
此项工程负责人：×××
附件： (1)建设单位办理的工程开工证(复印件)。 (2)施工组织设计。 (3)施工测量放样资料。 (4)主要人员资质、材料、设备进场审查资料。 (5)施工现场道路、水电、通讯等已达到开工条件证明文件。 承包人：×××　　日　期：××年×月×日
监理员意见：……
本工程可以进行： 经审查，具备开工条件，同意K3＋000～K7＋000段路基工程于××年×月×日开工。 监理工程师：×××　　日　期：××年×月×日

《工程分项开工申请批复单》填写说明：

(1)工程满足开工条件后，承包人报监理工程师复核和批复开工时间。

(2)整个标段一次开工时，只需填报一次。但一个标段往往含有多个单位工程，且各单位工程具备开工时间不同。若各单位工程分别开工，则每个单位工程都应填报一次。

(3)开工项目：指相应的建设项目或单位工程名称，应与施工图纸的工程名称相一致。

(4)桩号：若整个标段同时开工，则填写该标段起讫里程。若各单位工程分别开工，路基、路面、隧道等线性工程填写起讫里程，桥梁、涵洞等结构物填写设计中心里程。

(5)建议开工/完工日期：所填日期应与审批的施工组织设计和施工进度计划相一致。

(6)此项工程负责人：填写承包人授权的该项目的项目经理名字。

(7)附件：

1)建设单位办理的工程开工证(复印件)。

2)施工组织设计。

3)施工测量放样资料。

4)主要人员资质、材料、设备进场审查资料。

5)施工现场道路、水电、通讯等已达到开工条件证明文件。

(8)监理工程师应对承包人提交的施工方案、施工图纸、使用材料、测量放线、水准点、检测设备等审查合格后批准开工申请批复单。

2. 承包人每周工作计划

承包人每周工作计划见表 6-9。

表 6-9　　承包人每周工作计划

承包单位：××集团有限公司××公路工程 A2 标段项目经理部　　合同号：A2

监理单位：××工程咨询有限公司××公路工程 A2 标段监理部　　编　号：

工作计划日期：××年7月8日~7月15日			承包人递交日期：××年×月×日 签字：×××	监理收到日期：××年×月×日 签字：×××		
计划施工项目			施工项目说明	申请监理安排		
桩　号	部　位	日　期		检　查	试　验	测　量
K6＋000	××大桥	7月12日	$0^{\#}$台基础钢筋绑扎	✓		
K6＋000	××大桥	7月13日	$0^{\#}$台基础模板检查	✓		✓
K6＋000	××大桥	7月13日	$0^{\#}$台基础混凝土浇筑		✓	
K6＋000	××大桥	7月13日	$2^{\#}$台基础钢筋绑扎	✓		
K6＋000	××大桥	7月14日	$2^{\#}$台基础模板检查	✓		✓
K6＋000	××大桥	7月14日	$2^{\#}$台基础混凝土浇筑		✓	
监理工程师意见： 同意按计划施工。 监理工程师：×××　　日期：××年×月×日						

《承包人每周工作计划》填写说明：

(1)监理工程师应掌握承包人每周工作计划，以便进行监理工作。

(2)工作计划日期：一般每7天为一个计划周期，承包人可根据监理工程师要求灵活掌握。比如：每周工作计划的起讫时间可定为周一至周日，也可定为周五至下周四。

(3)承包人递交日期：承包人一般应提前24小时递交至监理工程师，以便监理工程师安排旁站和检查。

(4)桩号：路基、路面、隧道等线性工程填写起讫里程，桥梁、涵洞等结构物填写设计中心里程。

(5)部位：填写单位工程名称。

(6)日期：填写计划施工日期。

(7)施工项目说明：填写该单位工程的具体施工内容，一般为分项工程名称。

(8)申请监理安排：应根据《验评标准》要求，选择检查、试验或测量。

(9)监理工程师意见：监理工程师应根据施工工序施工内容，结合规范、工艺要求、天气及施工单位资源配置等情况进行审查，签署监理意见。

3. 工程暂时停工指令

工程暂时停工指令见表 6-10。

表 6-10　　**工程暂时停工指令**

承包单位:××集团有限公司××公路工程 A2 标段项目经理部　　合同号:A2

监理单位:××工程咨询有限公司××公路工程 A2 标段监理部　　编　号:

停工依据: 《公路路基施工技术规范》(JGJ 10—2006)、《施工合同》。
停工范围: 路基土方工程。
停工原因: 目前已进入冬季施工阶段,不具备路基土方填筑施工条件。
停工日期:××年×月×日×时
停工后应做如下处理: 工程停工后,承包人应做好成品保护工作,为下一步施工创造条件。
驻地监理工程师:××× 日　期:××年×月×日
承包人:××× 日　期:××年×月×日

《工程暂时停工指令》填写说明：

(1)施工过程中发生了需要停工处理事件，由驻地监理工程师签发《工程暂时停工指令》。

(2)《工程暂时停工指令》由驻地监理工程师根据暂时停工影响范围和影响程度，按照施工合同或委托监理合同的约定签发。

(3)停工依据：国家法律、法规，设计文件，公路工程标准、规范，建设工程委托监理合同，施工合同，相关会议纪要等文件。

(4)停工范围：签发工程暂时停止施工指令时，必须注明是全部停工还是局部停工，不得含混。监理工程师应根据停工影响范围和影响程度，填写本次暂时停工的具体范围。

(5)停工原因：

1)建设单位要求暂停施工，且工程需要暂停施工。

2)为了保证工程质量而需要进行停工处理的情况。

①未经监理工程师审查同意，擅自变更设计或修改方案进行施工的。

②有特殊要求的施工人员，未通过监理工程师审查，或经审查不合格进入现场施工的。

③擅自使用未经监理工程师审查认可的分包人进入现场施工的。

④使用未经监理工程师验收或验收不合格的材料、构配件、设备或擅自使用未经审查认可的代用材料的。

⑤工序施工完成后，未经监理工程师验收，或验收不合格而擅自进行下道工序施工的。

⑥隐蔽工程未经监理工程师验收确认合格而擅自隐瞒的。

⑦施工中出现质量异常情况，经监理工程师指出后，承包人未采取有效改正措施或措施不力，效果不好仍继续作业的。

⑧已发生质量事故，迟迟不按监理工程师要求进行处理或已发生隐患、质量事故，如不停工，则质量隐患、质量事故将继续发展，或已发生质量事故，承包人隐瞒不报，私自处理的。

3)施工中出现了安全隐患，监理工程师认为有必要停工，以消除隐患。

4)发生了必须暂时停止施工的紧急事件。

5)承包人未经许可擅自施工，或拒绝监理工程师管理。

(6)停工日期：根据停工影响范围和停工影响程度灵活掌握。

(7)停工后应做好如下处理：工程暂时停止施工后，承包人应采取必要措施对工程进行保护。针对停工原因做好工程整改、预防措施等。

4. 复工指令

复工指令见表 6-11。

表 6-11　　复工指令

承包单位：××集团有限公司××公路工程 A2 标段项目经理部　　合同号：A2

监理单位：××工程咨询有限公司××公路工程 A2 标段监理部　　编　号：

复工依据： 《公路路基施工技术规范》(JTG 10—2006)、《施工合同》。
复工范围： 路基土方工程。
复工原因： 目前天气已具备路基土方工程施工条件。
复工日期：××年×月×日×时
复工后应做如下工作： (1)抓紧组织施工机械、人员进场。 (2)尽快清除表层浮土。 (3)对停工前路基表面碾压密实经自检合格后，重新申请报验。
驻地监理工程师：××× 同意路基土方工程于××年×月×日×时复工。 日　期：××年×月×日
承包人：××× 日　期：××年×月×日

《复工指令》填写说明：

(1)工程暂停原因消失，承包人向监理工程师申请复工。

(2)对监理工程师不同意复工的复工报审，承包人按要求完成后仍用该表报审。

(3)复工依据：工程暂时停工原因消除，具备复工条件。

(4)复工范围：根据暂时停工原因消除范围及消除程度，确定相应的复工范围。

(5)复工原因：工程暂停原因是由承包人的原因引起的，承包人应报告整改情况和预防措施。工程暂停原因是由非承包人的原因引起的，承包人仅提供工程暂停原因消失证明。

(6)复工时间：根据暂时停工原因消除范围和程度灵活掌握。

(7)工程暂停原因是由非承包人原因引起的，监理工程师应审查引起暂停施工的原因是否还存在。工程暂停是由承包人原因引起的，监理工程师不仅要审查其停工因素是否消除，还要审查其是否查清了导致停工因素产生的原因和制定了针对性的整改措施、预防措施，还要复核其各项措施是否得到贯彻落实。

第五节　工程合同管理文件

合同管理是指监理工程师代表业主对业主与承包人所签施工承包合同的执行进行动态管理，涉及工程变更、工程延期、费用索赔、争端与仲裁、违约、工程分包等。

一、工程变更

在工程实施过程中，由于工程项目自身的性质和特点，或由于设计图纸的深度不够，或不可预见的自然因素与环境情况的变化，或第三方的干预和要求，或合同双方当事人处于对工程进展有利着想等，都会引起工程变更。既包括工程进展中形式的、数量的或质量的变更，又包括合同多方面的变更。

1. 有关规定

(1)任何工程的形式、质量、数量和内容上的变动，必须由监理工程师签发工程变更令，并由监理工程师监督承包人实施。

(2)监理工程师认为有必要根据合同有关规定变更工程时，应经业主同意。

(3)业主提出变更时，监理工程师应根据合同有关规定办理。

(4)承包人请求变更时，监理工程师必须审查，必要时报业主同意后，根据合同有关规定办理。

(5)监理工程师应就颁布工程变更而引起的费用增减，与业主和承包人进行协商，确定变更费用。

2. 受理程序

工程变更的受理程序如图 6-3 所示。

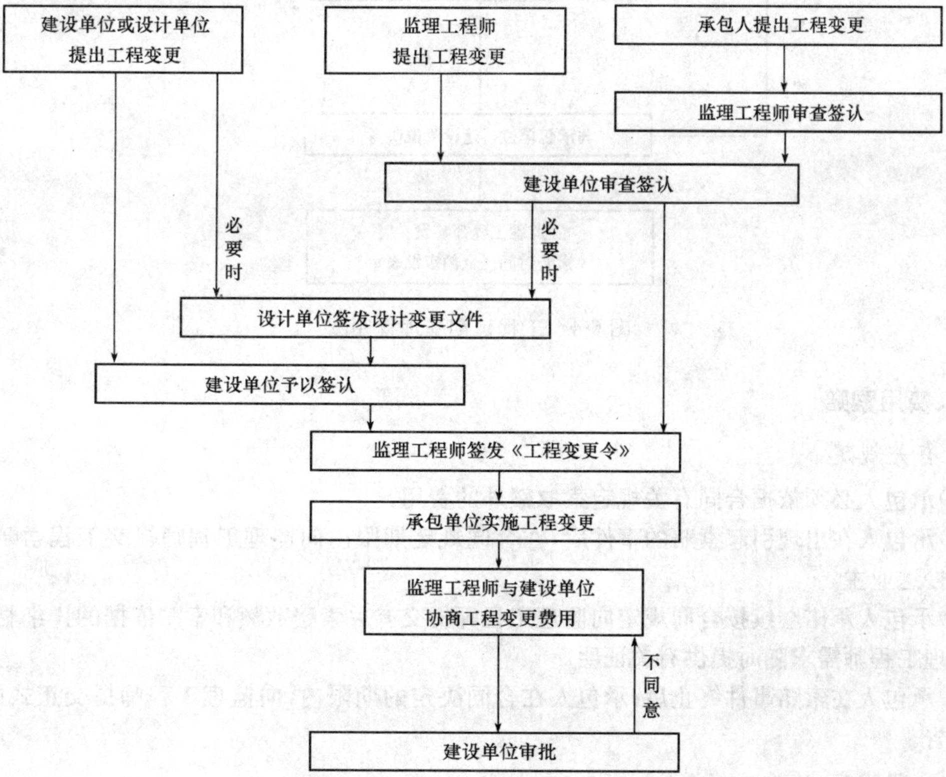

图 6-3　工程变更受理程序图

二、工程延期

1. 有关规定

(1)由于非承包人的责任,工程不能按原定工期开工。

(2)延期情况发生后,承包人在合同规定期限内向监理工程师提交工程延期意向。

(3)承包人承诺继续按合同规定向监理工程师提交有关延期的详细资料,并根据监理工程师需求随时提供有关证明。

(4)延期事件终止后,承包人在合同决定的期限内,向监理工程师提交正式的延期申请报告。

2. 受理程序

工程延期的受理程序如图 6-4 所示。

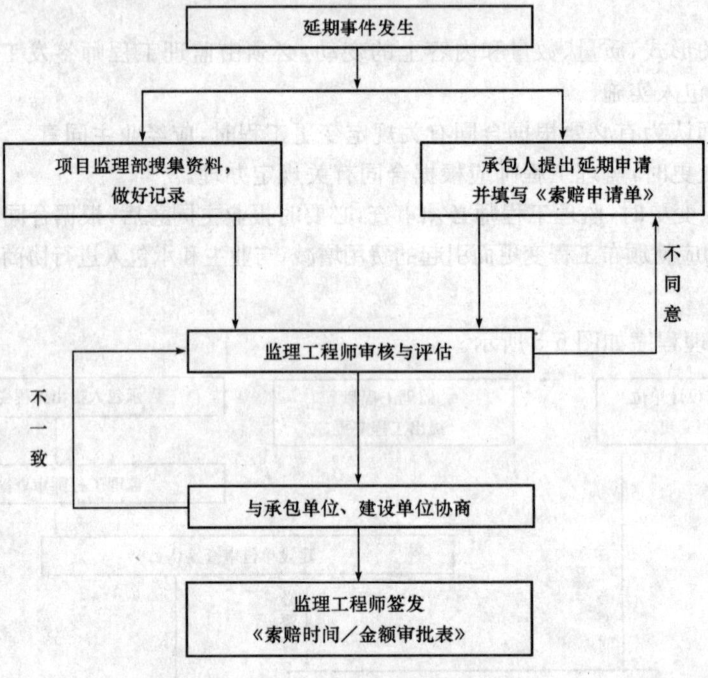

图 6-4　工程延期受理程序图

三、费用索赔

1. 有关规定

(1)承包人必须依据合同有关规定索取额外的费用。

(2)承包人在出现引起索赔的事件后,在合同规定期限内向监理工程师提交工程索赔意向,并同时抄送业主。

(3)承包人承诺继续按合同规定向监理工程师提交有关索赔数额和索赔依据的详细材料,并根据监理工程师需求随时提供有关证明。

(4)承包人在索赔事件终止后,承包人在合同决定的期限内,向监理工程师提交正式的延期申请报告。

2. 受理程序

费用索赔受理程序如图 6-5 所示。

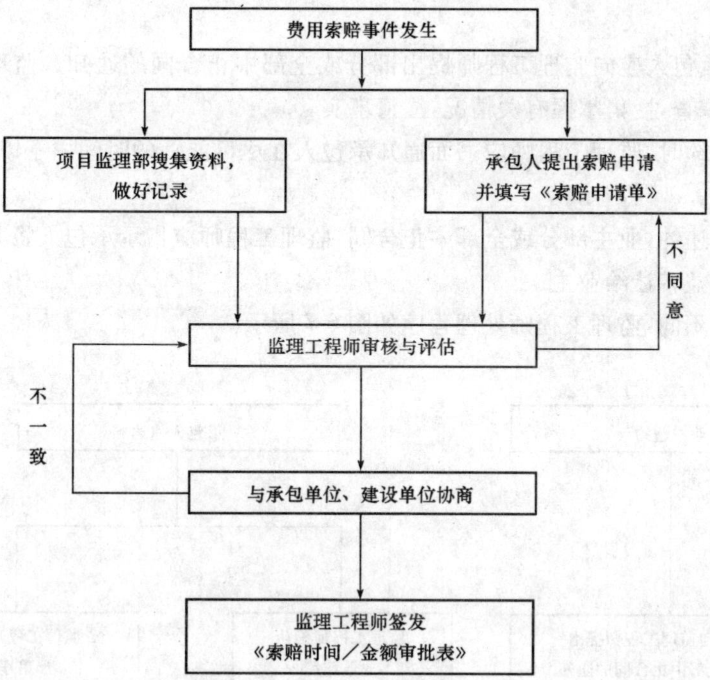

图 6-5 费用索赔受理程序图

四、争端与仲裁

监理工程师应在收到争议通知后，按合同规定的期限，完成对争议事件的全面调查与取证。同时对争议做出决定，并将决定书面通知业主和承包人。

当合同一方提出仲裁要求时，监理工程师应在合同规定的期限内，对争议设法进行友好调解，同时督促业主和承包人继续遵守合同，执行监理工程师的决定。其调解程序如图 6-6 所示。

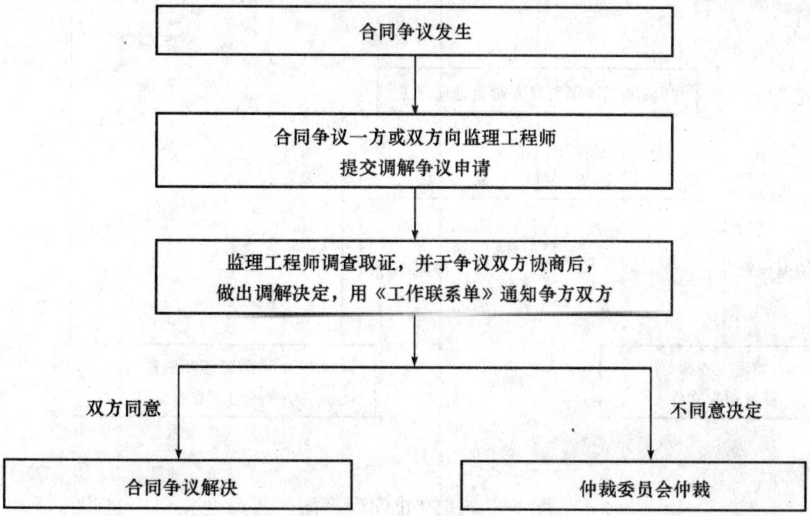

图 6-6 争议调解程序图

五、违约

业主违约时，承包人应向监理工程师提出部分或全部中止合同的通知。监理工程师收到通知后，应尽快深入调查，搜集掌握有关情况，澄清事实。

承包人一般违约时，监理工程师应书面通知承包人在尽可能短的时间内予以弥补与纠正，否则应书面通知业主。

因承包人严重违约，业主部分或全部中止合同，监理工程师应指示承包人将其为履行合同而签订的任何协议利益转让给业主。

根据违约性质不同，监理工程师处理程序如图 6-7 所示。

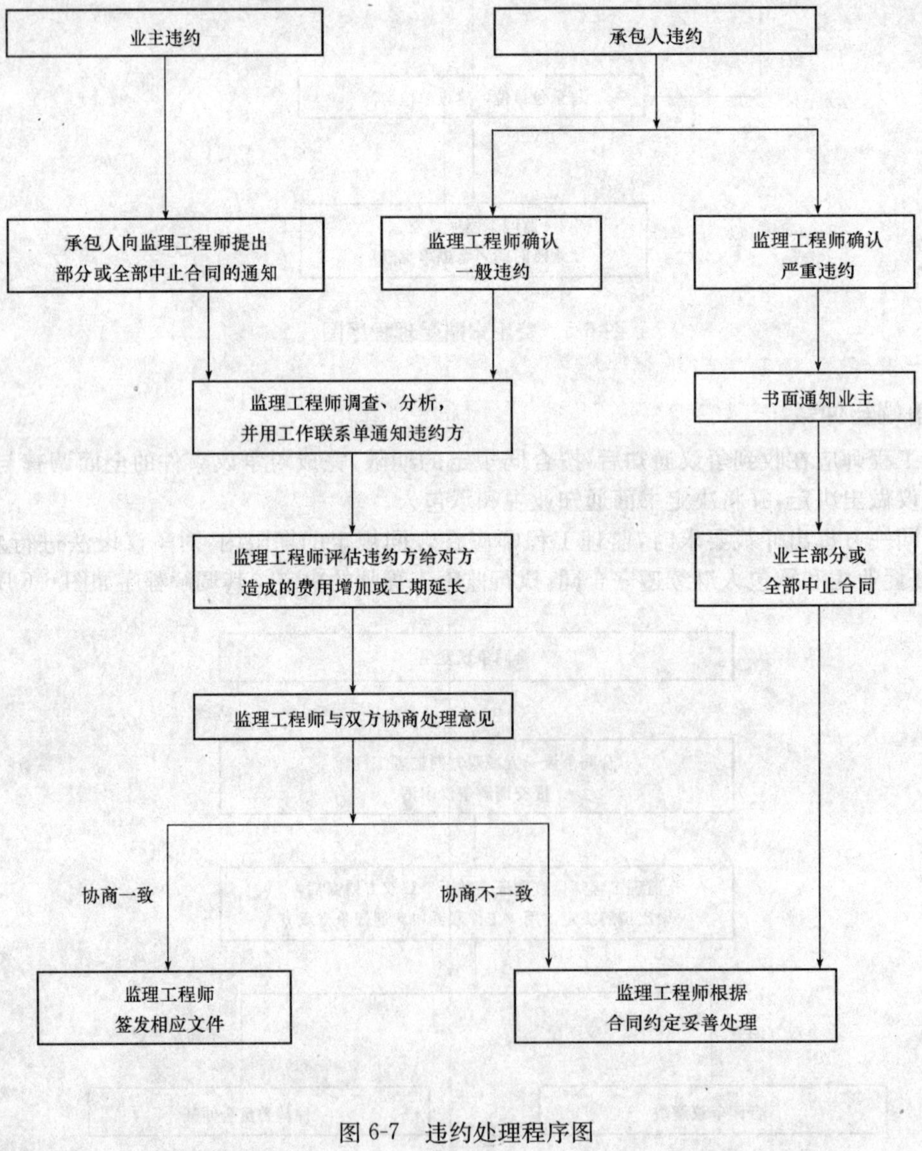

图 6-7　违约处理程序图

六、分包

1. 有关规定

(1)监理工程师应严禁承包人把大部分工程分包出去或层层分包。

(2)必须经监理工程师批准，并按规定办理分包工程手续，承包人才能将部分工程分包出去。

(3)监理工程师对分包的批准不解除承包人根据合同规定所应承担的任何责任和义务。

2. 受理程序

工程分包的受理程序如图6-8所示。

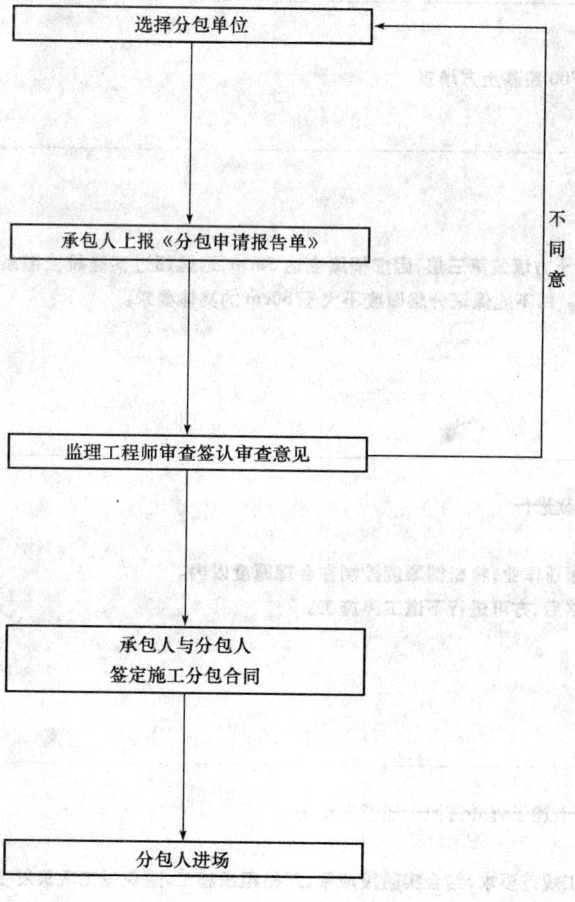

图6-8　工程分包受理程序图

七、工程合同管理文件填写范例

1. 工作指令

工作指令见表6-12。

表 6-12 　　　　　　　　　　　　　**工作指令**

承包单位:××集团有限公司××公路工程 A2 标段项目经理部　　　　　　合同号:A2

监理单位:××工程咨询有限公司××公路工程 A2 标段监理部　　　　　　编　号:

工程项目:××公路工程 A2 标段
结构名称:路基工程
现场位置:K3+600～K3+700 路基土方填筑
上述工程~~被接受~~/不被接受 **K3+600～K3+700 路基土方填筑第三层,因虚铺厚度达 50cm,远远超过实验段松铺系数 1.2 的规定。该段路基压实后,不能满足规范要求。即不能保证分层厚度不大于 30cm 的具体要求。**
上述工程应立即停止/~~应继续进行~~ **要求该段路基必须停止碾压作业,将松铺厚度控制在合理厚度以内。** **松铺厚度经检查验收合格后,方可进行下道工序施工。**
承包人应按规范执行/~~纠正上述工程并遵照上述意见变更~~ **承包人必须根据路基施工规范要求,结合实验段成果,严格组织施工,避免返工现象发生。**

承包人签字:×××　　　　　　　　　　监理工程师签字:×××

日　期:××年×月×日　　　　　　　　日　期:××年×月×日

时　间:**上午 10:05**　　　　　　　　时　间:**上午 10:00**

《工作指令》填写说明：

(1)监理工程师应根据现场检验工程质量等问题向承包人下达指令，要求承包人按照规范纠正质量缺陷或停止施工，工作指示同时报上级监理部门。

(2)工程项目：填写《施工合同》注明的工程名称。

(3)结构名称：填写单位工程名称。

(4)现场位置：根据工程质量的具体部位填写。

(5)工程被接受/不被接受：根据规范及现场实际情况，指出被接受或不被接受的主要原因。

(6)工程应立即停止/应继续进行：根据规范要求，结合现场实际情况，明确指示承包人立即停止或应继续进行。

(7)承包人应按规范执行/纠正上述工程并遵照上述意见变更：根据施工规范要求，结合现场实际情况，明确指示承包人严格按规范执行，或者纠正上述工程，以确保工程质量。必要时应进行变更处理。

2. 工程变更令

工程变更令见表6-13。

表6-13 **工程变更令**

承包单位：××集团有限公司××公路工程A2标段项目经理部 合同号：A2

监理单位：××工程咨询有限公司××公路工程A2标段监理部 编 号：

<table>
<tr><td colspan="4">变更理由及详细说明：

K3+000～K3+200段路基工程，其地基承载力不能满足设计要求，根据现场实际情况，该段路基基础必须进行换填处理，换填深度30cm，换填材料为砂砾石。</td></tr>
<tr><td>变更项目</td><td>单　价</td><td>估计变更数量</td><td>估计变更金额</td></tr>
<tr><td>**路基土石方**</td><td>**36.00元/m³**</td><td>**1200m³**</td><td>**43200元**</td></tr>
<tr><td></td><td></td><td></td><td></td></tr>
<tr><td></td><td></td><td></td><td></td></tr>
<tr><td></td><td></td><td></td><td></td></tr>
<tr><td></td><td></td><td></td><td></td></tr>
<tr><td></td><td></td><td></td><td></td></tr>
<tr><td></td><td></td><td></td><td></td></tr>
<tr><td colspan="4">监理工程师：××× 日　期：××年×月×日</td></tr>
<tr><td colspan="4">业主：××× 日　期：××年×月×日</td></tr>
<tr><td colspan="4">承包人：××× 日　期：××年×月×日</td></tr>
</table>

《工程变更令》填写说明：

(1)监理工程师应根据已批准的变更申请单，填报工程变更令，作为计量支付的依据。

(2)变更理由及详细说明：变更理由必须准确、充分。根据设计要求，结合现场实际情况详细说明，并提供必要的附件，主要包括：变更前后的图纸；业主、承包人、监理方面的会议纪要等文件；有关设计部门对变更的意见；有关部门、上级主管单位的文件；承包人的预算报告、确定工程量数量及单价的证明资料等。

(3)变更项目：必须与工程量清单项目相一致。

(4)单价：为承包人投标单价。

(5)估计变更数量：为变更实施前，经现场实测后暂估数量。该数量在变更实施完毕后，经验收合格，由监理工程师现场确认。

(6)估计变更金额：为暂定金额。

(7)组卷：工程变更一般以单位工程为单元组卷。

3. 索赔申请单

索赔申请单见表 6-14。

表 6-14 **索赔申请单**

承包单位：××集团有限公司××公路工程 A2 标段项目经理部 合同号：A2

监理单位：××工程咨询有限公司××公路工程 A2 标段监理部 编 号：

<table>
<tr><td colspan="2">索赔项目：

K3+000～K3+200 段路基工程、K6+000××大桥基础工程</td></tr>
<tr><td colspan="2">申请依据：

近期连下暴雨，且降雨量和降雨周期明显大于往年，超过近十年来最高纪录。致使路基土石方工程无法正常填筑。桥涵基础新开挖基坑积水，无法正常施工。</td></tr>
<tr><td colspan="2">证明文件：

(1)近期气象资料。
(2)近 10 年气象统计资料。
(3)停工证明材料。</td></tr>
<tr><td colspan="2">索赔金额和工期：

索赔工期 30 天，索赔金额 20 万元人民币。</td></tr>
<tr><td rowspan="2">承包人递交日期：××年×月×日

签字：×××</td><td>监理工程师收到意见：所述事件属实，索赔依据充分，符合合同××，同意索赔。

签字：×××</td></tr>
<tr><td>业主：×××</td></tr>
</table>

《索赔申请单》填写说明：

(1)索赔项目：填写此次索赔事件的具体项目。

(2)申请依据：根据合同要求，结合延期和费用索赔的具体特点，如实填写。

1)延期依据：额外的或附加的工作；异常恶劣的气候条件；由业主造成的延误、妨碍、阻止；不是承包人的过失、违约或由其负责的其他特殊情况；合同中所规定的延误原因。

2)费用索赔：异常恶劣的气候条件；外界障碍(化石、古物、地下建筑等)；战争入侵、叛乱、暴乱；通常无法预测和防范的任何一种自然力。

(3)证明文件：承包人应根据索赔项目和申请依据，结合现场实际情况如实填写。证明此次索赔事件是由非承包人原因引起。

(4)监理工程师应对承包人提交的索赔申请单进行调查核实，与监理同期记录进行核对、计算，审查其索赔依据及计算金额与工期是否正确合理。并于签署意见前，应与建设单位及承包人充分协商。

4. 索赔时间/金额审批表

索赔时间/金额审批表见表 6-15。

表 6-15　　索赔时间/金额审批表

承包单位：××集团有限公司××公路工程 A2 标段项目经理部　　合同号：A2

监理单位：××工程咨询有限公司××公路工程 A2 标段监理部　　编　号：

索赔项目：K3＋000～K3＋200 段路基工程、K6＋000××大桥基础工程	
上报日期：××年×月×日	收受日期：××年×月×日
申报延期天数：30 天	申请索赔金额：20 万人民币元
批准延期天数：30 天	批准索赔金额：20 万人民币元
索赔金额和延期累计： 截至目前索赔累计（金额 天数：200 万，50 天）＋ 此项索赔（金额 天数：20 万，30 天）＝ 所有索赔累计（金额 天数：220 万，80 天）	
监理工程师：×××	
业主：×××	
附件： (1)工程进度网络计划图、关键线路图、延期天数计算书。 (2)工程量清单(相应单价部分)、索赔金额计算书。 (3)相关证明文件。	

《索赔时间/金额审批表》填写说明：

(1)索赔项目：填写此次索赔事件的具体项目

(2)上报日期：一般应在索赔时间发生后及时上报。

(3)监理工程师应对承包人提交的索赔申请单进行调查核实，与监理同期记录进行核对、计算，审查其延期天数和索赔金额是否正确。

(4)监理工程师审批前，应与建设单位及承包人充分协商。

(5)监理工程师应本着实事求是的原则以下几点进行重点审查：

1)索赔事件是否属实。

2)索赔事件是否符合《施工合同》规定。

3)若是延期事件，应审查其是否发生在工期网络图的关键线路上，即时间索赔是否有效合理。

4)时间/金额索赔计算是否正确，证据资料是否充足。

第六节　交工及缺陷责任期监理资料

一、交工及交工证书

1. 交工证书的类型

(1)合同工程的交工证书。

合同范围内的全部工程已基本完成。监理工程师收到承包人的交工申请报告，并经过对工程的全面检查，认为符合合同文件要求时，应及时向承包人签发全部工程的交工证书。若不符合合同文件要求，监理工程师应书面指出承包人尚应完成哪些工作。

(2)部分工程交工证书。

监理工程师按照上述的原则，就下列情况可以向承包人签发部分工程的交工证书：

1)工程的任何主要部分已完成，能够独立交付使用；

2)合同中规定有不同交工工期的任何部分工程；

3)已由业主占用或使用的任何工程。

2. 签发交工证书的必要条件

(1)承包人书面申请。

监理工程师收到承包人的交工申请报告。

(2)工程确实完成。

监理工程师应对承包人申请交工的全部工程或部分工程进行全面检查，确认其主体工程已全部完成，剩余工程很少，在缺陷责任期内完成这些工程时，不影响正常使用和行车及施工安全。

(3)工程检验合格。

1)监理工程师对工程质量检验的结果，证明该工程确实符合规范要求，且各项资料齐全。

2)监理工程师在各种场合以不同形式向承包人指出的各类质量问题，均已得到妥善的解决。

(4)现场清理完毕。

监理工程师确认承包人对其申请交工的工程已进行了全面的现场清理，包括临时用地和材料场、取土场。

(5)交工资料。

监理工程师确认承包人已根据合同规定完成或基本上完成有关的交工资料。

3. 交工证书的签发程序

(1)成立交工检查小组。

监理工程师收到承包人递交的交工申请，确认工程满足 2. 要求后应指派专人全面负责交工检查工作，并成立有监理工程师、业主参加的交工检查小组。需要时，建议业主邀请设计部门和质量监督部门参加。

监理工程师还应提示承包人列席参加并负责提供小组检查工程时所需要的情况、资料、人力和设备，为交工检查活动提供服务。

交工检查小组的任务是：

1)进一步审查交工申请报告。

2)现场检查申请交工的工程。

3)审查承包人缺陷责任期的剩余工程计划。

4)根据以上情况写出交工检查报告。

5)决定是否签发交工证书。

(2)对交工申请进行审查。

1)检查小组应确认承包人交工申请报告，对申请交工的工程范围、交工工程的外观质量、质量缺陷的处理、交工资料的完成情况等描述全面、准确；剩余工程及计划安排合理可行。并写出书面审查意见。

2)对基本符合合同有关条款规定的交工申请报告，检查小组应予接受。但必须在审查意见中明确指出存在的问题及修改的建议。

3)对与合同有关规定存在较大差距的申请报告，检查小组不予接受，并写明审查意见予以退回。

(3)现场检查与评价。

1)检查小组接受承包人的交工申请报告后，应对交工工程进行现场检查。主要检查申请交工工程外观质量、外形尺寸，各类构造物及工程范围内所有现场的清理情况。并应对检查中发现的所有工程缺陷做详细描述及记录。

2)检查小组对检查情况进行全面评价。重点对检查中及以前发现的工程缺陷进行分析，确定这些缺陷是否可被立即修复或已被修复或作为剩余工程留待缺陷责任期内完成，并与承包人所报的缺陷责任期的剩余工程计划相对应。

(4)检查报告。

无论检查小组是否同意签发交工交接证书，均应提交一份交工检查报告，报告内容包括：

1)概述：承包人申请交工验收的工程范围，工程完成情况及提出申请的过程。

2)交工检查小组的邀请信及任务。

3)检查小组人员名单。

4)检查活动过程。

5)现场检查的内容。

6)小组的评议。

①是否接受交工；

②对缺陷的讨论；

③小组的结论。

工程是否已经完成，是否接受剩余工程计划，同意于何时(年月日)签发交工证书(或不予签发交工证书)。

7)附件：

附件主要内容为承包人的交工申请报告；组成交工检查小组的文件；检查活动计划；现场检查的工程缺陷一览表及被批准的承包人剩余工程计划。

评价报告应发给承包人、业主及签发交工证书的其他有关各方。

(5)签发交工证书。

工程交工的日期以检查小组决定的签发交工证书的日期为准。工程交工证书必须包括如下内容：

1)获得交工证书的工程范围。

2)工程获得交工证书的日期。

3)审查交工工程的单位。

4)交工证书的签字人(业主、监理工程师、承包人各方代表)。

二、工程缺陷责任终止证书

1. 缺陷责任期

(1)监理工程师应根据合同，规定交工工程的缺陷责任期(一般为一年)。起算日期必须以签发的工程交接证书日期为准。

(2)对于有一个以上交工日期的工程，缺陷责任期应分别从各自不同的交工日期起算。

2. 缺陷责任期监理的工作内容

(1)检查承包人剩余工程计划。

监理工程师应定期检查承包人剩余工程计划的实施，并视工程具体情况，建议承包人对剩余工程计划进行调整。

(2)检查已完工程。

监理工程师应经常检查已完工程，对工程交接时存在的缺陷及签发交接证书之后发生的工程缺陷情况进行记录，并指示承包人进行修复。

(3)确定缺陷责任及修复费用。

监理工程师应对工程缺陷发生的原因及责任者进行调查。对非承包人原因造成由承包人进行修复的工程质量缺陷，监理工程师应对修复工作做出费用估价，向业主签发为承包人追加费用的证明。

(4)督促承包人按合同规定完成交工资料。

3. 缺陷责任期的监理组织

监理工程师应根据剩余工作量，配备缺陷责任期的监理工作人员，包括：现场巡视、检查的监理人员，负责质量检验的试验人员及处理合同事宜(索赔、变更)、办理支付、督促交工资料的合同管理人员。

4.《工程缺陷责任终止证书》的签发程序

(1)《工程缺陷责任终止证书》签发的必要条件。

1)监理工程师确认承包人已按合同规定及监理工程师指示完成全部剩余工程。并对全部剩余工程的质量检查认可。

2)监理工程师收到承包人含有如下内容的终止缺陷责任申请：

①剩余工作计划的执行情况；

②缺陷责任期内监理工程师发现并指示承包人进行修复的工程完成情况；

③交工资料的完成情况。

(2)成立缺陷责任期工作检查小组。

1)监理工程师确认具备签发《工程缺陷责任终止证书》必要条件后，应成立有监理工程师、业主参加的缺陷责任期工程检查小组，需要时，建议业主邀请监督部门参加，承包人列席并为检查小组的工作及日程安排提供服务。

2)检查小组的任务主要为：

①审查承包人终止缺陷责任的申请报告；

②对工程进行最终的整体检验，并侧重缺陷责任期工作内容的检查；

③审查交工资料；

④对缺陷责任期的工作情况进行评价，确定是否签发缺陷责任终止证书。

(3)检查小组审查终止缺陷责任的申请报告。

对申请报告内容的完整性、真实性进行审定，并确认是否满足合同规定及监理工程师的要求。

(4)最终检查和评价。

1)最终检查主要从以下两方面进行：

①剩余工作及缺陷工程的完成情况；

②整个工程的使用情况。包括交通标志、标线、护栏、护网、电信管块、人井及绿化带。

2)评价主要围绕现场检查结果进行，除合理磨损外，工程均应达到合同规定的检验标准。

(5)检查报告。

1)检查小组必须就检查工作写出检查报告，报送业主，同时抄给承包人。

2)检查报告的主要内容应包括：

①概述：检查小组的邀请信及其名单、工作简况、收受承包人申请的日期；

②现场检查的内容及情况；

③检查小组对承包人缺陷责任期全部工作的评议；

④小组的结论；

⑤附件：承包人的终止缺陷责任申请，检查活动计划，工程缺陷一览表及承包人剩余工程计划等。

(6)签发《工程缺陷责任终止证书》。

监理工程师收到检查小组的报告，并确认缺陷责任期工作已达到合同规定标准，应向承包人签发缺陷责任终止证书。签发日期应以工程通过最终检验的日期为准。证书中应包括以下主要内容：

1)获得证书的工程范围。

2)审查缺陷责任期工作的单位。

3)工程交工日期及合同缺陷责任期终止日期。

4)《工程缺陷责任终止证书》的签字人(业主、监理工程师、承包人各方的代表)。

三、交工及缺陷责任期监理资料填写范例

1. 工程交工证书

工程交工证书见表6-16。

表 6-16 **工程交工证书**

承包单位：××集团有限公司××公路工程 A2 标段项目经理部 合同号：A2

监理单位：××工程咨询有限公司××公路工程 A2 标段监理部 编　号：

<table>
<tr><td colspan="4">本证书包括的工程：

本合同段 K3＋000～K7＋000 段 4km 路基工程</td></tr>
<tr><td colspan="4">本证书未包括的工程：

K3＋000～K7＋000 段构造物及防护工程</td></tr>
<tr><td colspan="4">检查人(单位)：

建设单位：××××高速公路发展有限公司：×××

设计单位：交通部××勘察设计研究院：×××

施工单位：××集团有限公司：×××

监理单位：××工程咨询有限公司：×××</td></tr>
<tr><td>合同交接日期</td><td>××年×月×日</td><td>实际交接日期</td><td>××年×月×日</td></tr>
<tr><td colspan="4">我们保证在缺陷责任期内按经批准的计划，完成本证书附件所列全部工作。

承包人：×××　　××年×月×日</td></tr>
<tr><td colspan="4">驻地监理工程师：×××　　××年×月×日</td></tr>
<tr><td colspan="4">监理工程师：×××　　××年×月×日</td></tr>
<tr><td colspan="4">设计单位代表：×××　　××年×月×日</td></tr>
<tr><td colspan="4">业　　主：×××　　××年×月×日</td></tr>
</table>

《工程交工证书》填写说明：

(1)交工证书可以是合同工程交工，也可以是部分工程交工。

(2)本证书包括的工程：依据交工证书的类型不同，可以是合同范围内的全部工程，也可以是部分工程。

(3)部分工程交工证书，主要包括以下几种情况：

1)工程的任何主要部分已完成，能够独立交付使用。

2)合同中规定有不同交工工期的任何部分工程。

3)已由业主占用或使用的任何工程。

(4)本证书未包括的工程：此次交工的单位工程内尚未完工的附属工程，比如路基工程具备交工条件时，但部分防护工程尚未完工，为了尽快进入路面工程施工，可以先申请路基工程部分先交工。

(5)检查人(单位)。

建设单位(项目法人)：现场管理人员

设计单位：派驻的设计代表(最后一批合同段验收时可以邀请设计负责人或法人代表参加)

监理单位：总监、高级驻地监理组长、各专业监理工程师

施工单位：项目经理、总工、质量负责人及其配合人员

对于拟投入试运营的工程项目在随后一批合同段验收时，应邀请运营、养护管理单位参加；工程技术负责的合同段可邀请专家；项目法人可以根据具体情况，邀请其他单位等。

(6)工程交工日期：以检查小组决定的签发证书的日期为准。

2. 工程缺陷责任期终止证书

工程缺陷责任期终止证书见表 6-17。

表 6-17　　工程缺陷责任期终止证书

承包单位：××集团有限公司××公路工程 A2 标段项目经理部　　合同号：A2

监理单位：××工程咨询有限公司××公路工程 A2 标段监理部　　编　号：

本证书包括的工程： 绿化工程			
检查人(单位)： 建设单位：××××高速公路发展有限公司：××× 设计单位：交通部××勘察设计研究院：××× 施工单位：××集团有限公司：××× 监理单位：××工程咨询有限公司：×××			
合同缺陷责任证明签发日期	××年×月×日	实际缺陷责任证明签发日期	××年×月×日
承包人：×××　　××年×月×日			
监理工程师：×××　　××年×月×日			
业　主：×××　　××年×月×日			

《工程缺陷责任期终止证书》填写说明：

(1)本证书包括的工程：剩余工作及缺陷工程的完成情况；整个工程的使用情况，包括交通标志、标线、护栏、护网、电信管块、人井及绿化带。

(2)检查人：一般指由承包人、监理工程师、建设单位等组成的缺陷责任期工程检查小组成员。检查单位即相应的承包人、监理工程师、业主等缺陷责任期工程检查小组成员单位。

(3)合同缺陷责任证明签发日期：根据《公路工程施工监理规范》，交工工程的缺陷责任期一般为一年，起算日期必须以签发的工程交接证书日期为准。所以合同缺陷责任证明签发日期应根据上述规定进行推算。

(4)实际缺陷责任证明签发日期：签发日期应以工程通过最终检验的日期为准。

第七章　公路工程竣工文件

第一节　竣工文件目录编制

以××××一级公路A2合同段为例，介绍施工单位竣工文件目录编制方法。

1. 工程概述

××××一级公路A2合同段位于××省××县××镇××村境内，起讫里程为K25＋840～K30＋980，全长5.14km。该合同段有大、中、小桥各一座，涵洞12道，支挡工程20处，路基土石方200000m^3，其中土方120000m^3，石方80000m^3。A2合同段施工工期为××年×月×日～××年×月×日。

2. 目录说明

(1)桩号：由档案分类号和案卷顺序号组成。分类号编制是以单项工程为单元，按照《交通部科学技术分类编号办法》中所确定的公路工程类目进行分类。

(2)卷号：即案卷顺序号，不编虚位。以“1”开始编写，1即“1”不编“001”。

(3)编制时间：即竣工文件的形成时间，也即开竣工时间。

(4)保管期限：根据2001年8月13日交通部交办发[2001]390号关于印发《公路工程竣工文件材料立卷归档管理办法》的通知要求填写。

3. 分类目录

××××一级公路A2合同段科技档案分类目录见表7-1。

表7-1　　××一级公路科技档案分类目录

工程项目名称：××一级公路A2合同段　　文件材料编制单位：××××局集团有限公司

序号	档　号	柜号	卷号	册号	分册号	案卷题名	编制时间	卷内份数	卷内页数	保管期限	密级	备注
1	GL5·1·2·301××·5·A2·0·0—1					××一级公路A2合同段K25＋840～K30＋980竣工文件科技档案分类目录	××年×月～××年×月	1	172	永久		
2	GL5·1·2·301××·5·A2·4·1—1		四	一	一	××一级公路A2合同段K25＋840～K30＋980施工竣工表	××年×月～××年×月	1	24	长期		
3	GL5·1·2·301××·5·A2·4·2—1		四	二	一	××一级公路A2合同段K25＋840～K30＋980路基土石方压实度、挡土墙、护面墙混凝土及砂浆强度汇总表	××年×月～××年×月	1	254	长期		
4	GL5·1·2·301××·5·A2·4·2—2				二	××一级公路A2合同段K25＋840～K30＋980大中桥、涵洞工程混凝土及砂浆抗压强度汇总表，弯沉、预制梁张拉、建筑安装成本汇总表	××年×月～××年×月	1	250	长期		

续表

序号	档　号	柜号	卷号	册号	分册号	案卷题名	编制时间	卷内份数	卷内页数	保管期限	密级	备注
5			五			施工竣工图						
6	GL5・1・2・301××・5・A2・5・1			一		××一级公路 A2 合同段竣工总体说明	××年×月～××年×月	1	6	永久		
7	GL5・1・2・301××・5・A2・5・2			二		××一级公路 A2 合同段路线竣工图	××年×月～××年×月	1	11	永久		
8	GL5・1・2・301××・5・A2・5・3			三		××一级公路 A2 合同段路基、路面及排水工程竣工图	××年×月～××年×月	1	109	永久		
9	GL5・1・2・301××・5・A2・5・4			四		××一级公路 A2 合同段桥梁、涵洞工程竣工图	××年×月～××年×月	1	148	永久		
10	GL5・1・2・301××・5・A2・5・5			五		××一级公路 A2 合同段路基防护工程竣工图	××年×月～××年×月	1	32	永久		
11			六	一		施工综合文件						
12	GL5・1・2・301××・5・A2・6・1－1				一	××一级公路管理处发有关工程质量文件、A2 驻地办发有关工程质量文件	××年×月～××年×月	1	239	长期		
13	GL5・1・2・301××・5・A2・6・1－2				二	××一级公路 A2 合同段上级发文发函、工程质量责任卡、施工总结、交工验收报告、测试仪器检定报告	××年×月～××年×月	1	209	长期		
14			六	二		质量自检评定资料						
15	GL5・1・2・301××・5・A2・6・2－1				一	××一级公路 A2 合同段建设项目或标段质量自检、桥梁单位工程质量汇总、K27＋682.5 桥分项工程质量评定资料	××年×月～××年×月	1	217	永久		
…	……					略						
21	GL5・1・2・301××・5・A2・6・2－7				七	××一级公路 A2 合同段 K29＋740 桥分项工程质量评定资料	××年×月～××年×月	1	253	永久		
22	GL5・1・2・301××・5・A2・6・2－8				八	××一级公路 A2 合同段路基单位工程、路基土石方、涵洞、大型挡土墙、护面墙分部及分项工程	××年×月～××年×月	1	167	永久		
23			六	三		进度控制文件						
24	GL5・1・2・301××・5・A2・6・3－1				一	××一级公路 A2 合同段开工令、总开工报告及批文	××年×月～××年×月	1	79	永久		
25	GL5・1・2・301××・5・A2・6・3－2				二	××一级公路 A2 合同段大桥基础工程开工报告及批文	××年×月～××年×月	1	248	永久		

续表

序号	档号	柜号	卷号	册号	分册号	案卷题名	编制时间	卷内份数	卷内页数	保管期限	密级	备注
…	……					略						
34	GL5·1·2·301××·5·A2·6·3—11				十一	××一级公路 A2 合同段 K27＋740～K27＋840 路基试验段、路基、涵洞、改河工程开工报告及批文	××年×月～××年×月	1	220	永久		
35	GL5·1·2·301××·5·A2·6·3—12				十二	××一级公路 A2 合同段 K26＋370～K26＋390 挡墙试验段、挡土墙工程开工报告及批文	××年×月～××年×月	1	232	永久		
36	GL5·1·2·301××·5·A2·6·3—13				十三	××一级公路 A2 合同段 K27＋860～K27＋880 护面墙试验段、护面墙工程开工报告及批文	××年×月～××年×月	1	239	永久		
37			六	四		投资控制文件						
38	GL5·1·2·301××·5·A2·6·4—1				一	××一级公路 A2 合同段计量支付报表第1～4 期	××年×月～××年×月	1	302	长期		
…	……					略						
42	GL5·1·2·301××·5·A2·6·4—5				五	××一级公路 A2 合同段工程数量审批表	××年×月～××年×月	1	213	永久		
43	GL5·1·2·301××·5·A2·6·4—6				六	××一级公路 A2 合同段变更设计批复第 016～044 号	××年×月～××年×月	1	241	永久		
44			六	五		施工记录						
45	GL5·1·2·301××·5·A2·6·5—1				一	××一级公路 A2 合同段施工日志、有关原始记录	××年×月～××年×月	1		长期		
46	GL5·1·2·301××·5·A2·6·5—2				二	××一级公路 A2 合同段施工照片档案	××年×月～××年×月	1		长期		
47			七			施工原始资料						
48				一		路基土石方工程						
49	GL5·1·2·301××·5·A2·7·1—1				一	××一级公路 A2 合同段 K25＋840～K26＋010 路基土方及涵墙背回填质量自检资料	××年×月～××年×月	1	224	长期		
…	……					略						
72	GL5·1·2·301××·5·A2·7·1—24				二十四	××一级公路 A2 合同段 K30＋640～K30＋980 路基填挖土石方及涵墙背回填、K30＋090～K30＋980 路基封层质量自检资料	××年×月～××年×月	1	212	长期		

续表

序号	档　号	柜号	卷号	册号	分册号	案卷题名	编制时间	卷内份数	卷内页数	保管期限	密级	备注
73	GL5·1·2·301××·5·A2·7·1—25				二十五	××一级公路A2合同段路基土石方标准击实试验及批复	××年×月～××年×月	1	126	长期		
74			七	四		涵洞工程						
75	GL5·1·2·301××·5·A2·7·4—1				一	××一级公路A2合同段K25＋878、K25＋990、K26＋151.5、K26＋579.5、K26＋944钢筋混凝土盖板涵工程质量自检资料	××年×月～××年×月	1	272	长期		
…	……					略						
79	GL5·1·2·301××·5·A2·7·4—5				五	××一级公路A2合同段C15、C20混凝土、C15、C20冬期施工混凝土配合比，细集料、地基承载力试验报告	××年×月～××年×月	1	207	长期		
80	GL5·1·2·301××·5·A2·7·4—6				六	××一级公路A2合同段钢筋混凝土盖板涵抗压强度试验记录	××年×月～××年×月	1	197	长期		
81			七	五		路基砌石防护工程						
82	GL5·1·2·301××·5·A2·7·5—1				一	××一级公路A2合同段K25＋840～K25＋860右侧护面墙、K25＋940～K26＋200左侧路堤墙工程质量自检资料	××年×月～××年×月	1	234	长期		
…	……					略						
96	GL5·1·2·301××·5·A2·7·5—15				十五	××一级公路A2合同段K25＋840～K30＋980挡土墙镶面C20混凝土预制块工程质量自检资料	××年×月～××年×月	1	284	长期		
97	GL5·1·2·301××·5·A2·7·5—16				十六	××一级公路A2合同段砂浆配合比试验报告	××年×月～××年×月	1	220	长期		
98	GL5·1·2·301××·5·A2·7·5—17				十七	××一级公路A2合同段M10配合比、细集料、水泥试验报告	××年×月～××年×月	1	227	长期		
99	GL5·1·2·301××·5·A2·7·5—18				十八	××一级公路A2合同段原材料、挡墙预制块混凝土抗压强度试验记录	××年×月～××年×月	1	240	长期		
100	GL5·1·2·301××·5·A2·7·5—19				十九	××一级公路A2合同段K25＋940～K26－970挡墙砂浆抗压强度统计及记录	××年×月～××年×月	1	313	长期		

续表

序号	档　号	柜号	卷号	册号	分册号	案卷题名	编制时间	卷内份数	卷内页数	保管期限	密级	备注
101	GL5·1·2·301××·5·A2·7·5－20				二十	××一级公路 A2 合同段 K27＋200～K29＋077 挡墙砂浆抗压强度统计及记录	××年×月～××年×月	1	296	长期		
102	GL5·1·2·301××·5·A2·7·5－21				二十一	××一级公路 A2 合同段 K25＋840～K30＋982 护面墙及挡土墙混凝土、砂浆抗压强度统计、记录	××年×月～××年×月	1	292	长期		
103			七	十三		大(中)桥上部工程						
104	GL5·1·2·301××·5·A2·7·13－1				一	××一级公路 A2 合同段 K27＋682.5 桥 1－1 至 4－3 箱梁预制质量自检资料	××年×月～××年×月	1	219	长期		
…	……					略						
124			七	十四		大(中)桥基础、下部及防护工程						
125	GL5·1·2·301××·5·A2·7·14－1				一	××一级公路 A2 合同段 K27＋682.5 桥 0 号台、1 号墩质量自检资料	××年×月～××年×月	1	108	长期		
…	……					略						
144			七	十五		大(中)桥工程试验资料						
145	GL5·1·2·301××·5·A2·7·15－1				一	××一级公路 A2 合同段水泥、钢筋、铣削钢钢纤维出厂及试验报告	××年×月～××年×月	1	275	长期		
146	GL5·1·2·301××·5·A2·7·15－2				二	××一级公路 A2 合同段钢筋出厂及试验报告	××年×月～××年×月	1	169	长期		
…	……					略						
158	GL5·1·2·301××·5·A2·7·15－14				十四	××一级公路 A2 合同段大、中桥孔道压浆及大、中桥张拉强度试验记录	××年×月～××年×月	1	211	长期		

第二节　竣(交)工验收文件

一、概述

1. 公路工程竣(交)工验收的概念

(1)交工验收的概念。

交工验收是承包人将已按承包合同规定完成了的工程移交给项目法人，是工程承发包合同双方之间的一种经济行为，是工程建设项目法人实施工程管理的一项日常工作。

交工验收是检查施工合同的执行情况，评价工程质量是否符合技术标准及设计要求，是否可以移交下一阶段施工或是否满足通车要求，对各参建单位工作进行初步评价。

交工验收阶段由项目法人组织监理单位按《公路工程质量检验评定标准》(JTG F80/1—2004、JTG F80/2—2004)的要求对各合同段的工程质量进行评定。

(2)竣工验收的概念。

竣工验收也就是项目法人将已完成的建设项目交给作为社会事务管理者及公众代表的政府，是政府对建设工程这一社会事务和经济活动进行管理的一项工作，是行政行为，是工程建设项目建设期结束，转入正式运营使用前的一个环节。

竣工验收属于成品检验的范畴，是综合评价工程建设成果，对工程质量、参建单位和建设项目进行综合评价。

竣工验收阶段由质量监督机构按交通部规定的公路工程质量鉴定办法对工程质量检测鉴定。

2. 公路工程竣(交)工验收的性质

(1)交工验收工作。

交工验收由项目法人组织，在施工单位全面自检控制的前提下，按照监理抽查资料，对合同段工程质量进行评定，项目法人做出工程是否合格的结论，施工、监理、设计单位履行相应的工作职责。

(2)竣工验收工作。

竣工验收由政府主管部门组织，在试运营考验的基础上，以质量监督机构的关键实测指标为主，对工程做出评价，对工程最终是否合格做出结论，竣工验收委员会及项目法人、设计、施工、监理单位履行相应职责。

3. 公路工程竣(交)工验收的程序

竣(交)工验收，根据责任单位、工作内容、工作步骤等不同，主要划分为以下十个步骤完成。各步骤验收的性质、作用、主体、内容、依据、方法等各有不同。

(1)施工单位自检。

施工单位以施工过程自检资料为依据，按照《验评标准》对分项、分部、单位工程进行评定。工程完工后汇总评定资料形成合同段自检资料，并对施工过程进行总结形成合同段施工总结报告。

(2)监理工程师评定。

监理工程师依据抽检资料，按照《验评标准》对分项、分部、单位工程进行评定。工程完工后汇总评定资料形成合同段评定资料，并对施工过程及监理工作进行总结形成合同段监理总结报告。

(3)质量监督机构质量检测。

在合同段和整个项目交工验收期间，质量监督机构根据项目法人的报告，按照《公路工程质量鉴定办法》对合同段或整个项目进行工程质量检测，形成合同段或整个项目工程质量检测报告。整个项目工程质量检测报告在工程试运营前提交公路交通主管部门。

(4)合同段交工验收。

项目法人根据施工单位自检、监理工程师评定资料，以及施工过程中项目管理中掌握的情况，按照验收办法的规定，对合同段工程组织交工验收，并形成合同段交工验收证书及对设计、监理、施工单位的初步评价。

(5)整个项目交工验收。

所有合同段交工验收完成后，项目法人汇总各合同段验收资料，形成项目交工验收报告，试运营前报公路交通主管部门备案，并抄送质量监督机构。试运营前项目法人要对项目是否具备通车条件进行评估，承担相应责任。

(6)交通主管部门运营审查。

根据交工验收报告及质量监督机构的检测意见，交通主管部门对工程是否具备试运营条件进行审查。

(7)单项工程验收。

在试运营期间，项目法人根据工程及工作进展情况，申请对环保、档案等单项工程进行验收。由相关部门根据单项工程相应的验收办法、内容、步骤进行单项工程验收，形成单项工程验收报告。

(8)项目法人工程自检。

在试运营两年后，项目法人组织养护管理等相关单位，对工程使用状况进行全面自查，检查交工验收时提出问题的落实情况，检查工程使用中存在和发现的问题及处理情况，对仍然存在的问题进一步处理完善。

(9)质量监督机构检测鉴定。

在试运营两年后、三年内，由项目法人申请，质量监督机构根据《公路工程质量鉴定报告》对工程进行复测及质量鉴定，形成各合同段及整个项目工程质量鉴定报告。

(10)竣工验收委员会竣工验收。

当工程满足竣工验收条件后，由项目法人申请交通主管部门按照验收办法规定的步骤、方法、内容组织项目竣工验收。形成项目竣工验收鉴定书及其他资料。

二、竣工验收文件

1. 竣工验收内容

(1)成立竣工验收委员会。

(2)听取项目法人、设计单位、施工单位、监理单位的工作报告。

(3)听取质量监督机构的工作报告及工程质量鉴定报告。

(4)检查工程实体质量、审查有关资料。

(5)按交通部规定的办法对工程质量进行评分，并确定工程质量等级。

(6)按交通部规定的办法对参建单位进行综合评价。

(7)对建设项目进行综合评价。

(8)形成并通过竣工验收鉴定书。

2. 工作材料

在竣工验收过程中形成许多工作材料，主要包括对参建单位综合评价、工程质量评分表、竣工验收委员会对工程质量的评定材料。

(1)竣工验收代表名单。

(2)竣工验收委员会名单。

(3)各专业检查组检查意见。

(4)参建单位综合评价表。

(5)竣工验收委员会工程质量评分表。

(6)竣工验收工程质量评分表。

(7)竣工验收建设项目综合评定表。

(8)工程交接单位代表签名表。

3. 结论性材料

(1)签发参建单位工作综合评价等级证书。

(2)签发《公路工程竣工验收鉴定书》。

三、交工验收文件

1. 交工验收的内容

(1)检查合同执行情况。

(2)检查施工自检报告、施工总结报告及施工资料。

1)检查施工单位工程质量自检评定资料是否按照《验评标准》执行。

2)根据《关于贯彻执行公路工程竣交工验收方法有关事宜的通知》[交公路发(2004)446](以下简称446号文)中附件5,检查施工总结报告内容是否真实地反映和总结了施工中的各项工作。

3)根据446号文附件2,重点审查归档资料的原始性和真实性,并初步审查是否达到档案的完整、准确、系统的要求。

(3)检查监理资料和监理工作报告:

1)检查监理单位质量评定工作是否按照《验评标准》执行。

2)根据446号文附件5,检查监理工作报告内容是否真实的反映和总结了监理工作的情况。

3)根据446号文附件2,对监理独立抽检资料进行审查。

(4)检查工程实体、审查有关资料,包括主要产品质量的抽(检)测报告。

(5)检查工程完工数量是否与批准的设计文件相符,是否与工程计量数量一致。

(6)对合同是否全面执行,工程质量是否合格作出结论,按交通主管部门规定的格式签署合同段交工验收证书:

1)项目法人听取施工单位、监理单位的工作总结报告。

2)听取各检查组的检查情况汇报。

3)根据各检查组汇报的情况,项目法人对合同是否全面执行、工程质量是否合格作出结论。

(7)按交通部规定的办法对设计单位、监理单位、施工单位的工作进行初步评价。

2. 交工验收资料及格式

(1)交工验收工作报告:

1)概述:工程概况,施工单位申请交工验收的工程范围,交工验收申请、审查过程。

2)合同段检查情况及工程质量审定意见:

①合同执行情况。

②施工、监理资料。

③工程实体检查情况。

④工程质量审定意见。

3)存在的主要问题及处理意见。

4)交工验收核定的工程量清单。

5)交工验收结论。

6)附件:

①参加验收人员名单。

②各检查组意见及其抽查数据。

(2)公路工程(合同段)交工验收证书。

(3)设计、监理、施工单位工作综合评价表。

第二节　单项工程验收文件

一、机电、绿化工程验收文件

(1)机电工程验收工作必须通过机电系统的试运行才可以进行。如果机电系统试运行结果证明系统稳定,功能符合设计和实际使用要求,并完成了各项培训工作,专用工具、备品备件、使用说明书已配齐,施工单位可以提出交工验收申请。

(2)绿化工程验收应在一个年生长周期期满后进行。

二、房建工程验收文件

(1)单位工程完成后,施工单位应自行组织有关人员进行检查评定,并向项目法人提交工程验收报告。房建工程验收程序如图 7-1 所示。

(2)单位工程验收合格后,项目法人应在 15 日内将如下文件报建设行政管理部门备案。

1)工程竣工验收备案表。

2)工程竣工验收报告。

3)法律、行政法规规定应当由规划、公安消防、环保等部门出具的认可文件或者准许使用文件。

4)施工单位签署的工程质量保修书。

5)法律、规章规定必须提供的其他文件。

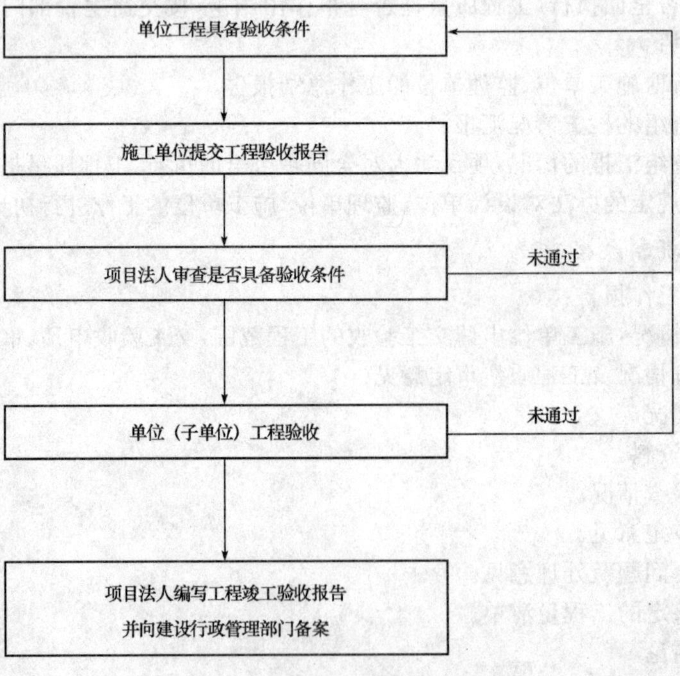

图 7-1　房建工程验收程序框图

三、环保工程验收文件

(1)凡有环境影响报告书(表)或者环境影响登记表的建设项目均需进行环保验收。

(2)环境保护行政主管部门根据《建设项目竣工环境保护验收管理办法》规定,依据环境保护验收监测结果和生态调查报告,并通过现场检查等手段,考核该建设项目是否达到环境保护要求。其程序如图 7-2 所示。

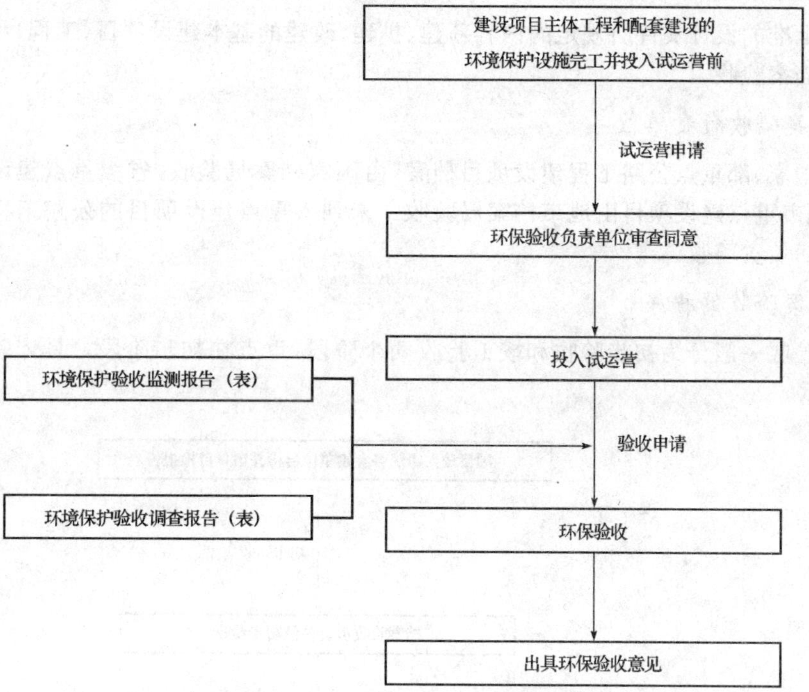

图 7-2　环境验收程序框图

1)建设项目试运营前,项目法人应向有审批权的环境保护行政主管部门提出试运营申请。

2)对环境保护设施已建成及其他环境保护措施已按规定要求落实的,应同意试生产申请。

3)进行试运营的公路建设项目,项目法人应当自试运营之日起 3 个月内,向有审批权的环境保护行政主管部门申请该建设项目竣工环境保护验收。

4)项目法人申请建设项目竣工环境保护验收,应当向有审批权的环境保护行政主管部门提交以下验收材料:

①对编制环境影响报告书的建设项目,提交建设项目竣工环境保护验收申请报告,并附环境保护验收监测报告或调查报告。

②对编制环境影响报告表的建设项目,提交建设项目竣工环境保护验收申请表,并附环境保护验收监测表或调查表。

③对填报环境影响登记表的建设项目,提交建设项目竣工环境保护验收登记卡。

5)环境保护验收监测报告(表),由项目法人委托经环境保护主管部门批准有相应资质的环境监测站或环境放射性监测站编制。

四、档案验收文件

1. 档案验收依据

(1)《中华人民共和国档案法》。

(2)"关于印发《建设项目(工程)档案验收办法》的通知"(国档发[1992]8 号)。

2. 需进行档案验收的工程项目

凡按批准的设计文件所规定的内容新建、扩建、改建的基本建设项目(工程)和技术改造项目均应进行档案验收。

3. 档案验收负责单位

一般国家、部重点公路工程建设项目档案,由国家档案局验收,省级重点建设项目由省档案局验收,地市重点建设项目由地市档案局验收。未列入重点建设项目的公路工程档案由主管机关档案部门负责验收。

4. 档案验收的程序

档案验收一般分为初步验收和竣工验收两个阶段,重点在初步阶段。具体验收程序框图如图 7-3 所示。

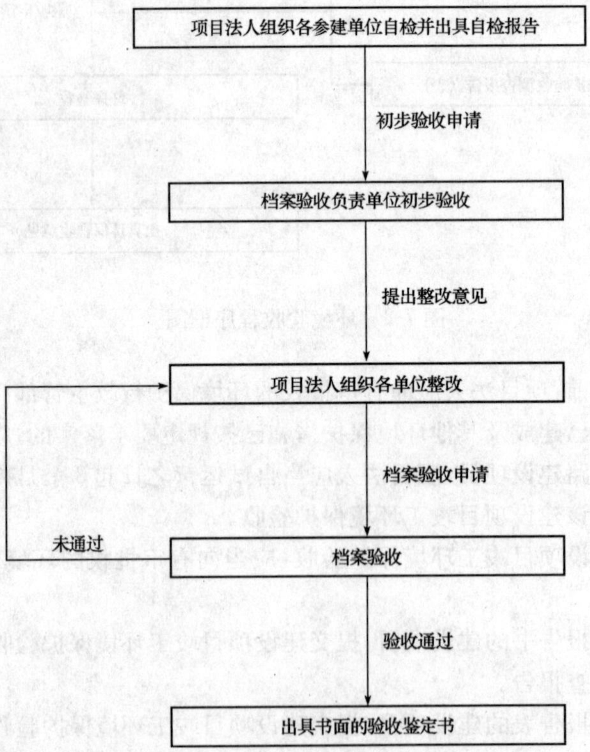

图 7-3　档案验收程序框图

(1)建设项目(工程)初步验收前,项目法人组织监理、施工等有关单位的工程技术负责人,进行档案的自检工作,并做出档案自检报告。

(2)初步验收时，在档案部门组织下，着重抽查项目档案的归档情况。工程规模大、档案案卷数量超过1000卷的，抽查15%的项目档案；工程规模小，档案案卷数量在1000卷以下的，抽查30%的项目档案。评价档案资料的完整、准确、系统性情况以后，写出初验意见，对存在的问题提出改进要求，限期解决。项目法人、监理单位、施工单位按初步验收的改进意见在竣工验收前加以改进。

(3)对于通过档案验收的建设项目，由档案负责验收单位出具书面的验收意见。

第八章　竣工图和档案管理

第一节　竣　工　图

一、定线数据竣工图

(1)封面。

(2)目录。

(3)图例。

(4)竣工图说明。

(5)平、纵断面缩图。

(6)定线数据竣工图:

1)参照原设计图表示方法,并注明实际放线时采用的导线成果、曲线要素、水准点等资料。

2)施工过程中新增加的固定导线点、水准点也应标注在竣工图上面。

二、平面竣工图

(1)封面。

(2)目录。

(3)图例。

(4)竣工图说明:

1)平面线型设计及变更情况。

2)长短链情况。

(5)平面竣工图:

1)地形、地貌、地物应根据实际发生情况标注。

2)路基边沟应按实际排水方向标注。

3)通道、跨线桥的引道应根据实际发生情况如实标注。

4)路基防护、涵洞等构造物应根据工程实际如实标注。

(6)线路中线坐标表。

(7)统一里程及断链桩号一览表。

三、纵断面竣工图

(1)封面。

(2)目录。

(3)竣工图说明:

1)线路纵断面设计及变更情况。

2)施工过程中,线路纵断面高程控制情况。

(4)纵断面竣工图:

1)地质情况,应根据实际发生情况如实填写。

2)地面高程,应填写清表压实后的高程,并用虚线表示。

3)竣工高程;应根据原设计文件、设计变更、工程洽商等文件,结合工程实际,如实填写。

4)竖曲线、坡度、坡长等数据,应根据工程实际如实填写。

5)超高设置形式及其分段桩号,应根据工程实际如实标注。

6)桥梁、涵洞、通道等结构物的位置、结构形式、孔径等情况均应根据工程实际发生情况如实标注。

四、路基路面竣工图

(1)封面。

(2)目录。

(3)竣工图说明:

1)工程概况。

2)原设计及设计变更执行情况。

3)施工过程中的不良地质处理情况。

4)路基施工过程中,压实度控制情况。

5)路面主要材料来源、质量情况。

6)路基路面施工过程中,先进的施工机械设备使用情况。

7)路基路面施工技术规范执行情况。

8)施工过程中,质量事故处理情况。

(4)竣工图表:

1)路基标准横断面图、匝道横断面,超高方式图及一览表。

2)路基土石方数量竣工表。

3)路面结构竣工图。

4)特殊处理竣工图。

5)集水井、横向排水管竣工图。

6)横向排水管配筋竣工图。

7)水簸箕竣工图。

五、构造物及防护工程竣工图

(1)封面。

(2)目录。

(3)竣工图说明。

(4)竣工图表:

1)工程数量表。

2)护坡竣工图。

3)挡土墙竣工图。

4)挡土墙与其他结构物相连处细部结构图。

六、涵洞、通道、小桥竣工图

(1)涵洞、通道:

1)封面。

2)目录。

3)竣工图说明。

4)竣工图表:

①涵洞：

工程数量表。

涵洞基底地质情况。

涵洞的位置、孔径、长度等应根据实际发生情况绘制。

②通道：

工程数量表。

通道基底地质情况。

通道的位置、长度、高度、跨径等应根据实际发生情况绘制。

竣工后通道连接线的路面结构及纵坡情况。

线外结构物竣工图

(2)小桥竣工图：

1)封面。

2)目录。

3)竣工图说明。

4)竣工图表：

①小桥各特征点的高程和全桥工程数量表应能够反映“设计”和“竣工”两项内容。

②梁板安装竣工表，应列出梁板顶面的纵向设计高程、竣工高程、支座中心偏位等数据。

③台帽竣工表，应列出每个台帽的设计高程、竣工高程，纵、横向轴线偏位等数据。

④伸缩缝，应根据实际发生情况如实绘制，必要时应重新计算工程量。

七、桥梁竣工图(大中桥、特大桥)

(1)封面。

(2)目录。

(3)竣工图说明：

1)工程概况。

2)原设计及设计变更执行情况。

3)施工组织设计、进度计划编制调整情况。

4)采用新工艺、新材料情况。

5)施工技术规范执行情况及工程质量控制情况。

6)施工过程中遇到的不良地质处理情况。

(4)竣工图表：

1)工程数量表。

2)桥位平面竣工图。如果严格按照设计图纸施工，可以利用原设计图纸，但地形、地物必须根据实际情况如实绘制。

3)桥型布置竣工图。

4)桩位布置竣工图。若原设计没有桩位图，则竣工图中必须增加此图。

5)桥台构造竣工图。桥台工程数量表应按竣工数量如实填写。桥台特征点的高程，应分别标出原设计高程和竣工后高程两个数据。

6)桥墩构造竣工图。桥墩工程数量表应按竣工数量如实填写。桥墩特征点的高程，应分别标出原设计高程和竣工后高程两个数据。

7)结构挖方及锥坡竣工图。

8)梁(板)安装竣工表。应列出梁(板)顶面纵向原设计高程、竣工后高程，以及支座中心偏位等数据。

9)墩(台)帽竣工图。应列出每个墩(台)帽顶面原设计高程、竣工后高程,纵、横轴线偏位等数据。

10)伸缩缝竣工图。

八、互通立交竣工图

(1)封面。

(2)目录。

(3)竣工图说明:

1)互通立交形式及工程概况。

2)原设计及设计变更执行情况。

(4)竣工图表:

1)工程数量表。

2)平面竣工图。

3)线位数据竣工图。

4)纵断面竣工图。

5)跨线桥竣工图。

6)匝道内涵洞、通道、防护及排水工程竣工图。

7)收费设施竣工图。

九、桥涵通用图竣工图

(1)封面。

(2)目录。

(3)竣工图说明。

(4)通用图竣工图表。

十、隧道竣工图

(1)封面。

(2)目录。

(3)竣工图说明:

1)工程概况。

2)原设计及设计变更执行情况。

3)施工组织设计、进度计划编制调整情况。

4)采用新工艺、新材料情况。

5)施工技术规范执行情况及工程质量控制情况。

6)施工实际地质情况及不良地质处理情况。

(4)竣工图表:

1)工程数量表。

2)隧道平面竣工图。

3)隧道纵断面竣工图。

①围岩类别、地质特征应按实际发生情况如实填写。

②衬砌类型,应按实际衬砌情况如实绘制。

③图中高程,应为竣工后的工程实际高程。

4)洞口建筑竣工图。

5)隧道建筑限界及衬砌内轮廓竣工图。

6)洞身衬砌竣工图。应依据原设计文件,根据隧道施工过程中实际地质情况,并结合变更设计文件如实绘制。

7)隧道防水竣工图。

8)明洞衬砌竣工图。

9)隧道路面结构竣工图。

10)照明、通风设施布置竣工图。

十一、交通安全设施竣工图

(1)封面。

(2)目录。

(3)竣工图说明。

(4)通用图竣工图表。

十二、电缆管道竣工图

(1)封面。

(2)目录。

(3)竣工图说明。

(4)通用图竣工图表。

十三、环境保护竣工图

(1)封面。

(2)目录。

(3)竣工图说明。

(4)通用图竣工图表。

十四、其他通用竣工图

(1)封面。

(2)目录。

(3)竣工图说明。

(4)通用图竣工图表。

第二节 档案管理

一、一般规定

1. 文件体系

(1)竣工文件的卷册体系为:建设项目下设一、二、三、四卷;卷下设若干册。按《公路工程竣(交)工验收办法》中所规定的卷、册关系组成卷册体系。各参建单位应统一卷册体系的卷号、册号及卷、册名称。每分册均应编入"总目录"、"分册目录"及"本册目录"。

(2)竣工文件第一、二卷,以全线建设项目为单元编制;第三、四卷以合同段为单元编制;监理资料竣工文件也应分合同段编制。

(3)竣工文件每分册的编排顺序为:封面→扉页→总目录→分册目录→本册目录→正文或表

格→备考表→封底。

(4)竣工文件各册正文内容的编写顺序按的规定编入一个或若干个分册内，工程变更(含合同外工程)也必须按规定的文件体系、层次、顺序来编制。

2. 分工负责

(1)第一、二卷由建设单位负责组织编制、装订和制作副本。

(2)招、投标文件在每个建设项目招、投标结束时，由招标负责人将招、投标文件送交建设单位，并办理书面交接手续。

(3)第三、四卷由承包单位编制。各级监理必须对各种文件逐级审核、签证，确认合格后，由监理单位监督承包单位立卷、印号、装订、制作副本，送交建设单位。建设单位对监理单位、承包单位编制的竣工文件应进行指导、审核、验收、编制档案总目录、归档保管、办理移交工作。未经建设单位的书面批准，不许结清保留金及监理费。

(4)各级监理在施工过程中应按规定频率进行工程质量抽检，并在签证后，及时将资料原件编入竣工文件的“施工监理资料”。

(5)驻地监理组应按规定，及时编制本合同段的“施工监理资料”，并与承包单位编制的竣工文件同时送交建设单位。

(6)监理单位应对承包单位编制的竣工文件质量和报送期限负责，在对竣工文件审查合格后送交建设单位。

(7)承包单位应在开工前明确交(竣)工文件编制负责人，在第一次工地会议上公布，并在建设单位和监理单位备案。

(8)承包单位必须配备计算机、编制文件用的软件、长途电话、复印机、扫描仪或数码相机等编制竣工文件和联网用的设备。

3. 竣工文件的印制

(1)竣工文件正本，必须采用规定的A4纸(210mm×297mm)或A3纸(297mm×420mm)的标准版面。若个别文件的原件小于标准面的可以裱糊在A3或A4纸上；大于标准版面的可按标准版面折叠。资料、图、表中的文字，手书或打字均用仿宋体，标题用黑体。由编制单位负责对每分册的正文部分进行编页，并用打号机打印在正文每页的右下角。文件的版面必须整洁、美观。制作电子文本也应遵守上述规定。

(2)质量检验表中的原始记录、检测记录、野外试验表必须用蓝黑墨水或黑墨水手书于表格上，其他各种表格原则上应打字制表。一式多份的表格允许用复印机复印。

(3)竣工表格、竣工图纸必须在图表列出的签证人处由责任人签字或盖红印。各分册的扉页必须加盖承包单位公章。文件原件无亲笔签字或未加盖责任人红印以及应盖公章而未盖者无效。建设单位或监理单位对工程进行抽验，也必须使用规定的表格，但须在表上盖以“抽检”的长方形红印。

(4)竣工文件正本，每分册厚度不大于20mm。装订时应用钻孔机钻孔，采用三孔一线方法用卷绳装订成册，第二、三卷封面上的“卷号”、“册号”、“分册号”先由承包单位按本标段内的册号和分册号用铅笔写在封面上，再由监理单位对建设项目的竣工文件按卷册体系进行统一排序、编号、印号、装入标准档案盒、编写“档案总目录”(一式五份)送交建设单位。第一、二卷由建设单位负责按卷册体系排序、编号、印号、装盒、编写“档案总目录”。

4. 技术档案案卷目录原则

(1)第一、二卷文件“案卷目录”由建设单位编写、打印、装订；第三、四卷文件“案卷目录”由总监办编制、打印、装订。

(2)“案卷目录”分别按建设项目编制。

(3)“案卷目录”格式(详见本节内容)。

(4)“案卷目录”的编排层次(详见本节内容)。

5. 编号方法及案卷目录编制原则

(1)分类号编制方法是以单项工程为单位,按照《交通部科学技术档案分类编号办法》中所确定的公路工程类目进行分类。

(2)档号:由档案分类号和案卷顺序号组成。

(3)档案分类号:公路工程竣工文件材料分为五级类目。第一至第三级类目固定不变;第四级类目为单项工程项目代号,项目代号可用阿拉伯数字表示(如:国道104,项目代号为“104”),也可用建设项目起止点汉语拼音第一个字母和某段起止点的汉语拼音第一个字母组成,中间加“·”符号(如:京沪高速公路济南至泰安段,则表示为JH·JT);第五级类目按单项工程竣工文件材料形成的先后顺序进行组卷。

(4)编号方法示例:

1)表格的编号方法示例:

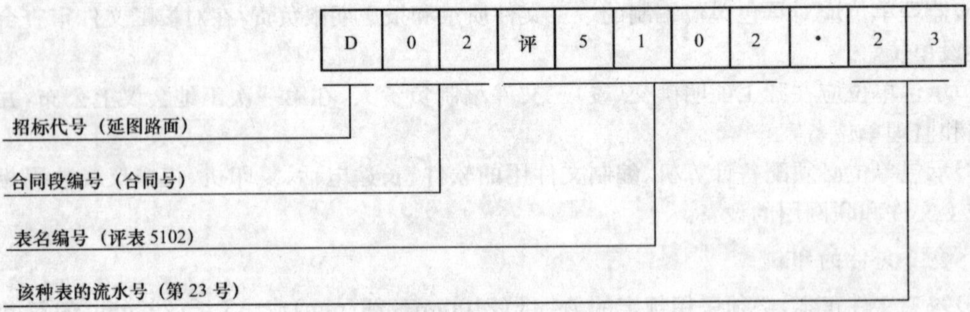

注:1. 招标代号:由业主通知,各省可在不重复的前提下,用字母或汉字编排。该例为吉林省延图路代码。

2. 表名编号:只写第一个汉字及阿拉伯数字编号。不必写评表、检表、试表等。

3. 该种表的流水编号:以在本合同段内及该表内不重号为原则确定,允许断号,以编号时间先后为序。

2)图纸的编号方法示例:

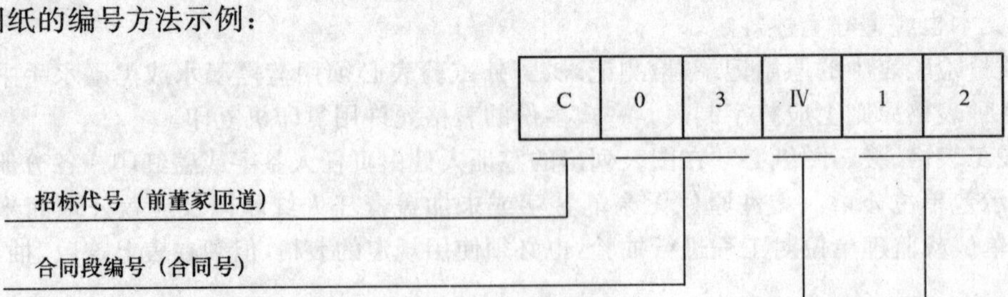

注:1. 招标代号:同表格的编号方法示例。

2. 合同段编号:工程中标后确定的合同段编号。

3. 竣工图册号:按《竣工文件总目录》第三卷的工程所属册号确定。

4. 该种表的流水号:以在本合同段内及该册图内不重号的原则确定,允许断号,参照设计图顺序先后为序。

3)档案卷册编号方法：

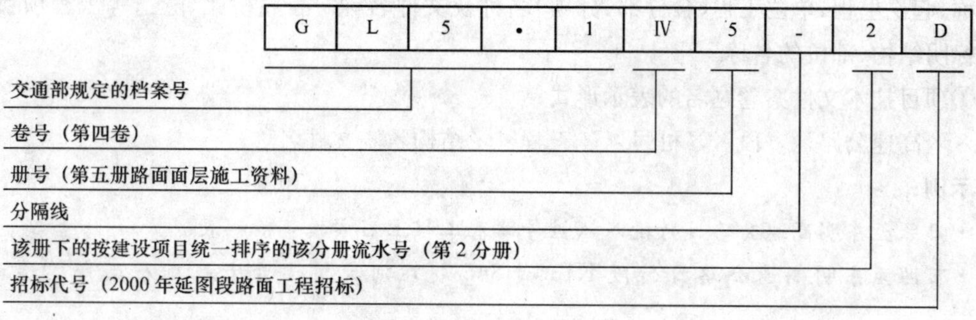

注：交通部规定的档案号

"GL"：一级类目（公路）；

"5"：二级类目（公路工程）；

"•"：类级符号；

"1"：三级类目（道路）。

二、公路工程档案案卷构成及质量要求

1. 卷盒

(1)竣工文件卷盒格式。

卷盒外表尺寸为305mm×220mm；盒脊厚度 D：20mm、30mm、40mm、50mm、60mm。

(2)卷盒正面格式。

1)卷盒正面格式，如图8-1所示。

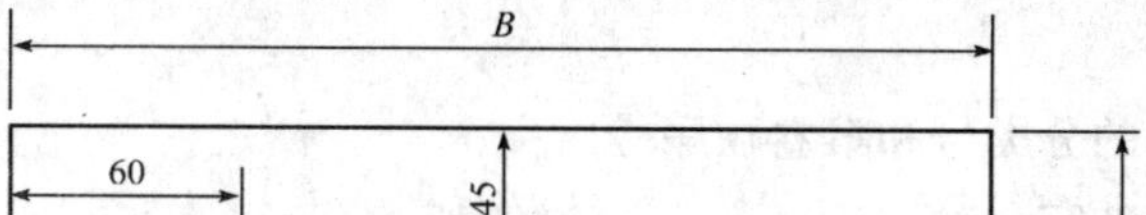

图8-1　卷盒正面格式（单位：mm）

①尺寸单位均为mm。②案卷外封面 $A \times B$=305mm×220mm。③外封面印制字体："档号、档案馆号"用3号仿宋体加粗；"案卷题名、编制单位、编制日期、保管期限、密级"用2号宋体字加粗，直线用细实线；工程项目名称用大粗号宋体字体一行排列，印制在档案盒中央部位。

2)案卷题名:案卷题名应简明、准确揭示卷内文件材料的内容。每一案卷题名应包括建设项目名称、起讫里程、单位工程(含分部、分项)名称及文件名称。若属桥梁、隧道等工程项目,还应同时标明结构、部位的名称。

①项目技术文件案卷题名的表示形式:

××高速公路××段××桩号××工程××结构××文件名称。

示例:

·日照至东明高速公路日竹段××桩号路基工程土石方填筑检测表。

·日照至东明高速公路日竹段 K130＋845 赵庄河大桥 1 号墩基础及下部构造施工检验表。

②管理性文件案卷题名的表示形式:

建设项目名称＋责任者＋问题＋文件名称

示例:

日照至东明高速公路日竹段总监代表处关于加强安全生产管理的通知、函。

3)编制单位:指案卷形成单位。

4)编制日期:指案卷形成日期。

5)保管期限参考《关于印发〈公路工程竣工文件材料立卷归档管理办法〉的通知》(交办发〔2001〕390 号)的规定执行。

6)密级:应在文件发放前按交通主管部门有关保密规定划定,若文件材料上有密级就填上,没有就空着。

7)档号:填写档案的分类号和案卷顺序号。

8)档案馆号:暂不填写。

9)“案卷题名”编写内容的前段工程项目名称,可用大粗号宋体字统一印制在档案盒中央部位。“案卷题名”的后段“××桩号××工程××结构××部位××文件名称”及“编制部位、编制日期、保管期限、密级”可用 3 号宋体字打印在与卷盒颜色相近的牛皮纸上,再粘贴在对应位置。或打印在蜡纸上,印刷在相应位置。

(3)卷盒脊背格式。

卷盒脊背的项目有档号和案卷题名,格式如图 8-2 所示。档号内容填写用 4 号宋体字分两行横排打印。例:第一行填写“GL5·1·RD·RZ·”,第二行填写“4－×××”。×××表示案卷顺序号,用铅笔填写。

脊背“案卷题名”内容填写,用 3 号宋体字自右至左竖写,首行空两字。档号打印,要求“字头向右,躺着打”。案卷题名的前段工程项目名称不能省略。

脊背内容统一打印在与卷盒颜色相近的牛皮纸上,再粘贴在脊背对应位置。或打印在蜡纸上,印刷在相应位置。贴纸要求比脊背宽度窄 2mm,以防取放档案时把纸边拉卷。

(4)卷盒背面格式。

卷盒背面格式,如图 8-3 所示。

(5)卷盒正面的背面格式。

卷盒正面的背面印有“借阅守则”:

借阅守则

一、严守国家机密；
二、禁止涂改抽拆；
三、切勿私自携出；
四、不得转借散失；
五、妥善保护案卷；
六、用毕即可归还。

（注：标题采用2号黑体，正文采用3号仿宋体）

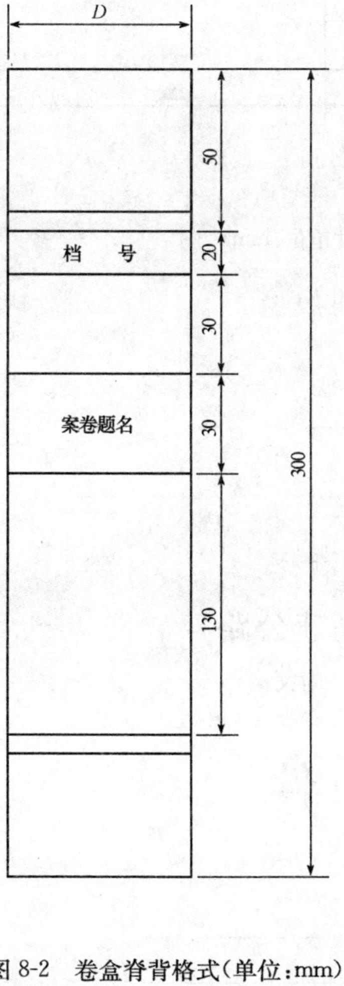

图 8-2　卷盒脊背格式(单位:mm)
D=20mm、30mm、40mm、50mm、60mm

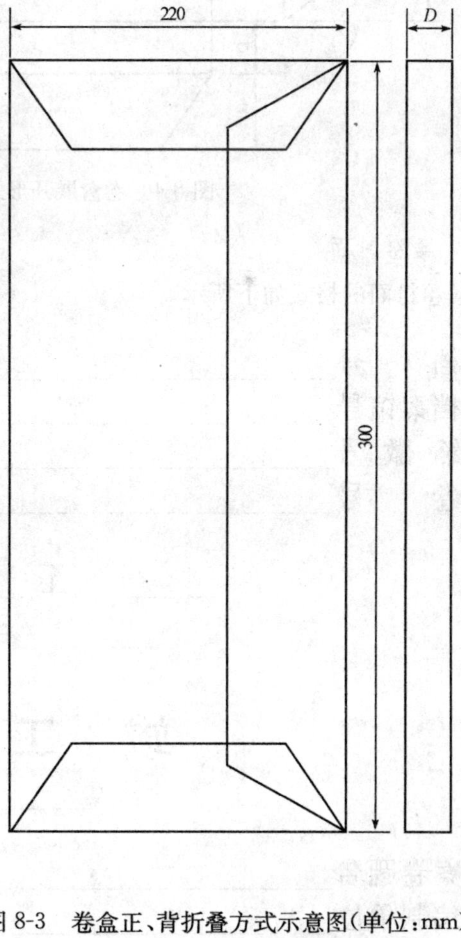

图 8-3　卷盒正、背折叠方式示意图(单位:mm)
D=20mm、30mm、40mm、50mm、60mm

(6)卷合展开图示。

卷合展开图示，如图 8-4 所示。

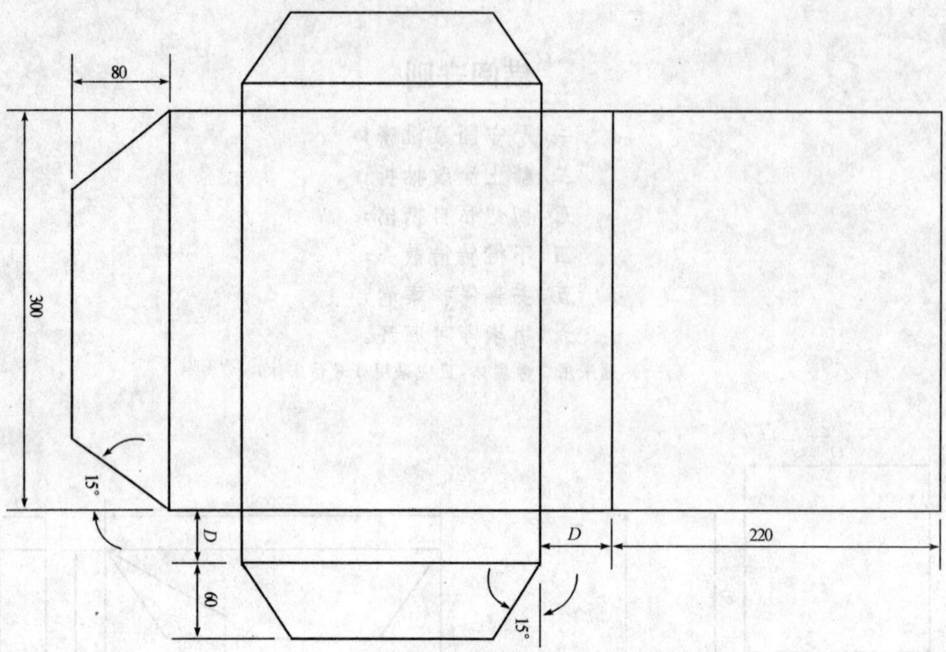

图 8-4　卷盒展开形式示意图(尺寸单位:mm)

2. 案卷封面

案卷封面的格式如下所示。

档　　号________________________

档案馆号________________________

缩 徽 号________________________

卷　　号________________________

________至________高速公路

________至________段

竣　工　文　件

(________合同段)

案卷题名________________________

编制单位________________________

编制日期________________________

保管期限________________________

密　　级________________________

(尺寸同卷盒正面)

3. 案卷索引

案卷索引的格式如下所示。

(项目招标代号——)

附件一:施工单位一览表
附件二:监理单位一览表
附件三:施工单位一览表
附件四:________至________高速公路统一里程说明

第一卷　综合文件(代号 I)

第一册　竣工验收文件
第二册　……
……
……
(详见“竣文目录”02 号“第一卷目录”)

第二卷　竣工决算(代号 II)

第一册　竣工决算报告
第二册　……
……
(详见“竣文目录”03 号“第二卷目录”)

第三卷　竣工图表(代号 III)

第一册　综合竣工图表
第二册　……
……
(详见“竣文目录”03 号“第三卷目录”)

第四卷　设计、施工文件(代号 IV)

第一册　技术、设计文件
第二册　……
……
(详见“竣文目录”04 号“第四卷目录”)

4. 备考表

备考表的格式如下所示。

备　考　表

本册共＿＿＿＿＿＿＿＿＿＿＿张，其中

文字材料＿＿＿＿＿＿＿＿＿＿＿张

图纸＿＿＿＿＿＿＿＿＿＿＿张

说明：

编制负责人＿＿＿＿＿＿＿

年　月　日

检查人＿＿＿＿＿＿＿

年　月　日

三、公路工程竣工文件编排层次

公路工程竣工文件编排层次(格式)见表 8-3。

表 8-3　　公路工程竣工文件编排层次(格式)

分　册	文件先后层次	备　　注
	1. 卷盒	每册一个盒
一般装订1册	2. 封面(A4 纸)	
	3. 封一	
	4. 前言	
	5. 索引	
	6. 附件一:施工单位一览表	
	7. 附件二:监理单位一览表	
	8. 附件三:	
	9. 档案卷册编号方法	
	10. 附件四:其他说明	
若干分册	11. 第一卷	一般 200 页 装订一册
若干分册	12. 第二卷	
若干分册	13. 第三卷	
若干分册	14. 第四卷	
1册	15. 按合同段检索档案卷册表(各卷册分册编号排序表)	

附录　公路工程竣(交)工验收办法

第一章　总　　则

第一条　为规范公路工程竣(交)工验收工作,保障公路安全有效运营,根据《中华人民共和国公路法》,制定本办法。

第二条　本办法适用于中华人民共和国境内新建和改建的公路工程竣(交)工验收活动。

第三条　公路工程应按本办法进行竣(交)工验收,未经验收或者验收不合格的,不得交付使用。

第四条　公路工程验收分为交工验收和竣工验收两个阶段。

交工验收是检查施工合同的执行情况,评价工程质量是否符合技术标准及设计要求,是否可以移交下一阶段施工或是否满足通车要求,对各参建单位工作进行初步评价。

竣工验收是综合评价工程建设成果,对工程质量、参建单位和建设项目进行综合评价。

第五条　公路工程竣(交)工验收的依据是:

(一)批准的工程可行性研究报告;

(二)批准的工程初步设计、施工图设计及变更设计文件;

(三)批准的招标文件及合同文本;

(四)行政主管部门的有关批复、批示文件;

(五)交通部颁布的公路工程技术标准、规范、规程及国家有关部门的相关规定。

第六条　交工验收由项目法人负责。

竣工验收由交通主管部门按项目管理权限负责。交通部负责国家、部重点公路工程项目中100公里以上的高速公路、独立特大型桥梁和特长隧道工程的竣工验收工作;其他公路工程建设项目,由省级人民政府交通主管部门确定的相应交通主管部门负责竣工验收工作。

第七条　公路工程竣(交)工验收工作应当做到公正、真实和科学。

第二章　交工验收

第八条　公路工程(合同段)进行交工验收应具备以下条件:

(一)合同约定的各项内容已完成;

(二)施工单位按交通部制定的《公路工程质量检验评定标准》及相关规定的要求对工程质量自检合格;

(三)监理工程师对工程质量的评定合格;

(四)质量监督机构按交通部规定的公路工程质量鉴定办法对工程质量进行检测(必要时可委托有相应资质的检测机构承担检测任务),并出具检测意见;

(五)竣工文件已按交通部规定的内容编制完成;

(六)施工单位、监理单位已完成本合同段的工作总结。

第九条　公路工程各合同段符合交工验收条件后,经监理工程师同意,由施工单位向项目法人提出申请,项目法人应及时组织对该合同段进行交工验收。

第十条　交工验收的主要工作内容是:

(一)检查合同执行情况;

(二)检查施工自检报告、施工总结报告及施工资料;

(三)检查监理单位独立抽检资料、监理工作报告及质量评定资料;

(四)检查工程实体,审查有关资料,包括主要产品质量的抽(检)测报告;

(五)核查工程完工数量是否与批准的设计文件相符,是否与工程计量数量一致;

(六)对合同是否全面执行、工程质量是否合格作出结论,按交通主管部门规定的格式签署合同段交工验收证书;

(七)按交通部规定的办法对设计单位、监理单位、施工单位的工作进行初步评价。

第十一条　项目法人负责组织公路工程各合同段的设计、监理、施工等单位参加交工验收。拟交付使用的工程,应邀请运营、养护管理单位参加。参加验收单位的主要职责是:

项目法人负责组织各合同段参建单位完成交工验收工作的各项内容,总结合同执行过程中的经验,对工程质量是否合格作出结论;

设计单位负责检查已完成的工程是否与设计相符,是否满足设计要求;

监理单位负责完成监理资料的汇总、整理,协助项目法人检查施工单位的合同执行情况,核对工程数量,科学公正地对工程质量进行评定;

施工单位负责提交竣工资料,完成交工验收准备工作。

第十二条　项目法人组织监理单位按《公路工程质量检验评定标准》的要求对各合同段的工程质量进行评定。

监理单位根据独立抽检资料对工程质量进行评定,当监理按规定完成的独立抽检资料不能满足评定要求时,可以采用经监理确认的施工自检资料。

项目法人根据对工程质量的检查及平时掌握的情况,对监理单位所做的工程质量评定进行审定。

第十三条　各合同段工程质量评分采用所含各单位工程质量评分的加权平均值。即:

$$\text{合同段工程质量评分值}=\frac{\sum(\text{单位工程质量评分值}\times\text{该单位工程投资额})}{\text{合同段总投资额}}$$

工程各合同段交工验收结束后,由项目法人对整个工程项目进行工程质量评定,工程质量评分采用各合同段工程质量评分的加权平均值。即:

$$\text{工程项目质量评分值}=\frac{\sum(\text{合同段工程质量评分值}\times\text{该合同段投资额})}{\sum\text{施工合同段投资额}}$$

工程质量等级评定分为合格和不合格,工程质量评分值大于等于75分的为合格,小于75分的为不合格。

第十四条　公路工程各合同段验收合格后,项目法人应按交通部规定的要求及时完成项目交工验收报告,并向交通主管部门备案。国家、部重点公路工程项目中100公里以上的高速公路、独立特大型桥梁和特长隧道工程向省级人民政府交通主管部门备案,其他公路工程按省级人民政府交通主管部门的规定向相应的交通主管部门备案。

公路工程各合同段验收合格后,质量监督机构应向交通主管部门提交项目的检测报告。交通主管部门在15天内未对备案的项目交工验收报告提出异议,项目法人可开放交通进入试运营期。试运营期不得超过3年。

第十五条　交工验收提出的工程质量缺陷等遗留问题,由施工单位限期完成。

第三章　竣工验收

第十六条　公路工程进行竣工验收应具备以下条件:

(一)通车试运营2年后；

(二)交工验收提出的工程质量缺陷等遗留问题已处理完毕，并经项目法人验收合格；

(三)工程决算已按交通部规定的办法编制完成，竣工决算已经审计，并经交通主管部门或其授权单位认定；

(四)竣工文件已按交通部规定的内容完成；

(五)对需进行档案、环保等单项验收的项目，已经有关部门验收合格；

(六)各参建单位已按交通部规定的内容完成各自的工作报告；

(七)质量监督机构已按交通部规定的公路工程质量鉴定办法对工程质量检测鉴定合格，并形成工程质量鉴定报告。

第十七条 公路工程符合竣工验收条件后，项目法人应按照项目管理权限及时向交通主管部门申请验收。交通主管部门应当自收到申请之日起30日内，对申请人递交的材料进行审查，对于不符合竣工验收条件的，应当及时退回并告知理由；对于符合验收条件的，应自收到申请文件之日起3个月内组织竣工验收。

第十八条 竣工验收的主要工作内容是：

(一)成立竣工验收委员会；

(二)听取项目法人、设计单位、施工单位、监理单位的工作报告；

(三)听取质量监督机构的工作报告及工程质量鉴定报告；

(四)检查工程实体质量、审查有关资料；

(五)按交通部规定的办法对工程质量进行评分，并确定工程质量等级；

(六)按交通部规定的办法对参建单位进行综合评价；

(七)对建设项目进行综合评价；

(八)形成并通过竣工验收鉴定书。

第十九条 竣工验收委员会由交通主管部门、公路管理机构、质量监督机构、造价管理机构等单位代表组成。大中型项目及技术复杂工程，应邀请有关专家参加。国防公路应邀请军队代表参加。

项目法人、设计单位、监理单位、施工单位、接管养护等单位参加竣工验收工作。

第二十条 参加竣工验收工作各方的主要职责是：

竣工验收委员会负责对工程实体质量及建设情况进行全面检查。按交通部规定的办法对工程质量进行评分，对各参建单位进行综合评价，对建设项目进行综合评价，确定工程质量和建设项目等级，形成工程竣工验收鉴定书。

项目法人负责提交项目执行报告及验收所需资料，协助竣工验收委员会开展工作；

设计单位负责提交设计工作报告，配合竣工验收检查工作；

监理单位负责提交监理工作报告，提供工程监理资料，配合竣工验收检查工作；

施工单位负责提交施工总结报告，提供各种资料，配合竣工验收检查工作。

第二十一条 竣工验收工程质量评分采取加权平均法计算，其中交工验收工程质量得分权值为0.2，质量监督机构工程质量鉴定得分权值为0.6，竣工验收委员会对工程质量评定得分权值为0.2。

工程质量评定得分大于等于90分为优良，小于90分且大于等于75分为合格，小于75分为不合格。

第二十二条 竣工验收委员会按交通部规定的办法对参建单位的工作进行综合评价。

评定得分大于等于90分且工程质量等级优良的为好，大于等于75分为中，小于75分为差。

第二十三条　竣工验收建设项目综合评分采取加权平均法计算，其中竣工验收工程质量得分权值为 0.7，参建单位工作评价得分权值为 0.3(项目法人占 0.15，设计、施工、监理各占 0.05)。

评定得分大于等于 90 分且工程质量等级优良的为优良，大于等于 75 分为合格，小于 75 分为不合格。

第二十四条　负责组织竣工验收的交通主管部门对通过验收的建设项目按交通部规定的要求签发《公路工程竣工验收鉴定书》。

通过竣工验收的工程，由质量监督机构依据竣工验收结论，按照交通部规定的格式对各参建单位签发工作综合评价等级证书。

第四章　罚　　则

第二十五条　项目法人违反本办法规定，对不具备交工验收条件的公路工程组织交工验收，交工验收无效，由交通主管部门责令改正。

第二十六条　项目法人违反本办法规定，对未进行交工验收、交工验收不合格或未备案的工程开放交通进行试运营的，由交通主管部门责令停止试运营，并予以警告处罚。

第二十七条　项目法人对试运营期超过 3 年的公路工程不申请组织竣工验收的，由交通主管部门责令改正。对责令改正后仍不申请组织竣工验收的，由交通主管部门责令停止试运营。

第二十八条　质量监督机构人员在验收工作中滥用职权、玩忽职守、徇私舞弊的，依法给予行政处分，构成犯罪的，依法追究刑事责任。

第五章　附　　则

第二十九条　公路工程建设项目建成后，施工单位、监理单位、项目法人应负责编制工程竣工文件、图表、资料，并装订成册，其编制费用分别由施工单位、监理单位、项目法人承担。

各合同段交工验收工作所需的费用由施工单位承担。整个建设项目竣(交)工验收期间质量监督机构进行工程质量检测所需的费用由项目法人承担。

第三十条　对通过验收的工程，由项目法人按照国家规定，分别向档案管理部门和公路管理机构、接管养护单位办理有关档案资料和资产移交手续。

第三十一条　对于规模较小、等级较低的小型项目，可将交工验收和竣工验收合并进行。规模较小、等级较低的小型项目的具体标准由省级人民政府交通主管部门结合本地区的具体情况制订。

第三十二条　本办法由交通部负责解释。

第三十三条　本办法自 2004 年 10 月 1 日起施行。交通部颁布的《公路工程竣工验收办法》(交公路发[1995]1081 号)同时废止。

参考文献

[1] 邓学钧. 路基路面工程[M]. 北京：人民交通出版社，2000.

[2] 邓学钧，陈荣生. 刚性路面设计[M]. 北京：人民交通出版社，1990.

[3] 行业标准. JTG B01—2003 公路工程技术标准[S]. 北京：人民交通出版社，2003.

[4] 行业标准. JTG F80/1—2004、JTG F80/2—2004 公路工程质量检验评定标准[S]. 北京：人民交通出版社，2004.

[5] 行业标准. JTG E40—2007 公路土工试验规程[S]. 北京：人民交通出版社，2007.

[6] 行业标准. JTJ 059—1995 公路路基路面现场测试规程[S]. 北京：人民交通出版社，1995.

[7] 行业标准. JTG F10—2006 公路路基施工技术规范[S]. 北京：人民交通出版社，2006.

[8] 行业标准. JTJ 034—2000 公路路面基层施工技术规范[S]. 北京：人民交通出版社，2000.

[9] 胡长顺，黄辉华. 高等级公路路基路面施工技术[M]. 北京：人民交通出版社，1994.

[10] 李宇峙. 工程质量监理[M]. 北京：人民交通出版社，2001.

[11] 全国施工企业项目经理培训教材编写委员会. 施工组织设计与进度管理[M]. 北京：中国建筑工业出版社，1995.

[12] 姚祖康. 道路路基路面工程[M]. 上海：同济大学出版社，1994.